언리얼 엔진
블루프린트 비주얼 스크립팅

언리얼 엔진
블루프린트 비주얼 스크립팅

세 가지의 매력적인 3D 게임을 만들며
언리얼의 블루프린트 비주얼 스크립팅 배우기

로렌 페로 지음   김제룡 · 배상하 옮김

i!i
에이콘

| 지은이 소개 |

로렌 페로^{Lauren S. Ferro}

플레이어 프로파일링과 모델링 박사 학위를 가지고 있다. 현재 로마 라 사피엔차 대학교의 부교수이자 연구원이다. 또한 로마 Unreal Engine Meetup의 공동 주최자다. 게임 경험을 위한 프로토타이핑 툴인 Gamicards의 게임 디자인 리소스를 만들었다. 마음속 깊이 세상과 그 안의 사람들이 소통하는 방식에 흥미를 느끼고 있다.

- **팩트출판사**: 이 책을 쓸 기회와 저명한 커뮤니티의 일원이 될 수 있는 기회를 준 팩트출판사에 감사한다. 책 집필 내내 인내와 지원을 보내준 라리사^{Larissa}와 프랜시스^{Francis}에게 특별한 감사를 표한다.

- **프란체스코 사피오**^{Francesco Sapio}: 그의 도움, 지원, 인내, 지도도 고맙지만 존재 자체로 고맙다.

- **기술 감수자**: 시간을 내서 의견과 제안을 해준 그 모든 것이 이 책을 만들었다.

- **가족에게**: 이 책을 집필하는 동안뿐만 아니라 모든 동기 부여, 인내, 지원, 격려에 감사한다.

- **독자들에게**: 이 책이 놀랍고도 대담한 모험이 되기를 바란다.

| 기술 감수자 소개 |

아흐마드 이프티카르^{Ahmad Iftikhar}

최첨단 디자인 회사인 크리에이티브 버그스 Pvt^{Creative Bugs Pvt}의 이사다. 동아시아 대학교 게임 디자인 학과를 졸업했고 11년 넘게 경력을 쌓은 베테랑 디자이너다. 3DS 맥스, 유니티, 언리얼 엔진, 크라이 엔진 등 셀 수 없이 많은 툴을 마스터했다.

> 지난 몇 년 동안 가족과 멘토(무하마드 주나이드 말리크^{Muhammad Junaid Malik})가 나에게 베풀어준 모든 지원에 감사한다.

아그네 스크립카이트^{Agne Skripkaite}

특히 VR 애플리케이션에 관심이 많은 언리얼 엔진 4 소프트웨어 엔지니어다. 에든버러 대학교^{University of Edinburgh}에서 물리학 학사 학위를 받았고 칼텍^{Caltech}에서 물리학 박사 과정을 이수해 전임 엔지니어가 됐다. 지난 몇 년 동안, 두 명의 엔지니어 팀에서 대규모 팀에 이르기까지 다양한 규모의 팀 일원으로 룸스케일과 좌석 VR 게임을 개발했다. 또한 좌석 VR 애플리케이션의 사용자 편의 및 멀미 완화 전문가로도 활동했다.[1]

---

1 룸스케일: VR을 플레이하기 위해서는 일정 공간이 필요하고, 이 공간 안의 움직임을 게임 안에서도 동일하게 느끼도록 적용해 줘야 한다. 구현 자체는 센서에 의지해서 게임 공간에 이동을 적용한다. - 옮긴이

| 옮긴이 소개 |

김제룡(nicecapj@gmail.com)

인터넷과 텍스트 게임이 유행이던 1998년 대학생 시절 '나이스 캡짱'이라는 텍스트 머드 게임을 개발했으며, 이를 기점으로 게임 개발에 발을 들였다. 2005년부터 지금까지 엔씨소프트^{NCSoft}, NHN, 이스트소프트^{EstSoft}, VK 모바일 등에서 상업적인 게임 개발을 했으며, PC MMORPG '카발 온라인 1'과 '카발 온라인 2' 개발에 참여했다. 모바일 게임에 관심을 가지면서 '아이돌 드림걸즈', 'ProjectD', '리니지1/2/아이온' IP 프로젝트 등에 참여했다.

현실 안주보다는 새롭고 도전적인 것을 즐기는 성격으로, 현재는 엔씨소프트에서 리니지 W를 개발 중이다.

배상하(doridori3510@naver.com)

우연히 게임 개발자의 길에 들어서게 됐으며 좋아하는 일을 하면서 즐겁게 게임을 개발하고 있다. 엔씨소프트에서 언리얼 엔진 4를 사용하는 MMORPG를 개발 중이며 많은 사랑을 받는 게임을 만드는 것이 목표다.

사랑하는 남편과 함께 집에서 게임을 즐기는 것이 소소한 행복이다.

옮긴이의 말

언리얼 엔진 4를 처음 시작하는 경우 어디서부터 어떻게 시작해야 할지 막막하다. 언리얼 공식 문서는 한글화가 잘 되어 있으나 말 그대로 매뉴얼 기능에 충실한 기능 설명이 대부분이다. 물론 공식 문서만큼 정확한 정보는 없으며 이 책을 읽고 난 후에는 공식 문서를 더 많이 보게 될 것이다.

이 책은 이제 막 언리얼 엔진 4를 시작하려는 입문자를 위한 책이며 블루프린트만 사용해 게임을 만들어나가는 방법을 설명한다. 언리얼 엔진 4에는 수많은 기능이 있지만 책에서는 게임 개발에 필요한 몇 가지 핵심 기능 위주로 소개한다.

플레이 가능한 게임의 모양을 갖출 수 있도록 실습 예제로 구성돼 있으며 원하는 게임 속 기능을 만들려면 블루프린트를 어떻게 응용해야 하는지 알려준다. 또한 언리얼 엔진 4에 대해 아무것도 모르는 사람도 쉽게 따라 할 수 있도록 하나씩 천천히 설명한다.

방대한 언리얼 엔진 4의 기능 속에서 막막함을 느끼는 입문자에게 훌륭한 튜토리얼이 될 것이며 이 책을 읽고 난 후에는 언리얼 엔진 4에 대한 두려움이 사라질 것이다.

번역을 진행하면서 저자의 의도에 벗어나거나 오타가 발생하지 않도록 노력했다. 이런 부분을 줄일 수 있도록 리뷰해준 박경훈, 김승기, 임인섭 님과 번역 관련 조언을 해주신 박일 님에게 감사한다.

김제롱, 배상하

에이콘출판의 기틀을 마련하신 故 정완재 선생님 (1935-2004)

| 차례 |

| 들어가며 |

비디오 게임이나 인터랙티브한 경험의 아이디어는 있지만 프로그래밍이나 기술력이 부족했던 적이 있는가? 그렇다면 이 책은 여러분을 위한 것이다. 블루프린트 비주얼 스크립팅 언어는 언리얼로 게임플레이 요소를 만드는 데 도움을 준다. 이 책은 코드를 작성하지 않고도 복잡한 메커니즘을 빠르고 쉬운 방법으로 만드는 데 꼭 필요한 기초 내용을 제공한다.

이 책은 블루프린트란 무엇인지, 기본적인 블루프린트를 생성하는 방법과 게임의 기본 컴포넌트를 설정하는 방법으로 시작한다. 먼저 퀘스트 시스템의 단순한 3D 플랫폼 게임을 하나씩 완성해나간다. 그다음 생존 미로 게임을 만들며 블루프린트를 사용해 오디오, 특수한 이펙트, AI 등 게임에 추가 기능을 더하는 방법을 배운다. 마지막 프로젝트에서는 네트워크상에서 다른 사람들과 함께 플레이할 수 있는 멀티플레이어 게임의 제작 방법을 설명한다. 이 책의 마지막까지 멋진 프로젝트 세 개를 완성하며 AI, 인터페이스, 실감 나는 환경, 흥미로운 멀티플레이어 경험을 활용해 복잡한 게임을 만드는 데 필요한 지식과 기술을 갖추게 될 것이다.

▌ 대상 독자

독자가 어떠한 사전 지식도 없다고 가정한다. 아직 언리얼을 설치하지도 않은 신입 게임 개발자거나 언리얼 엔진4 블루프린트 비주얼 스크립팅 시스템을 이제 막 시작하는 사람들을 위한 책이다.

▌ 이 책의 구성

1장, 언리얼 시작 이 책의 배경 지식을 제공한다. 언리언 엔진에 관해 꼭 알아야 하는 내용을 배운다. 첫 번째 레벨을 제작하며 게임 오브젝트를 추가하고 머티리얼을 적용해 책의 나머지 장 준비한다.

2장, 블루프린트의 기본 이해하기 1장을 기반으로 블루프린트의 지식을 배우고 강화한다. 게임오브젝트에 기본 움직임을 추가하고 충돌 메커니즘을 생성해 트리거도 만든다.

3장, 상호작용 개선하기 오브젝트의 인터페이스를 설명하고 플레이어의 상호작용을 확장하는 방법을 배운다. 또한 블루프린트 함수 생성, 블루프린트를 사용하기에 적합한 시기, 다른 사람이 읽기 쉽게 만드는 방법, 블루프린트를 모듈화해 재사용할 수 있게 만드는 방법을 설명한다. 마지막으로 경유 노드의 생성 방법도 설명한다.

4장, UI 요소 추가하기 UI/HUD/GUI의 기본 정의와 게임 디자인에서 얼마나 중요한지를 설명한다. 또한 UI/HUD/GUI 요소를 언리얼 프로젝트에 구현하는 방법도 다룬다. 마지막으로 UI/HUD/GUI 요소를 게임플레이에 연결하는 방법을 배운다(예: 플레이어가 오브젝트와 충돌하면 체력 바가 줄어들도록 만들기).

5장, 인벤토리 추가하기 4장의 내용을 확장한다. 플레이어가 수집하고 찾아낸 아이템을 사용할 수 있는 인벤토리 시스템을 만든다. 플레이어가 아이템(체력, 무기와 탄약, 마법)을 줍고 수집할 수 있는 블루프린트 스크립트를 만드는 방법을 배운다. 그런 다음 수집된 아이템을 인벤토리에 추가하는 방법과 플레이어가 인벤토리에 접근해서 아이템을 사용하는 방법을 배운다.

6장, 모험 요소 만들기 기본 레벨 디자인과 게임 환경의 제작 방법을 설명한다. 또한 기본적인 퀘스트 시스템을 만드는 방법도 배운다. 마지막으로 오브젝트에게 데미지를 주고받는 방법을 배운다.

7장, AI로 생동감 넣기 언리얼의 AI와 AI 컨트롤러 동작 방식을 소개한다. 그리고 간단한 AI를 만들면서 AI를 이해한 다음 8장에서 확장한다.

8장, 게임플레이 업그레이드 AI 적을 파괴할 수 있는 인게임 시나리오를 만드는 방법을 설명한다. 또한 플레이어, 적, 아이템의 리스폰 시스템을 만드는 방법도 설명한다. 그다음 플레이어의 승리 또는 패배를 결정하는 게임플레이 조건을 정의한다. 마지막으로 플레이어가 승리 또는 패배하는(예: 죽어가는) 게임 상태를 만드는 방법을 설명한다.

9장, AI 업그레이드 AI의 주제에 더 깊게 들어가서 비헤이비어 트리의 모든 기능을 활용해 게임에 역동적인 AI를 만드는 방법을 다룬다.

10장, 오디오 추가하기 게임 환경의 다양한 부분에 오디오 효과를 추가하는 방법을 알려준다. 언리얼 엔진 4 오디오 시스템의 개요를 설명하고 엠비언트 사운드를 생성하는 방법을 배운다.

11장, 멋있게 만들기 블루프린트를 사용해 다양한 이펙트, 기본적인 다이나믹 머티리얼, 파티클 효과를 추가하는 방법과 블루프린트 내에서 트리거하는 방법을 설명한다.

12장, 게임 분석과 디버깅, 펑셔널 테스팅 플레이어 분석의 중요성과 게임의 밸런스를 조정하는 방법, 개발용 세션 프론트엔드를 사용하는 방법을 다룬다. 또한 적은 오차로 더 빠르게 반복 작업을 하기 위해 블루프린트에 내장된 다양한 디버깅 및 자동화된 테스트 기능을 자세히 설명한다.

13장, 레벨 스트리밍과 월드 컴포지션 레벨 스트리밍을 사용해 월드/실내/전투 맵 시스템을 만들고 게임 루프와 함께 매끄럽게 동작하는 방법을 설명한다.

14장, 사냥개 애니메이션하기 세 번째이자 마지막 프로젝트를 시작한다. 특히 사냥개를 애니메이션하는 방법을 배우면서 애니메이션 블루프린트를 살펴본다. 또한 멀티플레이어 게임의 기초도 알아본다.

15장, 데이터 주도형 게임플레이 게임플레이를 만들기 위한 데이터 테이블의 중요성과 효과적으로 블루프린트에 통합하는 방법을 설명한다. 이로 인해 디자이너는 반복 작업을 많이 줄일 수 있으며 프로세스는 블루프린트로 자동화된다.

16장, 멀티플레이어 기초 간단한 로컬 멀티플레이어 설정, 멀티플레이어의 스폰 시스템 및 공유 카메라를 만드는 방법을 설명한다. 이미 다룬 내용이지만 유저가 멀티플레이어 환경에 있기 때문에 확장해 다룬다.

17장, 멀티플레이어 설정 확장하기 16장의 멀티플레이어 설정을 확장한다. 플레이어가 게임을 생성하고 참여해 상호작용할 수 있도록 로비 메뉴 시스템을 만드는 방법을 배운다. 또한 모든 것들이 원활하게 실행되는지 테스트하고 확인하는 방법도 배운다.

18장, 추가 기능 더하기 플레이어 간에 정보를 이동하도록 이벤트와 변수를 올바르게 리플리케이트하는 방법을 설명한다.

19장, 빌드와 퍼블리싱 게임 패키징이 버튼을 누르는 것처럼 간단해 보이지만 실제로는 그렇지 않다는 것을 설명한다. 특히 언리얼과 같은 엔진에서 패키징은 중요한 단계이며 패키지로 익스포트하기 전에 다양한 옵션에 대해 잘 이해해야 한다.

▌ 준비 사항

게임 디자인의 사전 경험이 필요하지 않지만 언리얼 엔진의 기본 지식은 유용할 것이다.

▌ 예제 코드 다운로드

한국어판의 예제 코드는 에이콘출판사의 도서정보 페이지인 http://www.acornpub. co.kr/book/ue4-bluprints-vs에서 다운로드할 수 있다.

원서의 예제 코드를 보려면 http://www.packtpub.com/support를 방문해 이메일을 등록하면 파일을 직접 받을 수 있으며, 원서의 Errata도 확인할 수 있다. 또한 GitHub 의 https://github.com/PacktPublishing/Mastering-Game-Development-with-Unreal-Engine-4-Second-Edition에서도 다운로드할 수 있다.

▌ 컬러 이미지 다운로드

이 책에서 화면이나 도면의 컬러 이미지를 PDF 형식의 파일로 제공한다. 컬러 이미지는 에이콘출판사의 도서정보 페이지 http://www.acornpub.co.kr/book/ue4-blueprints-vs에서 찾아볼 수 있다.

원서의 컬러 이미지 파일은 https://www.packtpub.com/sites/default/files/downloads/9781789532425_ColorImages.pdf.에 접속해 다운로드할 수 있다.

▌ 편집 규약

이 책에서는 독자의 이해를 돕고자 다루는 정보에 따라 글꼴을 다르게 적용했다. 다음은 형식의 예시와 의미 설명이다.

문장 중에 사용된 코드, 데이터베이스 테이블 이름, 트위터 핸들 등은 다음과 같이 표기한다.

"FileLogging 제공자를 사용했기 때문에 모든 분석 결과는 프로젝트의 폴더에서 찾을 수 있다."

코드 블록은 다음과 같다.

```
html, body, #map {
  height: 100%;
  margin: 0;
  padding: 0
}
```

코드 블록의 특정 부분에 주의를 기울일 때는 관련 라인 또는 항목을 굵게 표시한다.

```
[default]
exten => s,1,Dial(Zap/1|30)
exten => s,2,Voicemail(u100)
exten => s,102,Voicemail(b100)
exten => i,1,Voicemail(s0)
```

커맨드 라인 입력이나 출력은 다음과 같다.

```
$ mkdir css
$ cd css
```

새로운 용어와 중요한 단어, 화면에 표시되는 메뉴나 대화상자는 다음과 같이 **굵게** 표기한다.

"BP_WinningTrigger 블루프린트를 열고 Won 이벤트의 끝부분에 다음 코드를 추가한다."

 주의 사항이나 중요한 내용을 나타낸다.

 유용한 정보나 요령을 나타낸다.

▌ 정오표

내용의 정확성을 기하기 위해 최선의 노력을 다하고 있지만 언제나 실수는 발생할 수 있다. 이 책에서 실수를 발견한 경우, 해당 내용을 알려주기 바란다. www.packt.com/submit-errata에 방문한 다음, 책을 선택하고 정오표 제출 양식 링크를 클릭하고 세부 내용을 입력한다.

한국어판 정오표는 http://www.acornpub.co.kr/book/ue4-blueprints-vs에서 찾아볼 수 있다.

▌ 저작권 침해

인터넷 상에서 어떤 형태로든 불법 복제물을 발견하면 해당 주소나 웹 사이트 이름을 알려주기 바란다. 해당 자료에 대한 링크와 함께 copyright@packt.com으로 연락주기 바란다.

▌ 질문

이 책과 관련해 질문이 있다면 questions@packtpub.com으로 문의하길 바란다. 한국어판에 관한 질문은 에이콘출판사 편집 팀(editor@acornpub.co.kr)이나 옮긴이 이메일로 문의하길 바란다.

기초

1부에서는 언리얼 엔진과 블루프린트, HUD/UI, AI 등 기본이지만 중요한 게임 구성 요소의 기초 설정을 배운다. 또한 간단한 퀘스트 시스템과 함께 블루프린트를 사용해 움직임이 단순한 기초 3D 플랫포머 게임을 만든다.

1부는 다음과 같이 구성된다.

- 1장: 언리얼 시작
- 2장: 블루프린트의 기본 이해하기
- 3장: 상호작용 개선하기
- 4장: UI 요소 추가하기
- 5장: 인벤토리 추가하기
- 6장: 모험 요소 만들기

언리얼 시작

블루프린트를 이용한 언리얼 게임 개발이라는 놀라운 모험을 시작해보자. 이 책에서는 다양한 정보를 다룬다. 블루프린트가 무엇이고 어떻게 동작하는지 기초를 탄탄하게 알려줄 뿐만 아니라 그 과정에서 좋은 예제도 몇 가지 소개한다. 이 책은 훗날 게임 개발에 드는 시간과 스트레스를 줄여줄 것이다. 기술 향상을 목표로 이 책을 만들었다는 점을 마음에 새기고 읽어주기 바란다. 앞에서 배운 기술을 바탕으로 각 프로젝트를 만들기 때문에 각 장과 프로젝트는 도전이 될 것이다.

자, 시작해보자! 1장에서 다루는 내용은 다음과 같다.

- 언리얼 설정 및 프로젝트 파일 다운로드
- 새로운 프로젝트 및 레벨 생성
- 몇 가지 기본 라이트 기능 추가
- 블루프린트에서 라이트 조작
- 레벨에 오브젝트 배치
- 블루프린트로 오브젝트의 머티리얼 교체
- 블루프린트 에디터 사용 및 블루프린트 연결
- 게임의 컴파일, 저장, 실행

▌ 언리얼과 프로젝트 설정하기

시작하기 전에 언리얼이 준비되지 않았다면 다음 주소에서 다운로드한다.

https://www.unrealengine.com/ko/download/

앞으로 다루는 내용이 제대로 동작하는 4.22 버전을 사용한다. 다운로드를 완료했으면 버전을 확인하자. 이전 버전을 사용하는 경우에도 동일하게 동작해야 하므로 반드시 업데이트해야 한다. 이제 언리얼 엔진이 제공하는 기본 사항을 몇 가지 살펴보자.

언리얼 마켓

언리얼 마켓은 프로젝트에서 사용할 수 있는 다양하고 훌륭한 아이템이 모여 있는 보물창고 같은 곳이다. 다음 화면은 그 중 일부다. 환경 애셋, 오디오, SFX, 코드, 텍스처, 심지어 블루프린트까지 모든 것이 있다.

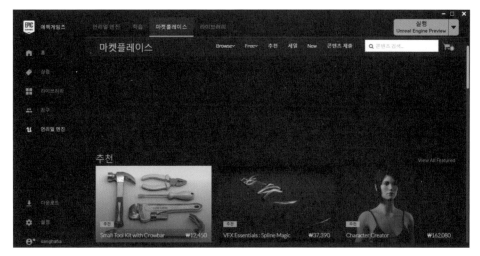
언리얼 엔진 실행 시 대시보드에서 볼 수 있는 언리얼 마켓의 이미지

에픽 게임즈는 언리얼 마켓 제공과 애셋 불러오기 같은 기초 기능부터 복잡한 블루프린트
나 코드를 만드는 방법까지 모든 상황에 도움이 되는 엄청난 양의 튜토리얼도 제공한다.

다음 링크에서 공식 문서를 찾아볼 수 있다.

https://docs.unrealengine.com/ko/

또한 다음 링크에는 많은 양의 튜토리얼 비디오가 있다.

https://academy.unrealengine.com

마지막으로, 저자처럼 수업에서 언리얼 엔진을 사용려고 한다면 학생들이 연습할 수 있는
강의 슬라이드, 연습 예제, 프로젝트 같은 다양한 지침이 있다. 다음 링크를 확인해보자.

https://www.unrealengine.com/ko/education

▌ 프로젝트에 필요한 것

이 책의 프로젝트에서는 언리얼 마켓의 무료 애셋을 사용한다. 1장에서는 각 프로젝트에서 사용하는 파일의 다운로드 링크를 제시하는데, 다른 애셋을 자유롭게 사용해도 좋다. 모든 프로젝트 파일은 블루프린트가 있는 레벨과 없는 레벨 둘 다 다운로드할 수 있다. 이렇게 하면 완성된 프로젝트(블루프린트 포함)를 다운로드하거나 이 책의 튜토리얼에 따라 처음부터 시작할 수 있다. 다음 사이트에서 프로젝트를 찾을 수 있다.

www.player26.com/community

애셋 파일 다운로드의 참고 사항이다. 가끔 용량이 큰 파일은 인터넷 사용량을 잡아먹거나 다운로드하는 데 시간이 걸린다. 용량이 큰 애셋은 반드시 다운로드하지 않아도 된다. 별도의 설명이 없는 한 일반적인 기본 오브젝트(예: 사각형, 구 등)를 이 책의 블루프린트에 사용한다는 점을 기억하기 바란다.

간단한 플랫폼 게임(1장에서 6장)

첫 번째 프로젝트는 간단한 플랫폼 게임이다. 간단한 그래픽을 목표로 삼고 블루프린트의 기초 기능을 학습하는 데 집중한다. 언리얼 엔진4에 있는 기본 오브젝트를 사용하며, 특히 언리얼 마켓의 Soul: City 애셋팩을 사용한다.

생존 미로 탐험가(7장에서 13장)

두 번째 프로젝트는 생존 미로 탐험가다. 좀비물은 아님을 밝힌다. 어쨌든 한 번이라도 죽으면 게임은 종료되고 처음부터 다시 시작해야 한다. 이 프로젝트에서는 언리얼 마켓의 Infinity Blade: Grass Lands 애셋팩을 사용한다.

Sci-fi FPS(14장에서 19장)

세 번째이자 마지막 프로젝트는 멀티플레이어 SF 슈팅 게임이다. 이 프로젝트에서는 언리얼 마켓의 Infinity Blade : Grass Lands, Infinity Blade : Weapons, Infinity Blade : Adversaries 애셋팩을 사용한다.

▌ 게임을 위한 프로젝트 생성 #1

첫 번째 프로젝트에서는 마켓에서 불러온 무료 게임 애셋을 몇 가지 사용해 간단한 플랫포머 게임을 만든다.

먼저 언리얼 엔진 4를 작동시키자.

언리얼 엔진 4가 열리면 새로운 프로젝트를 생성한다. 이 창에서 프로젝트의 기반이 되는 블루프린트 템플릿을 선택한다. 블루프린트 템플릿은 템플릿 유형과 관련된 기능을 제공한다. 예를 들어 일인칭 유형은 삼인칭(플레이어의 뒤쪽에 있는) 유형과 카메라 시각이 다르다. 이 프로젝트에서는 다음 화면처럼 삼인칭을 선택하자. 각 블루프린트 유형의 설명도 함께 제공하는 게 이 창의 장점이다.

블루프린트 유형을 처음 접한다면 시간을 내 설명을 다 읽어보기 바란다. 블루프린트 템플릿 내용이 좀 더 편하게 이해된다.

프로젝트 템플릿 옵션이 있는 새 프로젝트 생성 화면

프로젝트 생성 버튼을 클릭하기 전에 할 일이 두 가지 더 있다. 첫 번째는 기기 선택과 품질 설정 그리고 시작용 콘텐츠의 포함 여부다.

일단 다음 화면과 같이 기본 설정으로 남겨둔다. 두 번째이자 마지막으로 프로젝트의 이름과 저장할 경로를 정한다. 다음 화면에는 폴더 경로 필드와 이름 필드가 있다. 프로젝트를 위해 프로젝트 이름을 MinPlatformer로 정하고 PC의 기본 언리얼 경로에 저장한다. 설정을 완료한 후 **프로젝트 생성** 버튼을 누른다.

프로젝트 설정 화면

프로젝트 생성을 완료하면 다음과 같은 화면이 나타난다.

삼인칭 템플릿으로 만든 언리얼 엔진 4 프로젝트 화면

▌ 네이밍 컨벤션

프로젝트를 자세히 살펴보기 전에 네이밍 컨벤션을 간략하게 이야기하겠다. 네이밍 컨벤션이 얼마나 중요한가 하면 나중에 머리를 쥐어뜯게 될 수도 있고, 차 한 잔으로 머리를 식히게 할 수도 있다. 유지보수가 쉽고 의미 있는 이름 짓기보다 네이밍 컨벤션의 일관성 유지가 더 중요한 이유는 개발 프로세스의 개선에서 꼭 필요한 부분이기 때문이다.

자신의 스타일대로 자유롭게 네이밍 컨벤션을 만들어도 되지만, 어디서부터 시작해야 할지 모르겠다면 다음 링크의 에픽 위키 페이지에 있는 글을 참고하기 바란다.

https://wiki.unrealengine.com/Assets_Naming_Convention

▌ 블루프린트란 무엇인가

블루프린트가 무엇인지부터 살펴보고, 생성한 프로젝트에 있는 오브젝트를 게임 환경 내에서 사용하는 방법을 알아보자. 블루프린트의 핵심은 시각 스크립팅의 형태 중 하나라는 것이다. 코드 라인을 작성하는 대신 일종의 기능이 있는 노드를 연결해서 무언가 발생하게 하는 것이라고 봐도 된다. 하지만 코드를 좋아하지 않는 사람을 위한 용도도 아니고 코딩을 완전히 대체하기 위한 것도 아니다. 게임의 중요한 부분에 더 많은 시간을 보내고 싶어 하는 경험 있는 개발자에게도 블루프린트는 훌륭한 도구라는 것이다. 블루프린트에는 다음과 같은 두 가지 유형이 있는데 뒷부분에서 좀 더 자세히 다룬다.

- **레벨**: 생성한 해당 레벨에만 관련된 블루프린트
- **클래스**: 모든 레벨, 즉 게임 전체에서 사용할 수 있는 블루프린트. 블루프린트는 토글할 수 있는 파라미터나 객체의 행동에 따라 달라지는 파라미터를 노출할 수 있게 한다.

전통적인 언리얼(C++) 프로그래밍 지식이 있는 사람들을 위해 스크립트에서 클래스를 생성할 수도 있고 생성한 클래스를 블루프린트에 노출시켜서 팀 내의 다른 사람들도 코드를 건드리지 않고 기능을 수정하거나 확장할 수 있다. 이런 방식으로 블루프린트는 프로그래머, 아티스트, 기획자들과 함께 작업할 수 있게 하며 개발 중인 게임의 작업 흐름을 향상할 수 있게 한다. 마지막으로 블루프린트는 언어를 가리키기도 하고 생성된 모듈러 기능도 나타낸다는 점을 밝혀둔다. 어느 쪽이든 공통 축약어인 BP를 사용할 것이고 BP는 블루프린트를 나타낸다.

▌ 머티리얼을 활용해 창의력 발휘하기

게임의 그래픽과 플레이 방식은 환상과 모험의 게임 세계로 유인하고 진입하게 만드는 요소 중 하나다. 몇 가지 경우를 살펴보면 화려한 그래픽이나 복잡한 환경물을 볼 수 있는 게임(예: 길드워2, 어쌔신 크리드:오딧세이)도 있고, 미적으로 단순하지만 독특하고 기이한 접근 방식으로 플레이하는 게임(예: 모뉴먼트 밸리)도 있다. 여러 장의 텍스처와 머티리얼을 사용하면 성능이 나빠질 수 있다. 다행히도 언리얼 엔진 4는 게임 디자이너들이 게임의 기능을 위해 타협하는 상황 없이 효율적으로 동작하는 머티리얼을 만드는 방법을 제공한다.

지금쯤이면 텍스트가 뭐지 머티리얼과 같은 것 아닌가? 하는 생각이 들지도 모른다. 텍스처와 머티리얼의 차이는 알아야 한다. 가장 쉽게 이해하는 방법은 단일 파일이든 2D 스태틱 이미지든 텍스처는 머티리얼의 일부라는 것이다. 머티리얼은 게임속 환경에 텍스처를 입히거나 스태틱 메시에 적용하거나, 여러 장의 텍스처(예: 노멀, 스페큘러, 디퓨즈)를 포함할 수도 있다.

언리얼 엔진 4에는 두 가지 타입의 머티리얼이 있는데 동작 방식도 다르고, 사용 용도도 다르다.

- **머티리얼**: 실행 전에 한 번만 계산된다.
- **머티리얼 인스턴스**: 게임 실행 중에 계산되며 편집이 가능하다.

머티리얼과 머티리얼 인스턴스의 주된 차이점은 머티리얼은 유일한 반면에 머티리얼 인스턴스는 성능의 큰 비용 없이 여러 번 복제할 수 있다는 것이다. 즉 머티리얼 인스턴스는 계산 비용이 많이 들지 않는 복제품 같은 것이다.

▌ 첫 번째 머티리얼 만들기

콘텐츠 브라우저 창을 마우스 오른쪽 버튼을 클릭해서 새로운 머티리얼을 생성하고 이름을 DynamicMatGlow로 변경한다. 그런 다음 생성된 머티리얼을 더블클릭해 머티리얼 에디터를 연다.

 TIP 화면처럼 왼쪽의 팔레트 메뉴에서 머티리얼 노드에 접근할 수 있으며 키보드 단축키도 있다.

머티리얼 노드 이미지

마우스 오른쪽 버튼을 클릭해 Constancts ➤ Constant3Vector를 선택해서 Constant3Vector 노드를 생성한다. 단축키 3 + 마우스 왼쪽 버튼 클릭으로도 생성할 수 있다.

Constant3Vector를 사용하면 RGB 값을 사용하는 색상 값, 16진수 표현 색상 값(Hex), 또는 색조, 채도, 값(HSV)을 정의할 수 있다.

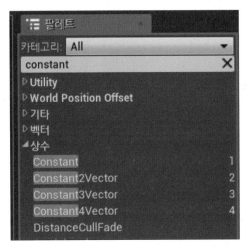

Constant3Vector 노드를 만드는 방법 이미지

다음으로 Constant3Vector의 출력 노드를 DynamicMatGlow의 베이스컬러 노드값에 드래그하면 다음 화면과 같이 이들을 연결할 수 있다.

 노드를 연결하는 동안 올바른 입력값에 연결할 수 있을 때만 녹색 표시가 나타난다.

Constant3Vector 노드가 연결된 상태에서 노드 위쪽을 더블클릭하면 다음 화면과 같은 **색 선택 툴**이 열린다.

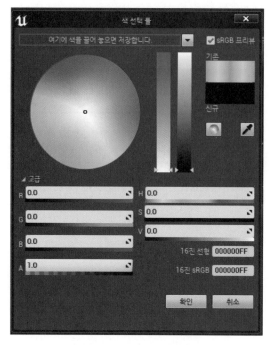

언리얼 엔진 4에서 색상 선택창 이미지

색상을 설정할 때는 RGB, Hex, HSV 값을 수동으로 입력하거나 색상환에서도 색상을 선택할 수 있다. 색상을 위한 RGB 값은 1, 0.9, 0 같은 숫자 값이다. 취향대로 구를 만들고 색상을 입히자. 원하는 색상을 선택하면 벡터 파라미터 노드의 색상이 바뀐다.

Constant3Vector 노드의 RGB 값 이미지

이제 생성한 벡터 노드를 파라미터로 변환해야 한다. 이렇게 하는 이유는 해당 머티리얼을 다른 오브젝트에 적용할 때 다양한 특징(예: 색상)을 쉽게 바꿀 수 있도록 하기 위해서다. **머티리얼 에디터**로 돌아가지 않고도 외부에서 쉽게 바꿀 수 있는 맞춤형 옵션이라고 생각하자. 벡터 노드 위에서 마우스 오른쪽 버튼을 클릭하고 **파라미터로 변환**을 선택한 다음 파라미터의 이름을 지어준다. 이 파라미터는 의미하는 뜻 그대로 GlowOrbColor라고 부른다. 변환을 완료하면 노드의 모습이 다음 화면과 같이 바뀐다.

Constant3Vector 노드가 파라미터로 변환이 완료된 이미지

머티리얼에 빛나는 효과 주기

아름다운 빛을 내게 하려면 약간의 수학이 필요하다. 걱정하지 않아도 되는데 익숙한 사인 곡선(이 절의 다음 화면)을 사용해 매우 쉽게 할 수 있다. 왜 사인 곡선일까? 사인 곡선의 숫자 값은 1에서 −1 사이의 값으로 변하기 때문에 이 값의 변화량을 색상(밝음/어두움)에 적용할 수 있다. 빛나는 느낌을 내려면 빈도를 조절해야 한다. 간단히 말해서 빈도는 색상 변화(1과 −1 사이의 값)가 얼마나 빨리 나타나는지 여부다.

머티리얼 노드에 익숙하지 않다면 새로운 노드를 몇 가지 사용해보자.

- Time: 엔진의 내부 시간을 기준으로 한 전역 파라미터다. 게임/에디터가 시작하자마자 시간이 흘러간다.
- **스칼라 파라미터**:
  - Frequency: 빛나는 효과를 줘 얼마나 자주(빠르게 또는 천천히) 반짝이게 할지를 나타낸다. 짧은 파장(높은 빈도)은 현란한 라이트처럼 만들고 긴 파장(낮은 빈도)은 천천히 페이드 인 아웃하는 것처럼 만든다. 페이드 인 아웃이 우리가 원하는 효과다.
  - Intensity: 머티리얼의 밝기/빛남의 세기 정도를 나타낸다.
- Multiply: 두 개의 인자를 곱하고 결과를 출력한다.
- Sine: 사인 곡선을 나타낸다.

몇 가지 노드를 만드는 것부터 시작해서 각 노드를 연결해보자.

1. 마우스 오른쪽 버튼을 클릭해 Constnats > Time 목록에서 Time 노드를 선택해 추가한다.
2. Multiply 노드를 추가한다. 마우스 오른쪽 버튼을 클릭해 Math > Multiply 목록에서 선택할 수도 있고, M 키를 누른 채 마우스 왼쪽 버튼을 클릭해도 노드가 추가된다.
3. 마우스 오른쪽 버튼을 클릭해 Parameters > ScalarParameter 목록에서 Scalar Parameter를 선택해 추가한다. 이름을 Frequency로 짓고 왼쪽 노드의 상세 정보창에서 Default Value 값 1을 준다.
4. Time 노드를 Multiply 노드의 A 부분에 연결하고 Frequency 노드는 B 부분에 연결한다.
5. 그런 다음 Sine 노드를 추가한다. 마우스 오른쪽 버튼을 클릭해 Math > Sine 목록에서 선택하거나 검색창에서 Sine을 검색해도 된다. 노드의 상세 정보창에서 원하는 파장 값을 조절한다. 값 자체는 게임 엔진 내의 초를 나타낸다. 값이 클수록 빛나는 효과는 느려진다.

1. Multiply 노드의 출력값을 Sine 노드에 연결한다.

2. GlowOrbColor와 **베이스컬러**를 연결한다.

3. 다음으로 새로운 Multiply 노드를 만든다.

4. GlowOrbColor의 RGB 입력값을 생성한 Multiply 노드의 A 부분에 연결한다. 그리고 Sine 노드의 결괏값도 B 부분에 연결한다.

5. 다른 Scalar Parameter 생성하고 Intensity로 이름을 지은 후 Default Value 값 1을 준다.

6. Multiply 노드를 하나 더 생성해서 이전 Multifply 노드의 결괏값을 A에 연결하고 Intensity 노드를 B에 연결한다.

7. 마지막으로 Multiply 결과 노드를 DynamicMatGlow의 **이미시브** 컬러 부분에 연결한다.

완성된 모습은 다음과 같다.

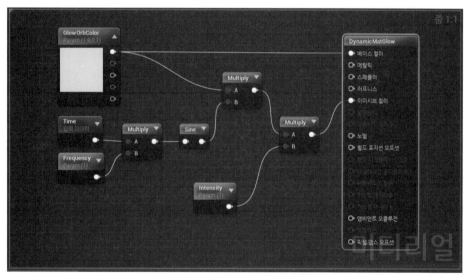

작업한 머티리얼 노드의 이미지

Bloom Effect처럼 보이는 것과 비슷하게 만들고 싶다면 Intensity 노드의 디폴트값을 100정도로 올린다. 숫자 값이 높을수록 효과는 더욱 극적으로 보인다.

> Frequency를 더 큰 값으로 증가시켜도 되지만 제작자와 플레이어가 간질을 앓을 수도 있다는 것을 염두에 두자.

▌블루프린트로 머티리얼 사용하기

프로젝트를 위해서 유저가 가까이 오거나 멀어질 때 변하는 머티리얼을 생성하겠다. 이렇게 머티리얼 노드의 구조를 살펴봤다. 다음으로 블루프린트에서 사용하는 기본 다이내믹 머티리얼도 알아본다.

> 다음으로 넘어가기 전에 블루프린트 그래프의 탐색 방법을 몇 가지 알아보자. 휠로 화면을 확대할 수도 있고, 마우스 오른쪽 버튼을 눌러 스크롤할 수도 있다.

시작하기에 앞서 머티리얼을 위한 폴더를 생성하자. 다음 화면과 같이 콘텐츠 브라우저에서 마우스 오른쪽 버튼을 클릭한 후 **새 폴더**를 선택하면 폴더가 생성된다.

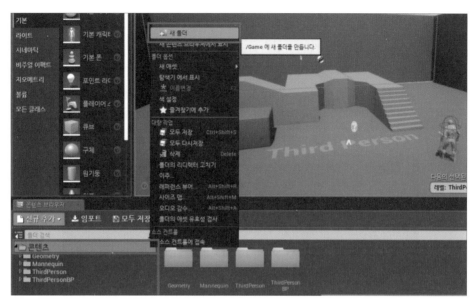

콘텐츠 브라우저가 강조된 언리얼 엔진 4 인터페이스 이미지

폴더 생성을 완료했다면 관련성 있는 이름을 지어야 한다. 여기서는 ProjectMaterials라고
부르자.

▌ 빛나는 다이내믹 머티리얼

지금까지 언리얼의 강력한 시스템에 대해 많은 내용을 배웠다. 블루프린트와 상호작용할
수 있고 작동 방식을 이해하는 데 주안점을 두고 살펴봤다.

이 절에서는 블루프린트로 무엇을 할 수 있는지 살짝 경험해본 후 2장에서 더 깊이 들어
가기로 한다. 이제 첫 번째 블루프린트 클래스를 만들 시간이다. 블루프린트가 복잡해 보
이고 완벽히 이해하지 못해도 상관없다. 블루프린트는 학습 과정에서 이해되는 시점이 있
기 때문에 반복해서 다룬다.

기본 블루프린트를 만들면서 시작해보자. ProjectMaterials 폴더로 이동해 폴더 내에서 마우스 오른쪽 버튼을 클릭한 후 **블루프린트 클래스**를 선택하면 부모 클래스를 선택하라는 대화상자가 나타난다. 다음 화면과 같이 **액터**를 선택한다. 액터는 화면 속에 배치할 수 있는 가장 공통으로 많이 사용되는 클래스 중 하나다. 책의 후반에 다양한 클래스를 살펴볼 것이므로 지금은 걱정하지 않아도 된다.

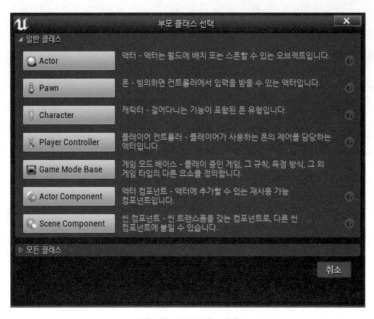

블루프린트 부모 클래스 선택

생성한 블루프린트를 BP_DynamicMat(다이내믹 머티리얼 블루프린트)라고 이름 짓고 블루프린트를 더블클릭해 열어보자. 에디터가 열리면 블루프린트에 컴포넌트를 추가해야 한다.

다음 단계를 따라 해보자.

1. 왼쪽 상단의 **컴포넌트 추가**를 선택한다.
2. 그리고 Static Mesh를 선택한다.
3. **상세 정보창**에서 Static Mesh를 찾는다.

4. Static Mesh 옆의 드롭다운 창을 선택한다.

5. MaterialSphere를 선택한다.

다음 화면에 진행 과정을 자세하게 표시했다.

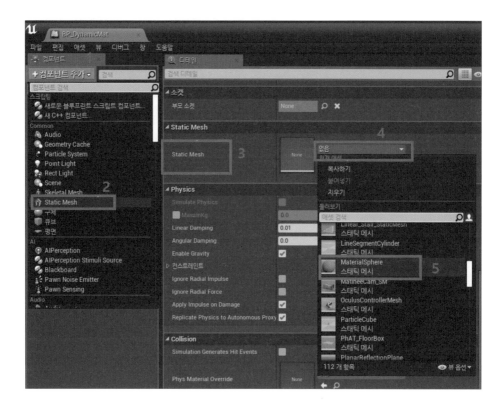

블루프린트에서 머티리얼 수정하기

블루프린트에 입문할 시간이다. 콘텐츠 브라우저에서 BP_DynamicMat을 더블클릭해 아래
처럼 보이는 블루프린트 에디터를 연다.

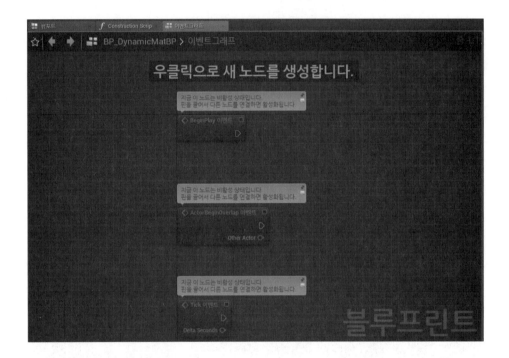

추가된 세 개의 노드를 지금은 무시한다. 이제 우리만의 노드를 생성하고 간단한 로직을
만들 차례다.

블루프린트 그래프는 편집 중인 블루프린트의 로직을 구체화하는 공간이다. 주로 노드와
연결선으로 구성돼 있기 때문에 그래프라고 한다. 처음에는 부담스러울 수 있지만 곧 익
숙해진다. 일단 따라 하면서 자세히 살펴보자. 상단 메뉴의 검색창에 글자를 입력하면 필
요한 노드를 검색할 수 있다.

우리가 만들 로직은 다음과 같다.

    1. 게임이 시작하자마자 다이내믹 머티리얼 인스턴스를 생성한다.

2. 생성한 머트리얼을 변수에 저장해 나중에 게임의 스테이지에서 사용할 수 있게 한다.

3. 그다음 머티리얼을 수정한다. 구체적으로는 색상 값을 수정한다.

4. 마지막으로 새로 생성한 머티리얼을 블루프린트에 추가한 스태틱 메시에 할당한다.

이제 직접 만들어보자.

1. BeginPlay 이벤트 노드의 작은 화살표에서 드래그를 시작해 연결선을 생성하고 근처에서 드래그를 해제한다. 다음 그림처럼 생성하면 연결 가능한 노드(종류별로 정렬된)의 목록이 메뉴 창에 나타난다.

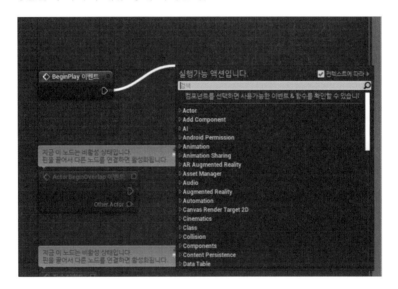

2. Create Dynamic Material Instance를 입력하고, 다음 화면처럼 괄호 안에 Static Mesh가 있는 목록을 선택한다.

3. 목록을 선택하면 블루프린트 그래프는 다음과 같이 보인다.

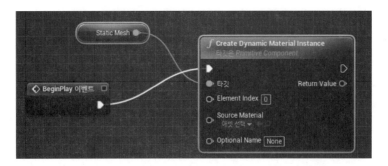

4. 노드를 드래그하면서 위치를 다시 잡을 수 있고 연결선을 풀 수도 있다. 블루프린트 그래프를 만드는 동안 블루프린트가 지저분해지는 것을 피하고자 종종 이런 작업을 하는 모습을 보게 된다.

 위 화면처럼 연결선이 서로 교차하는 것을 최소화해야 노드 구성을 읽기 쉽다. 이 책의 후반부에서 이 과정을 더 쉽게 하는 요령을 몇 가지 배운다.

5. 다이내믹 머티리얼 노드에서 지금까지 만든 특히 첫 번째로 보이는 Dynamic MatGlow라는 이름의 빛나는 머티리얼을 선택한다.

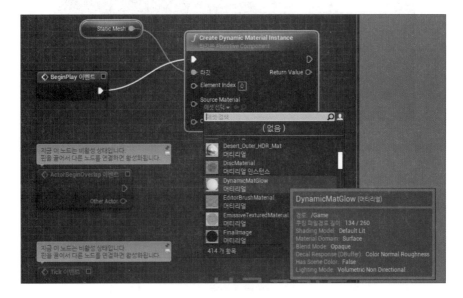

보다시피 모든 연결선의 색상이 다르다. 스태틱 메시에서 Create Dynamic Material Instance 노드로 연결되는 핀은 파란색이다. 파란색은 객체 참조를 뜻하는 데 이 부분은 책의 뒷부분에서 더 명확해진다. Create Dynamic Material Instance 노드 끝부분에 화살표가 있으며 흰색 핀은 블루프린트가 다음에 무엇을 할지 흐름을 의미한다. 흰색 핀은 블루프린트 그래프가 실행되는 흐름을 나타내기 때문에 중요하다. 노드 아래쪽에는 다이내믹 머티리얼을 참조하는 반환값이 있다.

6. 반환값을 마우스 오른쪽 버튼으로 클릭해서 **변수로 승격**을 누르면 블루프린트 그래프가 업데이트된다.

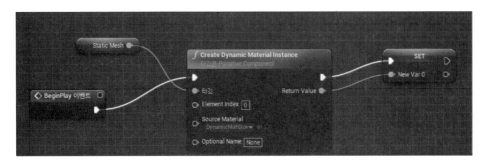

이것은 그래프의 흐름이(흰색 핀 부분) 다른 노드로 이동한다는 의미다. 특정 값을 참조해서 저장 변수를 만들고 Dynamic Material Instance의 파란 핀을 SET 노드에 연결한다.

다음 화면과 같이 왼쪽 아래쪽에 NewVar_0이라는 새로운 변수가 나타난 것을 확인하자.

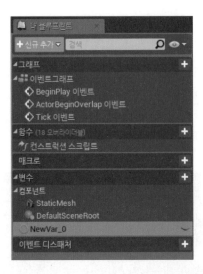

7. 변숫값을 선택하면 오른쪽의 상세 정보 창에서 몇 가지 속성을 수정할 수 있다. OurDynamicMaterial 같은 의미 있는 이름으로 변수 이름을 수정한다.

8. 다음 단계로 SET 노드(아래쪽에 있는 작은 원형)의 파란 핀을 드래그해서 앞에서 했던 것처럼 새로운 노드를 추가한다. 같은 메뉴가 나타나지만 이번에는 다이내믹 머티리얼을 참조하는 입력값의 노드만 보인다(사실 아직 파란 핀을 드래그하는 중이다). 이번에는 Set Vector Parameter Value 노드를 선택한다. 배치되면 다음과 같다.

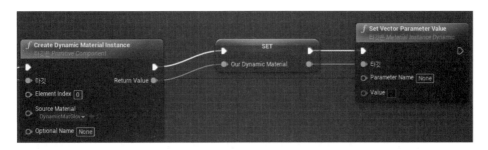

SET 노드의 흰색 핀이 새로 만든 Set Vector Parameter Value 노드에 어떻게 연결됐는지 확인하기 바란다.

9. 이제 Parameter Name 값을 변경해 색상을 파라미터로 변환할 때 머티리얼에서 부여한 이름과 일치하도록 한다. 이름이 같지 않으면 제대로 동작하지 않을 수 있으니 이름이 정확히 같은지 한 번 더 체크한다. 여기서는 GlowOrbColor로 입력한다. 그리고 바로 아래 검은 사각형을 클릭하면 색상을 선택할 수 있는데 초록색을 선택했다. 다음 이미지는 지금까지의 결과다.

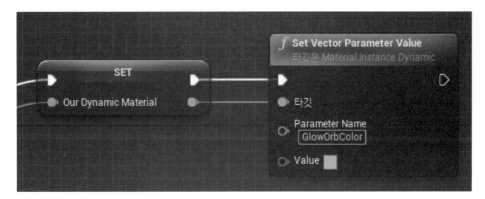

10. 마지막 단계에서는 새로운 머티리얼을 스태틱 메시에 할당한다. 왼쪽 컴포넌트 창에서 StaticMesh를 그래프로 드래그한다. 새로 추가된 StaticMesh 노드의 핀을 드래그해서 놓고 Set Material 노드를 선택하거나 검색한다.

11. 이제 Set Vector Parameter 노드의 흰색 화살표를 새로운 Set Material 노드에 연결 해야 한다. 그런 다음 왼쪽 화면에 있는 OurDynamicMaterial 변수를 드래그해 Get OurDynamicMaterial을 선택한 후 Set Material 노드의 Material 파라미터 앞쪽에 놓 는다. 다음 이미지는 지금까지의 결과다.

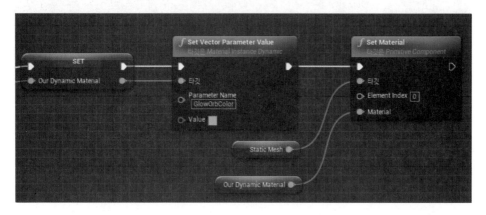

12. 이제 블루프린트를 컴파일한다. 컴파일은 블루프린트가 동작하는 데 문제가 없 는지 언리얼이 확인하는 작업이다. 컴파일이 우리가 원하는 대로 동작하는지 보 장해주는 것이 아니라 누락 등의 오류가 없는지를 검증하는 것이다. 그런 다음 저장하는데, 두 작업은 다음 화면과 같이 각각 상단 표시줄의 버튼으로 수행할 수 있다.

13. 컴파일 결과 오류가 없다면 다음과 같은 아이콘이 나타난다.

그렇지 않으면 다음과 같은 아이콘이 나타난다.

14. 하단의 콘솔 창에는 해당 문제의 정보가 표시된다. 강조 표시된 글자를 클릭하면 문제가 발생한 노드의 위치로 이동하고 노드 아래의 라벨에는 해당 노드의 문제 가 표시된다.

어쨌든 지금까지 만든 단순한 블루프린트에는 아무런 문제가 없어야 한다. 다음은 참조할 수 있게 지금까지 수행한 작업의 개요를 나타낸 것이다.

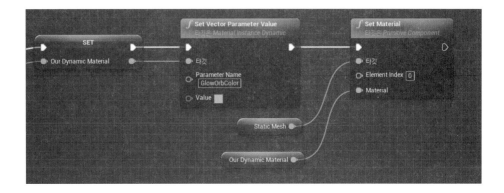

블루프린트를 컴파일하고 저장했다면 블루프린트 에디터를 닫고 언리얼 메인 창으로 돌아간다. 드디어 블루프린트 액터를 화면 속의 큐브 옆에 드래그해서 화면에 배치한다. 보다시피 구는 처음에는 회색이지만 재생(상단의 버튼)을 누르면 초록색으로 바뀐다.

첫 번째 블루프린트 제작을 축하한다. 다시 한 번 말하지만 모든 것을 이해했는지는 중요하지 않다. 블루프린트로 프로그래밍하는 것은 조금씩 배워나가야 하기 때문에 이 책의 남은 부분도 함께 하자.

▌ 환경에 라이트 추가하기

배경을 환하게 만들어보자. 먼저 기본 라이트부터 배경에 추가한다.

몇 가지 옵션을 사용해 게임 환경에 라이트를 추가하는데 디자이너는 게임 개발의 다양한 단계에서 라이트를 추가한다. 라이트는 게임 개발에서 고정된 부분이 아니라 지속적이고 역동적으로 변화하는 부분이다. 말하자면 레벨이 커지기 시작하면서 오브젝트가 라이트의 효과를 어떻게 받는지도 게임의 분위기에 영향을 미친다. 언리얼에는 다양한 유형의 라이트가 있다.

- **포인트 라이트**: 중심에서 모든 방향으로 빛을 발산하는 전구와 매우 비슷하다.
- **스포트라이트**: 원뿔 모양의 한 지점에서 빛을 발산하며 극장의 조명이나 헬리콥터가 무언가 찾고 있을 때의 모습과 비슷하다.
- **스카이 라이트**: 레벨의 먼 부분을 포착해 배경에 라이트로 적용하기 때문에 스포트라이트, 포인트 라이트와는 조금 다르게 동작한다.
- **디렉셔널 라이트**: 태양 빛처럼 무한히 멀리 있는 지점에서 발생하는 빛을 시뮬레이션한다. 그것을 표현하는 뭔가를 만들지 않는 한 빛을 볼 수 없고 오직 빛의 효과만 볼 수 있다. 이름에서 알 수 있듯이 디렉셔널의 의미는 빛의 방향대로 그림자를 드리울 수 있다.

- **모듈레이트 섀도**: 렌더링 비용면에서 저렴하지만 현실성은 떨어지는 다이내믹 그림자다. 모바일 게임이나 앱에 이상적이다.
- **포스트 프로세싱**: 라이트는 아니지만 게임 속에서 라이트가 나타날 때 영향을 줄 수 있다. 컬러 그레이딩, 엠비언트 오클루전, 톤 매퍼, 가장 대중적인 블룸 이펙트처럼 게임의 마지막 보정이라고 생각하면 된다.
- **라이트맵**: 오브젝트의 라이트 정보를 텍스처에 저장한다. 즉 텍스처의 정보가 빛이 오브젝트에 미치는 영향을 엔진에 알려준다.

위에서 매우 간략하게 설명했지만 걱정하지 말자. 이 책에서 블루프린트를 활용한 실전 응용과 함께 더욱 자세히 다루기 때문이다. 이 프로젝트에서는 기본 라이트를 만들지만 책을 진행하면서 고급 라이트도 다룬다.

블루프린트로 라이트 사용하기

BP_OurFirstLight라는 이름으로 블루프린트 액터를 하나 더 생성해보자. 기존의 BP_DynamicMat 블루프린트에서 했던 것과 비슷하다. 일단 게임이 시작되면 라이트의 색상이 바뀌게 만든다. 다른 블루프린트에서 스태틱 메시를 생성한 것과 비슷한 방식으로 포인트 라이트를 생성한다.

1. **그래프 에디터**로 이동하고 컴포넌트 창의 라이트를 드래그해 그래프로 가져온다.
2. 라이트의 핀을 드래그해서 Set Light Color 이름의 노드를 생성한다.

3. BeginPlay 이벤트 노드의 흰색 핀을 드래그해 Set Light Color 노드에 연결하고 New Light Color 변수를 좋아하는 색상으로 변경한다. 예제에서는 빨간색으로 변경했다.

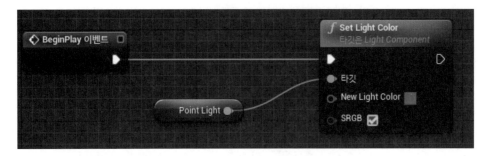

4. 블루프린트 에디터를 나가기 전에 컴파일하고 저장한다.

마지막으로, 생성한 라이트 블루프린트 액터를 배경에 배치한다. 흰색으로 보이지만 **재생** 버튼을 누르면 라이트가 빨간색으로 변경된다. 지금까지 블루프린트로 오브젝트를 변경하기가 얼마나 쉬운지 살펴봤다. 2장에서는 블루프린트의 더 깊은 영역으로 들어간다.

▌ 배운 내용 확장하기

지금까지 배운 것을 조금 더 연습해보고 싶다면 다음 내용을 수행해보자.

- 색상 파라미터 노드를 다른 채널에 연결하기
- 여러 버전의 Glow Material 생성하기(예: 번쩍이는 라이트, 천천히 빛나는 라이트 등)
- 다양한 베이스 컬러와 빛나는 색상 추가하기
- 머티리얼 색상 값 변경하기
- 온라인에서 애셋을 찾아서 다운받고 불러온 후 머티리얼 적용하기
- 구의 영역을 벗어나면 구의 색상이 되돌아가게 만들기

▌ 요약

첫 블루프린트 제작을 축하한다. 나의 열정이 여러분을 계속 나아가게 하길 바란다. 1장에서는 먼저 필요한 파일을 다운로드했고 첫 번째 게임 프로젝트를 생성하고 설정했다. 그다음 이 책의 핵심 개념인 블루프린트를 소개하며 블루프린트가 무엇이고 어떻게 동작하는지 배웠다. 블루프린트를 사용해 기본 머티리얼을 만드는 방법과 라이트를 만드는 방법, 플레이어가 머티리얼과 상호작용하는 방법도 살펴봤다.

2장에서는 블루프린트의 기본을 이해하고 배운 내용을 확장하는 시간을 갖는다. 블루프린트를 생성할 때 몇 가지 좋은 예제와 레벨 내의 오브젝트에 좀 더 복잡한 블루프린트를 적용하는 방법을 살펴본다. 다음으로 다양한 유형의 충돌체 오브젝트를 생성하는 방법을 다루고 게임 내의 트리거를 생성해 활성화하는 방법을 배우면서 마친다.

02

블루프린트의 기본 이해하기

지금까지 언리얼 엔진 4와 블루프린트를 경험했으니 이제는 스스로 도전할 시간이다. 1장의 결과물이 서서히 복잡해지겠지만 두려워하지는 말자. 먼저 블루프린트의 유형을 알아본 후 오브젝트에 적용해 이동하고 이벤트를 트리거하는 방법을 알아보자.

2장에서 다루는 내용은 다음과 같다.

- 블루프린트를 생성할 때 (중요하면서 핵심인) 좋은 예제를 살펴본다.
- 다음으로 레벨 블루프린트와 클래스 블루프린트가 무엇인지, 오브젝트뿐만 아니라 레벨 내에서 어떻게 적용하는지 자세히 살펴본다.
- 다양한 유형의 오브젝트를 위해 언리얼의 콜리전과 트리거 생성 방법을 배운다.
- 마지막으로 블루프린트를 사용해 움직이는 발판을 만드는 방법을 배운다.

블루프린트의 개요와 워크플로우

1장에서는 블루프린트를 간략하게 살펴보면서 시작했다. 이제 블루프린트가 무엇이고 어떻게 동작하는지 잘 알아야 할 차례다. 2장의 도입부에서는 복잡한 블루프린트를 만들기 전에 블루프린트 사용을 위한 워크플로우와 좋은 예제를 설명한다. 예를 들어 블루프린트를 만들 때는 해당 블루프린트가 상황과 관계없이 효과적이면서 간결하길 원할 것이다. 모든 명령어가 필요하지 않거나 자체 함수 내에서 필요한 기능을 수행할 수 있을 때에도 20가지의 다양한 명령어로 동작하는 블루프린트를 만들고 싶지 않은 것처럼 말이다.

속도

속도는 모든 면에서 중요하다. 컴퓨터 속도(CPU/GPU), 함수의 실행 속도, AI의 응답 속도 등은 모두 고려해야 할 중요한 요소다. 블루프린트도 블루프린트가 실행할 수 있는 함수와 (그에 따른) 인게임 기능의 속도가 매우 중요하다. 예를 들면 10분의 1초 같은 속도는 관찰할 수 없지만, 10분의 1초가 여러 번 더해질 수 있기 때문에 속도가 중요하다. 동시에 실행되거나 온라인 환경에서 많은 블루프린트가 동작할 때 특히 중요하다.

컬러 스키마

네이밍 컨벤션과 같은 이야기다. 예를 들어 블루프린트의 시작 부분인 경우 이벤트의 색상은 초록색이고 움직임과 연관된 내용은 보라색이며 상호작용과 관련된 내용은 오렌지색이다. 그 외에도 여러 가지 색깔이 있다. 자신에게 적합하고 기억하기 쉬운 컬러 스키마를 찾아 두자. 어딘가에 적어두고 블루프린트를 팀과 공유한다면 컬러 스키마가 명확해진다.

▍ 레벨 블루프린트와 클래스 블루프린트 소개

언리얼에는 몇 가지 유형의 블루프린트가 있다. 레벨, 클래스, 데이터 전용, 인터페이스, 매크로 라이브러리가 있다. 2장에서는 레벨 블루프린트와 클래스 블루프린트의 차이점을 이해하는 것이 가장 중요하다. 특히 게임 내의 다른 레벨에서 다루는 경우에 각 블루프린트는 서로 다른 기능을 제공하기 때문이다.

레벨 블루프린트

레벨 블루프린트 내에서 다루는 정보는 해당 레벨 내에서만 접근할 수 있다. 본질적으로 레벨 블루프린트는 특정한 레벨 내에서 일어나는 이벤트에 영향을 준다. 생성된 레벨에는 자기 자신의 레벨 블루프린트가 있다. 추가 레벨 블루프린트를 생성할 수 없다는 것에 유념하자. 다음 화면에 표시한 것처럼 에디터 메뉴의 **블루프린트**에서 **레벨 블루프린트**를 찾을 수 있다.

레벨 블루프린트의 위치

클래스 블루프린트

그 외 클래스 블루프린트는 플레이어가 다른 레벨로 이동해도 접근할 수 있다. 클래스 블루프린트 또는 간단히 말해서 블루프린트는 기존 게임플레이 클래스 위에 기능을 추가한다. 클래스 블루프린트의 핵심은 새로운 클래스나 액터의 타입을 정의하는데 이 액터는 다른 타입의 액터처럼 동작하는 인스턴스 형태로 맵에 배치할 수 있다. 곧 액터와 클래스 블루프린트 유형을 간략히 설명할 것이며, 이 책 후반부의 프로젝트와도 관련 있다.

- **액터**: 월드에 배치할 수 있으며 스폰되는 오브젝트다.
- **폰**: 빙의할 수 있으며 컨트롤러로부터 입력을 받는 액터 타입이다.
- **캐릭터**: 걷기, 달리기, 점프 등의 기능을 하는 빙의할 수 있는 폰이다.
- **캐릭터 컨트롤러**: 플레이어가 사용하는 폰을 컨트롤하는 액터다.
- **게임 모드**: 게임의 플레이를 정의한다. 예를 들어 게임의 룰을 정의하거나, 점수, 게임의 요소를 정의한다.

▍ 충돌 체크

게임을 생각해보면 벽이나 나무, 심지어 캐릭터를 통과해서 걷는 일은 매우 드물다. 장애물이나 게임 속 오브젝트와 부딪힐 때 게임은 충돌을 감지해서 멈추게 하기 때문이다. 서로 충돌할 수 없는 오브젝트는 콜리전을 가지기 때문에 게임은 오브젝트가 충돌하는 것을 멈추게 한다. 오브젝트가 무엇인지에 따라 다른 콜리전을 사용한다.

콜리전 메시의 기본 유형은 다음과 같다.

- **단순 구 콜리전**: 구모양의 오브젝트에 적합하다. 예를 들어 공이나 반짝이는 구체 모양에 사용된다.
- **단순 캡슐 콜리전**: 구 콜리전이 어울리지 않는 오브젝트에 적합하다. 예를 들어 총알이나 캐릭터 등에 사용된다.

- **박스 콜리전**: 구 콜리전에 대한 여러 가지 걱정 없이 다양한 종류의 오브젝트에 적용할 수 있는 가장 유용한 콜리전이다.

아마도 지금쯤이면 궁금할 것이다. 조금 더 복잡한 오브젝트는 어떻게 해야 할까? 복잡한 무기 조각이나 화려한 자동차 같은 것은? 다행히 언리얼 엔진 4에서는 메시 그 자체를 콜리전으로 사용할 수 있다. 그렇다면 왜 모든 오브젝트에 적용하지 않는 걸까? 답은 간단하다. 최적화 때문이다. 콜리전이 복잡할수록 충돌을 검사하는 게임 내 자원이 더 많이 필요하다. 10,000개의 버텍스가 있는 메시를 상상해보자. 엔진은 프레임당 메시의 모든 버텍스를 여러 번 체크하며 처리 시간이 오래 걸린다. 콜리전을 단순화하는 데는 이유가 있으니 지키도록 노력하자.

 TIP 메시가 복잡하다면 그래픽과 콜리전 성능의 향상을 위해 지오메트리를 세분화하자.

▌ 트리거: 트리거를 생성하고 활성화하는 방법

트랩을 발동시키든 일련의 긍정적인(또는 부정적인) 이벤트를 발생시키든, 트리거는 게임을 역동적으로 느끼게 하고 유저의 행동을 결과로 제공한다. 콜리전과 마찬가지로 트리거는 모양(박스, 캡슐, 구)이 다르므로 영향을 주는 영역도 달라진다.

이벤트를 트리거하는 데 사용할 수 있는 다양한 이벤트가 있다. 주요 이벤트는 일반적으로 다른 오브젝트와 콜리전 반응으로 발생한다. 예를 들어 무언가(예: 플레이어) 트리거(예: 문을 활성화하는 스위치)와 부딪히거나 겹치는 상황이나 플레이어의 입력에 반응하는 것이다(예: 의자를 부수는 플레이어).

라이트와 머티리얼을 위해 씬에서 트리거를 생성해보자. 지금은 단순한 트리거이지만 2장의 후반부에서 좀 더 복잡한 트리거를 만든다.

블루프린트를 이용해 이벤트 트리거하기

블루프린트를 사용해서 게임 내의 이벤트를 발생시켜야 한다. 1장에서 만든 블루프린트를 사용하며, 여기서부터 시작하기로 결정했다면 1장의 블루프린트를 참고해야 한다. 다음 단계들을 해보자.

1. BP_DynamicMat 이름의 블루프린트로 시작한다.

2. **컴포넌트 추가 ＞** Collision ＞ Box Collision을 선택해서 컴포넌트를 추가하고 Trigger Box라고 이름 짓는다. 오브젝트(박스)와 트리거를 초기화할 공간 모두에 맞게 크기를 조절한다.

3. 박스의 크기를 조절하려면 뷰포트 탭에서 트리거 박스를 선택한다. 디테일 패널에서 원하는 크기로 조절할 수 있다. 2장의 목적을 위해 20으로 크기를 키운다. 다음 화면은 이 작업의 예제다.

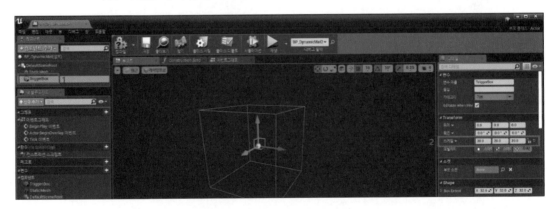

4. 시작하려는 트리거의 유형을 정의해보자. 예를 들어 플레이어가 겹치거나, 들어가고 나가는 등의 경우 플레이어는 트리거에 부딪힌다. 따라서 다음 화면과 같이 트리거 박스의 디테일 패널 이벤트에서 On Component Begin Overlap 옆의 플러스 모양을 클릭한다.

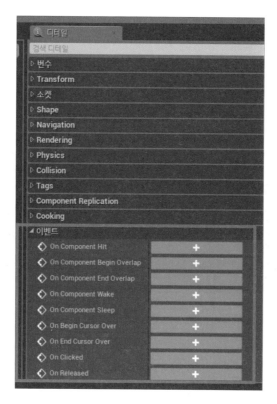

5. 플러스 모양을 클릭했다면 다음 화면과 같이 이벤트 그래프가 생성된다.

6. 다양한 것에 연결해 사용할 수 있는 노드가 꽤 있다. 2장에서는 Overlapped Component에 초점을 맞춘다.

7. 트리거에 오브젝트가 들어오면 플레이어인지 확인해야 한다. 다음처럼 오브젝트를 드래그해서 삼인칭 캐릭터로 캐스팅한다. 캐스팅을 위해 검색창에서 Cast를 입력하고 ThirdPersonCharacter에 형변환을 선택한다.

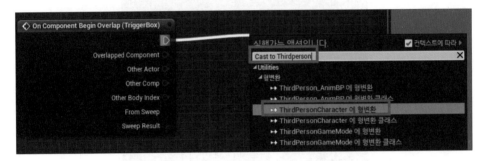

8. 마지막으로 Begin Overlap 노드의 Other Actor 핀을 형변환 노드의 오브젝트 핀에 연결한다.

형변환

형변환이 무엇인지 궁금할 것이다. 이 책 전체에서 꽤 많이 사용하기 때문에 기본적으로 형변환이 무엇이고 어떻게 동작하는지를 알아야 한다. 간단히 말해서, 형변환은 액터가 플레이어로 조종되는 삼인칭 캐릭터인지 체크할 수 있게 한다. 따라서 플레이어가 트리거 박스 안으로 들어왔는지 확인할 수 있다.

기술면에서 캐스트가 동작하는 방식을 좀 더 살펴보면 부모와 자식의 관점에서 생각할 수 있다. 블루프린트에서 액터(예: 캐릭터, 폰 등)는 서로 간의 부모가 될 수 있다. 이것은 각각의 자식들이 다른 속성을 상속하는 계층구조를 가질 수 있다는 말이다.

예를 들어 다음과 같이 생각해보자. 차량이라는 메인 액터가 있다. 차량 액터에는 가속, 감속, 브레이크 등 몇 가지 기본 파라미터가 있다. 하지만 바퀴 두 개 또는 바퀴 네 개의 두 가지 자식 액터의 속성은 다르다. 예를 들어, 바퀴가 두 개인 차량은 기어 변경이 없지만,

바퀴가 네 개인 차량은 기어 변경이 있다. 여기서 각 자식 액터에도 자식이 있는데, 이들에게도 그들만의 속성이 있다.

왜 자식이 더 있을까? 단순하다. 게임 속에서 연료처럼 획득할 수 있는 아이템을 상상해보자. 모든 차량은 같은 방식 또는 같은 속도로 연료를 소모하지 않는다. 스쿠터는 트럭보다 연료를 적게 사용한다. 따라서 게임을 플레이 중이거나 플레이어가 차량을 운전하는 동안 획득한 아이템의 능력, 연료탱크가 가득 차기 전에 각 차량에 필요한 연료량 등이 반영돼야 한다.

ℹ️ 블루프린트에 관한 더 많은 정보는 다음 사이트에서 찾을 수 있다.
https://docs.unrealengine.com/ko/Engine/Blueprints/UserGuide/CastNodes/index.html

이제 Cast 노드를 연결해야 실제로 색상을 변경할 수 있다.

1. Set Vector Parameter Value 노드를 생성한다.
2. Get Our Dynamic Material을 입력하고 선택한다.
3. 생성된 Our Dynamic Material 노드를 드래그해 검색창에서 Set Vector Parameter Value를 입력하고 선택한다.
4. 형변환 노드의 실행 핀을 Set Vector Parameter Value에 연결한다. 작업을 완료하면 블루프린트는 다음과 같이 보일 것이다.

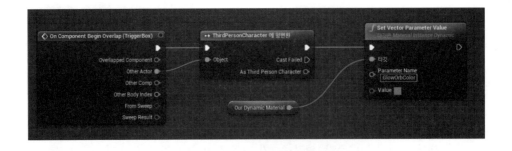

블루프린트를 사용해 이벤트 트리거하기: 움직이는 플랫폼

제목이 말하는 바와 같이 무언가를 움직이게 한다. 무엇을 움직이게 할지는 마음에 달렸다. 먼저 콜리전으로 트리거되는 (수평의) 슬라이딩 플랫폼을 만든다. 2장에서는 간단히 말해 두 가지 예제를 이용해 다른 종류의 이벤트를 트리거하는 방법을 보여준다. 위아래로 미끄러질 수 없는 게임이 생각나는가?

'툼 레이더'나 '크래시 밴티쿳' 게임에서 본 적 있다. 그런 게임은 도전 과제 추가에서부터 유저들이 화가 나서 게임을 그만두기까지, 그 사이사이의 모든 것으로 색다른 경험을 할 수 있다.

1. 시작하기에 앞서 새로 블루프린트 액터 클래스를 생성하고 **BP_MovingPlatform**이라고 이름 짓는다. 그리고 이벤트 그래프를 연다.
2. **컴포넌트 추가 ❯ 큐브**를 클릭해서 플랫폼을 추가하고 **MovingPlatform**이라고 이름 짓는다.
3. 블루프린트 내에서 수행하는 모든 것, 특히 게임 내에서 이것을 사용할 때 모든 것의 부모로 만들기 위해 큐브를 **DefaultSceneRoot**로 드래그한다.

좀 더 플랫폼처럼 보이게 만들어야 한다. 뷰포트 창을 선택하고 디테일 창에서 트랜스폼 섹션을 선택해 원하는 모양이 나올 때까지 스케일 값을 조절한다. 예를 들면 여기에서는 (X)3.0 (Y)2.0 (Z)0.3 값을 선택했다.

4. 한 번에 모든 크기를 동일한 값으로 변경하고 싶다면 다음 화면과 같이 자물쇠가
   잠겼는지 확인한다.

   상단은 자물쇠가 비활성화된(열린) 상태이며 하단은 활성화된(닫힌) 상태다.

5. **컴포넌트 추가 › Box Collision**(검색창에서 입력해도 된다)에서 움직이는 플랫폼의 콜리
   전을 추가한다. 콜리전을 추가했으면 MovingPlatformCollision이라고 이름 짓는다.

6. MovingPlatform에 맞춰서 MovingPlatformCollision 메시의 크기를 조절한다. 디테
   일 패널의 트랜스폼 섹션으로 가서 원하는 크기로 조절한다. 여기에선 (X)1.5
   (Y)1.5 (Z)0.8을 입력했다.

7. 컴포넌트 창의 MovingPlatformCollision을 선택하고 뷰포트 창으로 가서 트
   랜스레이트 툴(또는 W 키를 누른다)을 선택해 MovingPlatformCollision을 Moving
   Platform의 상단에 닿을 때까지 이동한다. 다음 화면은 이 작업의 예제다.

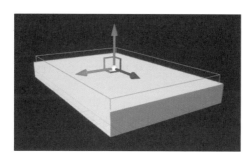

8. 초기 트랜스레이션의 값이 시작 지점이기 때문에 MovingPlatform이 끝나는 지점을 검사하는 새로운 콜리전을 하나 더 추가해야 한다. 새로운 박스 콜리전을 추가해 MovingPlatformEnd라고 이름 짓고 Z(Scale) 값을 5.0으로 높인다. 다음과 같은 모습이어야 한다.

해당 작업을 완료하면 이벤트 그래프로 이동해 플랫폼을 이동하게 만든다. 어떻게 할 수 있는지 살펴보자.

1. 시작하기 전에 지금은 BeginPlay **이벤트** 노드만 필요하기 때문에 아래 두 개의 노드를 제거한다.
2. 블루프린트 패널 왼쪽 아래에서 컨트롤 키를 누른 채로 MovingPlatform을 드래그해 이벤트 그래프로 가져온다.

1. 출력 노드를 드래그해서 Get World Location을 입력해 선택한다. 이 노드로 MovingPlatform의 월드 공간에 위치한 좌표 값을 가져올 수 있다.
2. 그리고 블루프린트 패널에서 **변수** 탭의 **+** 기호를 클릭해 새로운 변수를 생성한다. StartLocation이라고 이름 짓는다.
3. 디테일 패널의 오른쪽 사이드에서 변수의 타입을 **벡터**로 변경한다. 세(X, Y, Z) 값이 필요하기 때문이다.
4. SET 노드를 위해 알트 키를 누른 채로 해당 변수(왼쪽 아래쪽의 컴포넌트 패널에서)를 드래그해 이벤트 그래프로 가져온다.

5. GetWorldLocation의 출력 노드를 드래그해서 StartLocation 노드에 위치시킨다.

6. BeginPlay **이벤트**의 출력 노드를 SET의 입력 노드로 드래그한다. 모든 작업을 완료하면 다음 화면과 같이 보여야 한다.

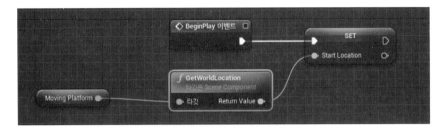

모든 것은 올라갔다면 내려와야 한다. 모든 것은 시작이 있다면 끝도 있다.

1. 새로운 변수를 생성한다. EndLocation이라고 이름 짓고 변수 타입도 **벡터**로 만든다.

2. 컨트롤 키를 누른 채 MovingPlatformEnd를 이벤트 그래프로 드래그한다.

3. MovingPlatformEnd 노드의 출력 노드를 GetWorldLocation의 타겟 노드로 연결한다.

4. 리턴 값을 EndLocation에 연결한다.

5. MovingPlatform의 위치 값이 세팅된 첫 번째 SET 노드의 실행 핀을 드래그해 두 번째 SET 노드로 연결한다. 작업을 완료하면 다음처럼 보여야 한다.

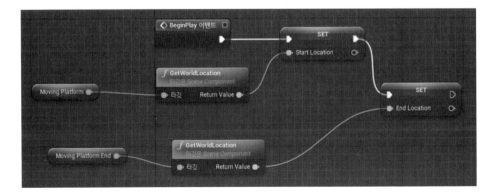

6. 그다음 컴포넌트 패널의 MovingPlatformCollision 위에서 마우스 오른쪽 버튼을 클릭해 이벤트 추가를 선택하고 OnComponentBeginOverlap 이벤트를 선택한다.

7. Other Actor 핀을 드래그해 ThirdPersonCharacter 형변환을 입력한다.

8. ThirdPersonCharacter 실행 핀을 드래그하면서 타임라인 추가를 입력해 노드를 생성하고 PlatformTime으로 이름 짓는다.

9. PlatformTime 노드를 더블클릭해 다음 표시된 아이콘 모양의 Float 트랙 추가를 클릭한다.

10. 이제 트랙의 이름을 PlatformFloatTime으로 입력한다.

11. 길이를 1.0으로 변경한다.

12. 트랙 에디터에서 하나는 0, 나머지 하나는 1인 두 개의 키프레임을 추가한다. 마우스 오른쪽 버튼을 클릭 후 키 추가를 선택하고 키프레임의 값을 선택해서 다음 화면과 같이 값을 변경한다.

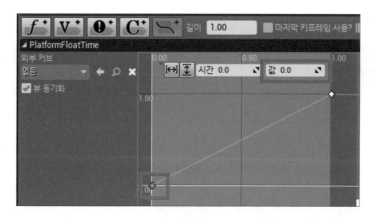

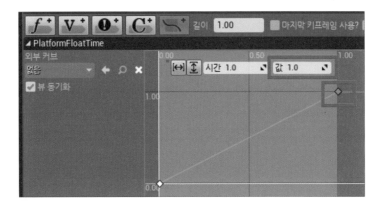

13. 이벤트 그래프로 돌아가서 컴포넌트 패널의 MovingPlatform을 컨트롤 키를 누른 상태에서 이벤트 그래프로 드래그한다.

14. MovingPlatform의 출력 핀을 드래그해 Set World Location을 입력한다.

15. Update 실행 핀(PlatformTime 노드)을 드래그해 Set World Location 노드의 실행 핀에 연결한다.

16. PlatformTime 노드의 PlatformFloatTime 출력 핀을 드래그해 Lerp(Vector)를 입력하고 선택한다.

17. 이제 Lerp(Vector) 노드의 Return Value 출력 핀을 Set World Location 노드의 New Location 입력 핀에 연결한다. 다음과 같은 모습이어야 한다.

18. Start Location과 End Location을 만들어야 한다. 이를 위해서 Lerp(Vector) 노드의 A 입력 핀을 드래그해 Get StartLocation을 입력하고 선택한다.

19. B 입력 핀도 동일한 작업을 하지만 Get End Location을 입력하고 선택한다. 다음과 같이 보일 것이다.

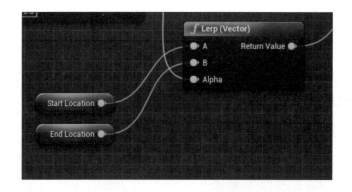

이제 레벨 에디터로 돌아간다. 플랫폼을 추가하고 모든 것이 다음과 같이 동작하는지 테스트해본다.

1. 콘텐츠 브라우저에서 BP_MovingPlatform을 레벨로 드래그하고 위치를 조절한다.
2. 다음으로 디테일 패널(다음 화면처럼)에서 MovingPlatformEnd를 선택하고 플랫폼 이동이 끝나길 원하는 곳으로 위치를 조절한다.

이제 후진 기어를 넣고 플랫폼이 시작했던 위치로 돌아갈 시간이다. 이 과정은 비교적 간단하며 앞으로 전진하는 작업과 거의 동일하다.

1. 시작하려면 블루프린트의 이벤트 그래프로 돌아간다. 컴포넌트 패널의 Moving PlatformCollision 위에서 마우스 오른쪽 버튼을 클릭 후 **이벤트 추가**를 선택하고 OnComponentEndOverlap 이벤트를 선택한다.

2. Other Actor 출력 핀을 드래그하면서 ThirdPersonCharacter 형변환을 입력한다.

3. OnComponentEndOverlap 노드의 OverlappedComponent 핀이 ThridPerson Character 노드의 ObjectActor 핀에 연결됐는지 확인한다.

4. 이제 ThirdPersonCharacter 형변환 노드의 출력 핀을 PlatformTime 노드의 Reverse 실행 핀에 연결한다.

적어도 지금은 여기까지 하면 끝이다. 플랫폼을 테스트하고 원하는 대로 이동하도록 설정을 변경한다. 이제 프로젝트의 다음 단계로 넘어갈 시간이다.

▌ 배운 내용 확장하기

2장에서 배운 내용을 조금 더 연습해보고 싶다면 다음 연습을 완료해보자.

- 다른 이벤트의 트리거를 만든다.
- BP_DynamicMat의 원래 색상으로 복원해본다(힌트: 디테일 패널의 이벤트 부분에서 찾을 수 있다).
- 다른 유형의 콜리전과 트리거 모양을 사용해서 테스트한다.
- 다른 오브젝트를 사용해 슬라이딩 플랫폼 또는 문을 트리거한다.
- 플랫폼의 속도를 변경하려면 Float 트랙과 기타 변숫값을 변경한다.
- 플랫폼 대신 슬라이딩 문을 만들어본다(힌트: 플랫폼의 모양, 스케일뿐만 아니라 트리거의 위치도 생각해본다).

▌ 요약

2장의 마지막까지 왔다. 이제 지금까지 해왔던 것을 잠깐 되돌아보자.

처음으로 콜리전과 트리거 블루프린트를 만들고 블루프린트 생성에 관한 몇 가지 좋은 예제를 자세히 살펴봤다. 레벨 블루프린트와 클래스 블루프린트에 초점을 맞추면서 다른 유형과 차이점도 알았다. 그다음 플랫폼 활성화를 위해 트리거를 생성했고 콜리전의 도움으로 머리티얼 색상도 바꿨다.

3장에서는 오브젝트의 인터페이스와 생성 방법을 살펴본다. 또한 블루프린트 함수를 언제 사용하기 적합한지, 다른 사람이 읽기 쉽게 만드는 방법, 모듈화 및 재사용 가능한 블루프린트 제작 방법도 다룬다. 마지막으로 이 책의 모든 프로젝트에서 꽤 유용하게 사용할 경유 노드를 만드는 방법도 배운다.

03

상호작용 개선하기

이제 상호작용을 개선하는 주제로 넘어간다. 상호작용과 인터페이스의 멋진 세계를 탐험하며 여행을 계속해보자. 3장에서는 상호작용 관련 블루프린트의 고급 개념을 구현하는 방법을 배운다. 더 구체적으로 말하면 다음과 같다.

- 블루프린트 함수
- 블루프린트를 쉽게 읽고 모듈화하며 나중에 확장하거나 재사용할 수 있도록 유지
- 경유 노드와 코멘트
- 블루프린트를 사용해 인터페이스를 구현하는 방법
- 대화형 오브젝트를 위한 블루프린트 인터페이스

인터페이스를 사용해 상호작용을 트리거하는 좀 더 복잡한 주제를 다루기 전에 블루프린트 함수를 배워 블루프린트를 깔끔하게 유지하는 방법을 알아본다.

▌블루프린트 함수

블루프린트 함수가 정확히 무엇일까? 프로그래밍 언어에 익숙하든 그렇지 않든, 함수의 개념은 이해하기 쉽다. 데이터가 다른 것을 제외하고, 몇 번이고 반복되는 작업을 상상해 보자. 예를 들어 삼각형의 면적을 계산해야 한다고 가정하자. 삼각형의 면적은 밑변과 높이를 곱한 다음 1/2로 나누면 된다. 그런데 게임 중에 어떠한 이유로 삼각형의 면적을 계산해야 한다면 삼각형마다 다른 블루프린트 그래프를 작성하는 대신 함수를 하나 생성하면 된다.

이를 염두에 두면 함수를 명령어 목록이 있는 컨테이너로 생각할 수 있고, 이런 함수에 접근할 때마다 컨테이너를 가져올 수 있다(코드 또는 블루프린트 내에서 호출/참조).

그런 의미에서 함수는 몇 가지 파라미터가 있는 코드(또는 일련의 명령 순서)의 한 조각이다. 함수는 작업을 수행하는 데 반복해서 사용할 수 있다.

블루프린트의 맥락에서 보면 많은 종류의 함수가 있지만 (조금씩 다르게 동작하기 때문에) 모두 이름이 다르다. 다음과 같은 함수가 있다.

- **함수**: 이름에서 알 수 있듯이 이전 단락에서 설명한 것과 똑같다. 함수에는 입력과 출력이 있다. 다음 화면과 같이 블루프린트 에디터 메뉴에서 함수를 새로 생성할 수 있다. 게다가 부모로부터 함수를 상속받거나 재정의(변경 또는 확장)하려는 경우 오버라이드할 수도 있다. 지금은 이 부분을 걱정하지 말자.

- **매크로**: 함수처럼 생각할 수 있지만 내부에서는 다르게 동작한다. 실제 함수는 분리된 컨텍스트인 반면에 매크로는 반복되는 그래프의 일부를 쉽게 대체하는 방법이다. 다음 화면과 같이 사이드 메뉴에서 매크로를 생성할 수 있다. 당장은 매크로를 사용하지 않는다.

- **이벤트**: 이벤트는 다른 블루프린트에서 호출할 수 있는 특별한 함수다. 온라인 게임을 만들 계획이라면 리플리케이트 지원 등을 제공한다. 처음에는 헷갈릴 수 있는데 지금은 기본 기능의 이벤트를 사용하자. 특히 이름에서 알 수 있듯이 이벤트를 트리거하거나 다른 블루프린트의 이벤트를 호출할 때 사용한다. 그래프에서 마우스 오른쪽 버튼을 클릭해 이벤트를 생성하고 Custom Event 추가를 선택하자.

3장에서는 주로 이벤트를 사용하겠지만 책 전체에 걸쳐 모든 것을 볼 수 있다. 인터페이스의 생성 방법을 설명하기 전에 블루프린트를 읽기 쉽게 만드는 방법부터 알아보자.

▌블루프린트를 읽기 쉽고 확장하기 쉽게 유지하기

2장에서 다뤘듯이 워크플로우가 좋아야 한다. 블루프린트를 읽기 쉽게 하고 각주를 다는 것도 중요하다(다음 절에서 다루는 내용이다). 그럼 어디에서 블루프린트의 가독성을 향상시킬 수 있을까?

앞에서 함수와 이벤트를 배웠다. 물론 이것은 블루프린트의 가독성과 확장성을 계획할 때 좋은 출발점이다. 코드를 다른 부분으로 쪼개거나 다른 함수를 호출하도록 노력한다면 블루프린트가 일반적으로 어떤 일을 하는지 쉽게 이해할 수 있다.

경유 노드

가끔 복잡한 블루프린트를 만들기 시작하면 매우 빠르게 그래프가 지저분해진다. 그래프를 재정렬하거나 단순화하는 등 여러 가지 노력을 하는 것이 좋다. 하지만 언제든 연결 개수를 줄일 수 있는 것은 아니다. 이때 경유 노드는 유용한 툴이다. 이름에서 알 수 있듯이 실제로 아무런 기능을 하지 않지만 와이어의 연결 경로를 바꾸는 데 도움이 된다. 경유 노드는 다른 노드처럼 추가할 수 있다. 와이어의 연결을 이어서 원하는 최종 노드에 드래그한다(다른 경유 노드에도 가능하다). 다음은 경유 노드의 모습이다.

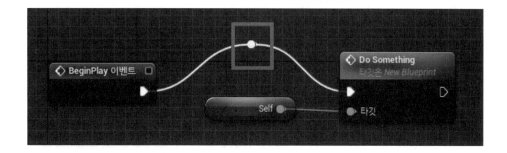

시퀀스 노드

블루프린트에서 프로그래밍할 때 팁은 시퀀스 노드를 사용하는 것이다. 시퀀스 노드는 특별한 것은 없지만 작업을 구조화하는 데 도움이 된다. 기본적으로 차례대로 실행되는 하위 그래프를 만들고, 하고자 하는 것이 내부적으로 어떻게 진행되는지 이해할 수 있다.

다음은 시퀀스 노드의 모양이다.

원하는만큼 여러 개의 핀을 추가할 수 있다. 각 핀마다 함수 호출을 연결할 수도 있다. 그 결과 잠깐만 살펴봐도 해당 블루프린트의 기본 워크플로우를 이해할 수 있다. 또한 경유 노드와 함께 시퀀스 노드를 사용한다면 다음과 같이 정돈된 그래프를 만들 수 있다.

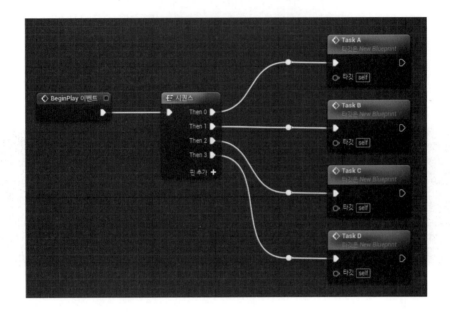

물론 이 구조는 긴 시퀀스 작업을 만들 때 더 유용하다.

 함수나 시퀀스 노드가 너무 많으면 오히려 복잡해 보이고 혼란스러울 수 있으니 주의해야 한다. 수십 개의 함수가 있는 블루프린트가 있고 각 함수가 작은 기능(예: 2개의 숫자를 더하거나 거리를 계산)만 한다면 구조를 다시 생각해야 한다. 함수를 너무 많이 추가하지는 말자. 많은 함수를 탐색하느라 집중력을 잃을 수 있다.

코멘트

특히 그룹에서 일할 때 코멘트는 매우 중요하다. 코멘트는 테스트와 더불어 블루프린트 내에서 진행되는 일을 여러 사람이 알 수 있게 하는 가장 중요한 것이다.

모든 것에 코멘트를 남기라는 의미는 아니다. 코멘트를 남기는 이유는 블루프린트의 복잡한 부분이나 다른 사람의 수정이 필요한 부분(예: 아티스트/기획자)에 뭐가 어떻게 되고 있는지 알기 쉽게 하려는 데 있다.

노드 그룹을 선택하거나 키보드의 C 키를 누르면 쉽게 코멘트를 추가할 수 있다. 다음 화면에서 보이는 것처럼 노드 주변에 코멘트를 추가해 설명을 쓸 수 있다.

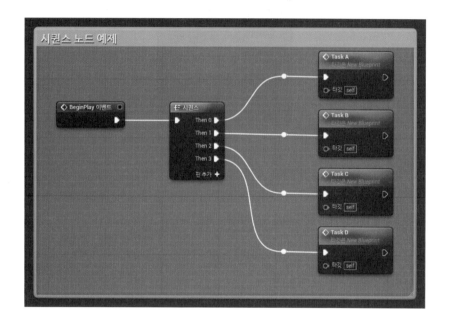

 또는 마우스 오른쪽 버튼을 클릭해 노드 메뉴의 코멘트 추가로 코멘트 노드를 생성할 수 있다. 이때 코멘트 안에 아무런 노드가 없는 코멘트 노드가 추가될 것이다.

최소한 기본 설정을 사용했다면 코멘트를 이동할 경우 코멘트 내의 모든 노드가 따라서 이동하기 때문에 유용하다(이 설정은 변경할 수 있다). 코멘트는 코드의 일부를 함께 유지하는 데도 유용하다. 코멘트 내부의 노드가 크면 함수로 분리하는 것을 고려할 수 있다(코드의 특정 부분이나 개인의 취향에 따라 가독성이 향상될 수 있다).

코멘트에는 색상 변경과 같은 여러 속성이 있다. 코멘트의 속성은 블루프린트의 가독성을 높여주는 매우 유용한 도구다. 실제 블루프린트 코드의 일부를 색칠해 구분할 수도 있다. 그럼 색상을 어떻게 바꿀까? 코멘트를 선택하고 디테일 패널에 가면 다음 화면처럼 다른 설정 값과 함께 색상을 변경할 수 있다.

▌ 대화형 오브젝트의 블루프린트 인터페이스

이제 인터페이스를 배워보자. GUI, HUD 등의 그래픽 인터페이스가 아니라 블루프린트를 비롯한 수많은 프로그래밍 언어의 기능을 이야기하는 것이다.

특히 인터페이스를 구현하는 오브젝트는 일정한 기능을 보장한다. 블루프린트에는 부모의 모든 속성이 들어 있기 때문에 클래스 기반의 액터를 생성할 때 상속에 대해 잠깐 살펴봤다.

다음 화면의 구조를 예로 살펴보자. 지금까지 보아온 바와 같이 몇 가지 속성이 있는 액터 클래스가 있다. 두 블루프린트를 액터로부터 확장해서 하나는 동물, 나머지 하나는 차량으로 생성해보자. 두 개 액터 모두 자신만의 속성이 있다. 차량은 플레이어가 차량을 운전하는 방법과 관련된 기능이 있고, 반면에 동물은 어디에 살고 있는지 등의 속성이 있다. 나중에 좀 더 구체화된 클래스로 확장된다. 포유류나 조류는 동물을 확장했지만 자동차나 비행기는 차량을 확장한다.

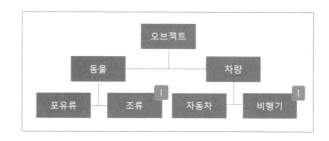

이제 입력이나 무언가에 의해(예: 현재 고도) 액터가 날 수 있는 몇 가지 멋진 기능이 있다고 가정해보자. 모든 액터가 날 수 있는 것이 아니기 때문에 액터에 기능을 추가할 수 없으며 게임에서 날 수 있는 각 액터에 다른 기능을 만들 수도 없다. 그러므로 인터페이스를 생성한다. 예를 들면 조류와 비행기에서 구현될 비행 인터페이스를 만들 수 있다. 비행 인터페이스를 구현한 모든 오브젝트는 입력으로 날 수 있는 멋진 기능의 비행 오브젝트가 된다. 오브젝트가 조류인지 비행기인지 함수가 알 필요가 없다는 뜻이다. 오히려 무엇이 됐든 비행 오브젝트는 날 수 있다는 것을 알고 있다. 그리고 이 정도면 고도 계산을 충분히 수행할 수 있다.

게임을 프로그래밍할 때 왜 이렇게 해야 할까? 그 이유는 이해하기 쉽고 사용하기 편리한 양질의 코드를 만들기 위함이다. 플레이어가 문을 열고 싶어하고 마침 스위치가 있다고 가정해보자. E 버튼을 눌러 스위치를 뒤집어서 문을 여는 상호작용을 한다. 이것은 멋있는 일이지만 다른 상호작용이 있다면 어떨까? 획득할 수 있는 오브젝트가 있고 플레이어가 근처에 있을 때 플레이어는 E 버튼을 다시 누를 수 있다. 인터페이스를 사용하지 않는다면, 플레이어 클래스에 우리가 접할 수 있는 각각의 대화형 오브젝트에 다른 코드 조각을 만들어야 한다. 대신에 상호작용 가능한 인터페이스를 만든다면 플레이어 클래스는 구체화된 오브젝트를 신경 쓰지 않고 단지 대화형 오브젝트만 처리하면 된다. 오브젝트에 상호작용을 호출하고 나면 그 상호작용을 처리하는 코드를 포함하는 것은 오브젝트 자신일 것이다.

일단 이 모든 것은 인터페이스를 생성하고 프로젝트 내에서 어떻게 동작하는지 보면 더 명확해질 것이다. 그것이 바로 우리가 하려는 일이다. 구체적으로 2장의 움직이는 플랫폼에 상호작용할 수 있는 인터페이스를 구현해보자.

블루프린트 인터페이스 생성하기

프로젝트로 돌아가서 모든 인터페이스가 위치할 새로운 폴더를 생성한다.

1. 프로젝트에 적합한 이름이나 Interfaces라는 이름의 폴더를 생성한다.

2. Interfaces 폴더 위에서 마우스 오른쪽 버튼을 클릭하고 블루프린트 클래스 대신 아래 내비게이션 메뉴에서 Blueprints ➤ 블루프린트 인터페이스로 간다.

3. 이 경우 인터페이스에 관한 일부 데이터를 입력하라는 대화상자가 나타나지 않고 언리얼이 직접 인터페이스를 생성한다. 생성된 애셋의 이름을 InteractableInterface 라고 붙인다.

4. 인터페이스를 더블클릭해서 인터페이스의 블루프린트 에디터를 연다.

함수 시그니처(시그니처란 함수의 이름과 함께 입력과 출력을 의미한다)를 추가하기 때문에 전체 블루프린트 에디터와 비교하면 매우 간단하다. 나타나는 그래프는 편집할 수 없으며 이 모습은 인터페이스가 일단 구현이 된다면 다양한 기능이 어떻게 표시되는지 그래픽적으로 보여주는 용도다.

5. 오른쪽 패널에서 NewFunction_0 이름의 기본 함수를 선택한다. 마우스 오른쪽 버튼을 클릭해 이름을 변경한다. 함수를 Interact로 이름 짓는다.

6. 함수를 선택했다면 아래쪽의 디테일 패널에서 입력과 출력을 추가해 함수의 시그니처를 변경할 수 있다.

7. 해당 인터페이스는 실제로 어떠한 입력도 필요하지 않으며 대화형 오브젝트라는 것을 알고 있고 상단의 Interact 함수만 호출하면 된다. 출력도 마찬가지로 프로젝트를 정돈된 상태로 유지하고 싶다면 나중에 확장 가능한(또한 출력값을 어떻게 다루는지 배울 겸) 상호작용이 성공했는지 여부를 나타내는 부울Boolean 출력을 추가한다. 다음 화면과 같이 출력의 플러스 모양을 클릭하고 부울 타입의 이름을 Success로 변경한다.

8. 그래프는 다음과 같아야 하며 부울 타입의 리턴값을 가진 함수의 구현임을 암시한다.

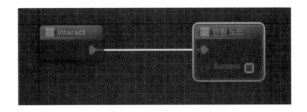

9. 상단 메뉴에서 인터페이스를 저장한다. 이제 인터페이스에서 플레이어와 플랫폼 간의 상호작용을 다룰 준비가 끝났다.

액터에 인터페이스 구현하기

인터페이스를 만들었으니 몇 가지 오브젝트에 인터페이스를 구현해야 상호작용이 가능하다.

2장에서 만든 플랫폼을 수정해 상호작용 가능하게 만들자. 플랫폼은 플레이어와 충돌했을 때 트리거되지 않고 활성화됐을 때 트리거될 것이다.

1. BP_MovingPlatform 애셋을 **컨트롤 + W** 키(또는 마우스 오른쪽 버튼을 클릭해 복제 선택)를 눌러 플랫폼을 복제하자. BP_InteractableMovingPlatform으로 이름을 변경한다. 이제 더블클릭해 블루프린트 에디터를 연다. 인터페이스를 구현하려면 클래스 세팅을 변경해야 한다. 다음 화면과 같이 상단 메뉴의 클래스 세팅을 눌러 접근할 수 있다.

2. 버튼을 누르면 버튼이 켜지며 측면의 디테일 패널에서 모든 클래스의 설정에 접근할 수 있다. 여기서는 클래스의 바로 상위의 부모를 설정할 수 있는데 (2장에서 플랫폼의 부모를 기본 클래스로 선택했기 때문에) 지금은 액터다. 다른 설정 중에서 인터페이스 이름의 섹션이 있고 다음 화면의 표시된 부분처럼 하나 또는 그 이상의 인터페이스를 구현할 수 있다.

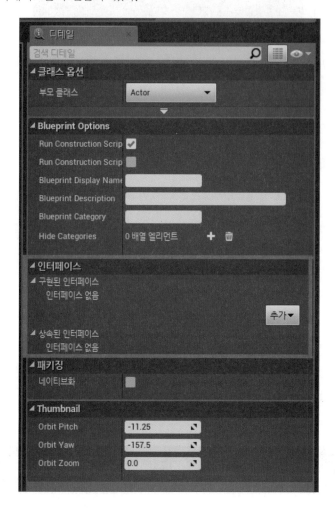

3. 인터페이스의 **추가** 버튼을 클릭하면 프로젝트 내의 모든 인터페이스 중에서 선택할 수 있다. 그림에서 보는 것처럼 이미 아주 많은 인터페이스가 있는데 프로젝트에서 생성한 인터페이스와 더불어 언리얼 게임플레이 프레임워크 내의 많은 디폴트 인터페이스가 있다.

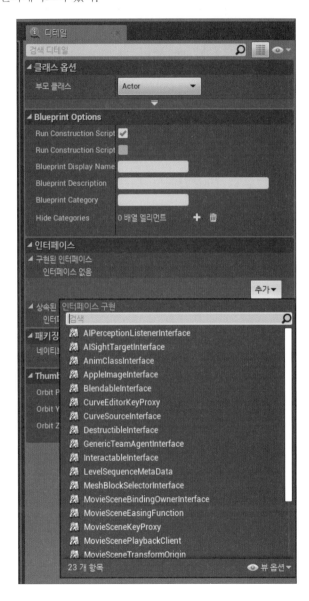

4. 구현하려는 인터페이스 Interactable을 입력한다.

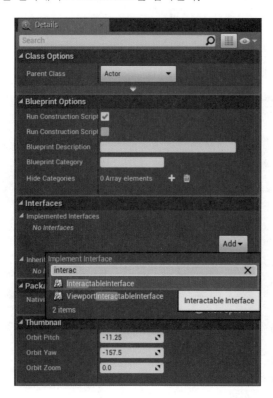

5. 일단 선택되면 다음과 같이 보인다.

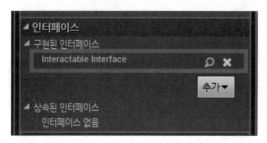

6. 왼쪽 측면의 내 **블루프린트** 패널에는 새로운 이름의 **인터페이스** 섹션과 Interact 함
   수가 있다.

7. 함수 위에서 더블클릭하면 디폴트 구현 내용을 볼 수 있는데, 현재 단계에서 구
   현 내용은 반환값 **false**뿐이다(아직 상호작용이 처리되지 않았기 때문에 디폴트 상태인
   false 값이 좋다).

 프로그래밍 언어에서 오브젝트가 인터페이스를 구현한다면 모든 함수도 구현돼야 한다. 그
러나 블루프린트에서는 내부적으로 처리되므로 구현 시 마지막 노드에 도달하지 않더라도
컴파일 단계에서 에러를 발생하지 않는다. 하지만 좋은 습관으로 인터페이스 기능 구현 시
마지막 노드가 항상 어떤 경로에 도달하게 한다.

8. 이제 이벤트를 작성하고 플랫폼과 상호작용할 때마다 해당 이벤트를 호출하고 플랫폼 이동을 트리거해 상호작용을 처리한다. 블루프린트의 메인 그래프로 돌아가서(측면의 이벤트 그래프를 더블클릭해) 빈 곳에서 마우스 오른쪽 버튼을 클릭하고 **Custom Event** 추가를 선택한다.

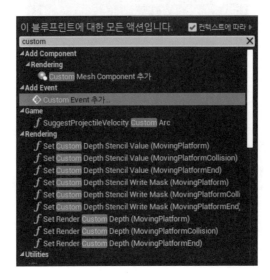

9. 이벤트의 이름을 Move라고 한다.

10. 이제 Interact 구현부로 돌아가서 Interact 노드와 반환 노드 사이에서 Move 이벤트를 호출하는 노드를 추가한다. 마우스 오른쪽 버튼을 클릭하고 Move 이벤트 호출 노드를 추가하고 다음 화면과 같이 연결한다. 게다가 항상 플랫폼과 상호작용이 성공하길 원하니 **Success** 부울 값을 true로 설정한다. 마지막 결과다.[1]

---

1   Interact 실행 핀에서 드래그해 Move 노드를 검색하면 편하다. - 옮긴이

11. 인터페이스의 구현이 준비됐으나 플랫폼을 움직이게 하는 Move 이벤트의 함수 기능은 없다.

커스텀 이벤트로 플랫폼 이동하기

플랫폼에는 이제 Move 이벤트가 있고 플랫폼의 나머지 기능을 연결하려고 한다. 이벤트가 호출될 때마다 플레이어가 콜리전에 들어왔을 때 했던 것과 똑같은 일을 하면 되기 때문에 이 경우는 간단하게 할 수 있다. 따라서 OnOverlapBegin 이벤트를 제거하고 대신에 Move 이벤트를 연결한다. 플레이어로부터 상호작용이 시작되기 때문에 플레이어인지 체크할 필요가 없으므로 캐스팅 노드도 제거한다.

다음 화면과 같이 Move 이벤트 노드를 Timeline 노드에 직접 연결한다.

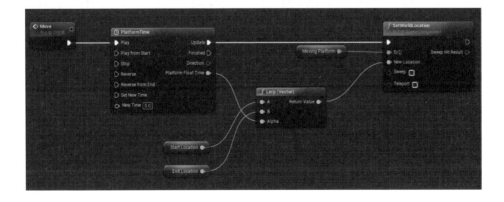

플랫폼이 다시 돌아오도록 만드는 방법을 구현할 경우 간단한 해결책이 있지만 여전히 커스텀 Move 이벤트로부터 트리거해야 한다. 플랫폼의 동작을 거꾸로 하려면 Timeline 노드

의 Reverse 입력과 FlipFlop 노드를 사용한다. 이 노드는 트리거될 때마다 두 가지 경로를 매번 스위칭하는 특별한 블루프린트 제어 노드다. 다음은 해당 노드의 모습이다.

따라서 Move 이벤트를 FlipFlop 노드에 연결한다. 그 결과 Move 이벤트는 트리거될 때마다 FlipFlop은 A와 B 사이를 번갈아 가며 선택하고 한쪽이 플랫폼을 앞으로 움직인다면 다른 한쪽은 플랫폼을 뒤로 움직이게 한다. 다음 화면과 같이 A는 Timeline 노드의 Play 입력 핀에 연결하고 B는 Reverse 입력 핀에 연결한다.

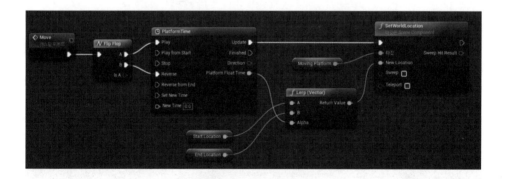

이것으로 플랫폼과 상호작용이 끝났지만 플레이어로부터 상호작용을 시작할 수 있게 해야 한다.

키 바인딩 설정하기

다음 단계에서는 어떤 버튼을 플레이어의 대화형 버튼으로 할지를 결정한다. 이번 예제에서는 E 키를 사용한다.

새로운 키를 특정한 이벤트에 바인딩해야 하는데 다음 화면과 같이 상단 메뉴의 **프로젝트 세팅**에서 할 수 있다.

다음 화면과 같이 측면 메뉴의 **입력** 탭(스크롤을 조금 내리면 찾을 수 있다)을 연다.

여기에서 게임 내 이벤트의 유저 입력을 바인딩할 수 있다. 특히 버튼(E 키)이 눌러졌을 때 상호작용하길 원하므로 다음 화면에 표시된 부분처럼 Action Mappings를 수정해야 한다.

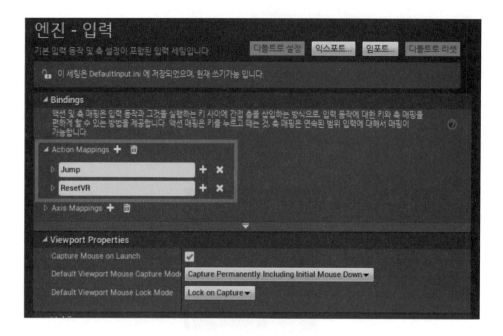

다음 단계로 플러스 버튼을 누르면 매핑을 추가할 수 있다. 다음 화면과 같이 Interact 이름 으로 만들고(드롭다운 메뉴에서) E 버튼을 누르는 키보드 이벤트에 바인딩한다.

모든 것이 설정되고 코드의 마지막 부분을 작동할 준비가 되었기 때문에 이것으로 세팅에 대한 작은 모험을 끝낸다. 이제 캐릭터 블루프린트를 수정하자.

플레이어와 대화형 오브젝트의 상호작용

상호작용 검사를 어떻게 진행할 것인지 계획을 세워야 한다. 일반적으로 일인칭 게임에는 상호작용을 체크하는 플레이어의 카메라에 레이가 있다. 삼인칭 게임은 조금 더 복잡하지만 편의상 언제든지 플레이어의 주위에는 단 하나의 대화형 오브젝트가 있다고 가정한다. 따라서 플레이어의 캡슐 콜리전을 이용해 플레이어와 대화형 오브젝트가 가까이 있을 때를 검사한다. 다음 단계를 따라 해보자.

1. 플레이어 블루프린트를 열기 위해 **콘텐츠 > ThirdPersonBP > Blueprints** 아래에서 파일을 찾는다. 파일 이름은 ThirdPersonCharacter이다.

2. 파일을 더블클릭해 연다. 그래프의 구현부로 많은 노드와 이벤트가 있다. 빈 공간으로 이동해서 코드를 추가하자.

3. 컴포넌트 메뉴에서 CapsuleComponet를 그래프로 드래그한다. 해당 컴포넌트의 겹쳐진 모든 액터를 가져온다. 배열이 반환된다. GET 노드를 사용하면 인덱스에 기반한 요소를 가져오거나 인덱스에 따라 마지막 요소를 가져올 수 있다. 이는 캡슐 컴포넌트와 겹치기 시작한 가장 마지막 액터를 가져올 수 있게 한다. 지금까지의 코드는 다음과 같다.

4. 겹쳐진 컴포넌트를 가져왔으니 컴포넌트가 Interactable 인터페이스를 구현하는
   지 체크해서 Interfact 함수를 호출한다. Does Implement Interface 노드를 사용해
   올바른 인터페이스를 구현하는지 확인하자(Does Implement Interface 노드의 아래쪽 매
   개변수에서 인터페이스를 선택해야 한다). 그리고 반환값을 Branch 노드에 연결하고
   Condition 값이 참인지 확인해 Interact 메시지를 호출한다. 마우스 오른쪽 버튼을
   클릭해 프로젝트 세팅에서 Interact 이름으로 생성한 키 이벤트를 추가한다. 이 노
   드를 Branch 노드에 연결한다. 다음은 코드의 두 번째 부분이다.

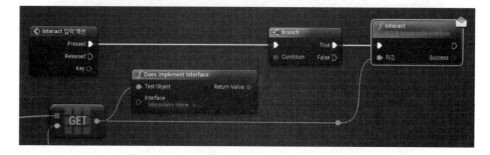

5. 따라 하는 데 어려움이 있다면 다음 전체 코드의 모습을 참고한다.

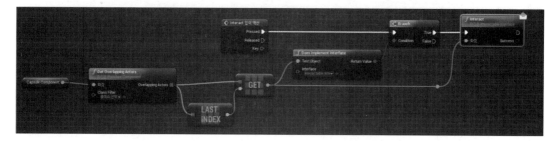

6. 블루프린트를 컴파일하고 저장한다. 메인 인터페이스로 돌아갔다면 맵에 InteractablePlatform 액터를 놓고 플레이한다(플랫폼의 마지막 포인트의 위치 지정을 잊지 말자. 그렇지 않으면 움직이지 않는다). 캐릭터를 플랫폼 위로 점프해서 E 키를 누른다. 그 결과 플랫폼이 움직이는 것을 볼 수 있다. E 키를 다시 누른다면 플랫폼은 되돌아간다.

▎ 배운 내용 확장하기

3장에서 배운 내용을 조금 더 연습해보고 싶다면 다음 연습을 완료해보자.

- 인터페이스의 다른 예제를 생각해보고 예제를 그려보면서 특징을 파악해본다. 예를 들면 차량만 있는 다이어그램을 만들어본다(예: 자동차, 모터 사이클, 트럭, 군용 차량 등). 이들이 얼마나 많은 유사점과 차이점이 있는지 놀랄 것이다.

- 코드를 살펴보고 함수로 바꿀 만한 게 있는지 확인한다. 또한 블루프린트 내에서만 수정 가능한 파라미터와 에디터에서 수정할 수 있는 파라미터를 생각해본다.

- 자신만의 상호작용 버전을 만든다. 1장에서 생성한 머티리얼의 다른 상호작용을 생각해볼 수 있는가?

- 도전한다는 생각으로 열고 닫히는 문을 만들어보는 것은 어떤가? (2장에서 했던 것과 유사하게 Timeline 노드를 사용한다) 그런 다음 상호작용 가능한 스위치를 생성해 플레이어가 스위치와 상호작용할 때 문의 상태를 변경해본다(예: 닫힘에서 열림으로).

▌ 요약

3장의 마지막 부분에 도달했다. 잠시 우리가 했던 것과 앞으로 무엇이 남았는지 살펴보자. 3장에서는 블루프린트 함수가 무엇이고 언제 어떻게 사용하는지, 그리고 왜 유용한지 살펴봤다. 경유 노드의 개념에서 블루프린트를 읽기 쉽고 효과적으로 유지하는 방법과 멋지고 간결하면서 이해하기 쉽게 하는 법을 배웠다(팀 작업에선 이 부분이 중요하다). 마지막으로 인터페이스를 생성하고 구현하는 방법을 배웠다.

4장에서는 UI/HUD/GUI의 기본 개념과 게임 디자인 및 전반적인 게임 경험에서 UI/HUD/GUI의 중요성을 배운다. 언리얼 엔진 4 프로젝트 빌드 내에 UI/HUD/GUI 요소를 구현하는 방법을 배운다. 마지막으로 유저 인터페이스 요소를 게임플레이에 연결하는 방법을 배운다(예: 플레이어가 오브젝트와 충돌하면 체력 바가 줄어든다). 그럼 다음 페이지로 가서 시작해보자.

04

UI 요소 추가하기

인터페이스의 또 다른 세계에 온 것을 환영한다. 4장은 레벨 내에서 UI를 어떻게 사용하고 구현하는지에 대한 훌륭한 예제로 가득 차 있다. 4장에서는 몇 가지 예제만을 다루겠지만 이 책의 후반부에서 자신의 프로젝트에 유용하게 사용할 만한 것을 찾을 것이라고 확신한다. 간단하게 말하면 사람들이 일반적으로 생각하고 있는 인터페이스 유형, 즉 게임에서 사랑하게 되는(또는 싫어하게 되는) 그래픽 인터페이스와 그 외의 정보를 전달하는 방법을 이 장에서 살펴본다. 종종 우리는 게임 속 UI의 중요성과 UI가 게임에 몰입하게 만드는 데 얼마나 중요한 역할을 하는지 깨닫지 못하기도 한다. 4장에서 다루는 내용은 다음과 같다.

- 인터페이스 유형 UI, GUI, HUD의 차이점
- 언리얼 모션 그래픽(UMG) UI 디자이너의 정의와 사용 방법

- 게임에서 다른 종류의 UI 요소를 구현하는 방법
- 다양한 HUD/GUI 요소를 구현하는 방법

4장에서는 알아야 하는 언리얼 내의 중요한 그래픽 인터페이스 요소를 모두 살펴보는데, 정의에서부터 언리얼에서 다루는 방법까지 살펴본다. 마지막으로 모든 것을 어떻게 연결하면 인터페이스의 기능이 완전해지는지를 살펴보면서 확실하게 확장해본다. 그럼 시작해보자.

▌ UI와 GUI, HUD의 차이점

3장에서 인터페이스는 다양한 면이 있다는 것을 알았다. 바꿔 말하면 여러 상황에서 사용될 수 있으며 서로 다른 것을 전달할 수 있다. 인터페이스가 특정 사물의 특징(차량과 동물을 기억하는가?)을 설명한다는 것도 배웠다. 그렇다 하더라도 인터페이스 유형에 따른 차이점을 자세하게 아는 것이 중요하다. 예를 들어 몇몇 인터페이스는 상호작용할 수 있고 그외 인터페이스는 정보만 표시하며, 그 중간 즈음에 있는 인터페이스도 있다. 자, 인터페이스의 차이점을 배우고 몇 가지를 만들어보자.

UI: 유저 인터페이스

유저 인터페이스는 사람이 장치와(예: 컴퓨터, 모바일 기기 등) 상호작용하는 시스템이다. 일반적으로 UI를 생각해보면 메뉴, 버튼 아이콘이 떠오른다. 그러나 UI는 텍스트 형식의 BIOS이거나 커맨드 프롬프트처럼 입력된 커맨드라인 인터페이스 등의 플레이어가 사용할 수 있는 다양한 구성 요소를 나타내는 명령어일 수도 있다.

일반적으로 네 가지 유형의 UI가 있다.

1. **논다이제틱**Non-Diegetic: 그래픽 오버레이 관점에서 UI에 대해 일반적으로 생각할 수 있다. 예를 들어 플레이어만 메뉴, GUI, HUD를 볼 수 있다. 이런 UI 유형은 일반적으로 게임을 플레이할 때 더 친숙하고 상호작용하기 쉽다. 간단한 예로 게임 메뉴나 총의 조준점이 있다.

2. **다이제틱**Diegetic: 게임 환경의 일부인 몰입형 인터페이스이며 플레이어가 보고 듣고 상호작용할 수 있다. 게임의 허구이자 게임 세계의 일부다. 예를 들어 방사선 수치를 확인하는 것은 시계를 보는 것만큼 간단할 수 있다(Metro 2033). 게임 내에 있다는 의미에서 몰입형 UI라고 생각하며, 논다이제틱에 비해 외부적이거나 고립되기보다는 경험의 연결된 부분으로 느낄 수 있다.

3. **스파셜**Spatial: 게임의 지오메트리 내의 3D 공간에 표시된다. 예를 들어 플레이어를 다음 오브젝트로 안내하는 내비게이션 라인이나 문자, 그리고 어디로 가야 하는지 무엇을 해야 하는지 표시하는 화살표(튜토리얼 단계에서 흔한)가 있다(예: 총격을 피해 숨을 위치 X 등).

4. **메타**Meta: 환경을 통해 전달될 수도 있고 아닐 수도 있는 게임 속 이벤트의 추상적인 표현이다. 예를 들어 플레이어가 다치면 화면 속에 흩뿌려지는 혈흔이나 차량을 부술 때 금이 가는 유리창이다.

GUI: 게임 유저 인터페이스

GUI는 게임 환경 내에서 대화형 인터페이스를 의미하며 UI의 하위 집합으로 간주될 수 있지만 똑같은 의미는 아니다. 왜일까? 답은 그래픽에 있다. GUI는 텍스트 기반의 인터페이스 및 내비게이션과는 반대로 아이콘(랭크, 길드)과 시각 표시기(체력, 마나, 돈)를 제공한다.

 모든 GUI는 UI이지만 모든 UI가 GUI는 아니다. 또한 개발 중에 서로 다른 용어를 사용할 가능성이 있으므로 이 점을 유념하자.

HUD: heads up display

HUD는 게임플레이 동안 플레이어에게 실시간 정보를 표시하지만 일반적으로 플레이어와 상호작용할 수 없다는 의미에서 정적인 디스플레이다.

앞서 언급했듯이 UI에는 HUD, GUI와 함께 네 가지 주요 유형이 있다. 이 책의 다른 프로젝트에서 UI를 확장할 수 있도록 최소한 기본 방식으로라도 UI를 만드는 방식을 보여주지 않으면 4장은 의미 없는 장이 되지 않을까? 맞는 말이다. 따라서 각각의 기본 예제를 만드는 방법을 배워보자.

▌ 언리얼 모션 그래픽 UI 디자이너(UMG)

언리얼에서 인터페이스를 생성하려면 어떻게 해야 할까? 고맙게도 언리얼 엔진 4에는 언리얼 모션 그래픽^{UMG, Unreal Motion Graphics}이 있다. 그렇다면 UMG는 무엇일까? UMG는 프로그래밍 언어를 사용하지 않고 메뉴에서부터 HUD까지, 그리고 그 사이의 모든 UI 요소를 만드는 언리얼 비주얼 툴이다. 이제 다른 UI 유형인 UMG를 게임 내에서 생성하는 방법을 배워보자. 물론 4장에서는 UMG의 동작 방법을 알 수 있게 모든 것을 설명한다. 나중에는 자신의 프로젝트에 적합한 것이나 책 내의 프로젝트에 추가하고 싶은 것을 스스로 결정할 수 있다. 어쨌든 운전대를 맡길 테니 스스로 갈 수 있는 준비가 될 때까지 나를 가이드쯤으로 생각해라.

4장 끝에서는 실제로 4가지 유형의 UI를 만든다. 다양한 유형의 UI가 있다고 생각하는가? 없다고 주장하는 사람도 있겠지만, 믿거나 말거나 게임의 목적과 UI의 모양을 더 잘 설명하려고 4가지 유형의 UI를 이야기한다.

논다이제틱(두 개의 메뉴)

게임 속에 HUD/GUI 요소를 추가해보자. 우선 게임을 정지시키는 간단한 일시 정지 메뉴를 추가한다. 처음에는 무척 간단해 보이겠만 모든 게임에 꼭 필요한 기능이다.

옵션이 있는 메뉴를 싫어하는 사람이 있을까? 여기에선 두 개의 단순한 메뉴를 만든다. 하나는 단일 키로 트리거되는 메뉴고, 다른 하나는 플레이어가 게임 계속하기 또는 그만하기 버튼을 클릭하는 것이다. 일반적으로 일시 정지 메뉴에는 계속하기, 옵션, 그만하기, 저장/불러오기, 재시작 등이 있다. 이런 기능은 게임의 특징에 따라 다르다.

시작하기 위해 **신규 추가 > 유저 인터페이스 > 위젯 블루프린트**를 선택하고 새로 생성된 블루프린트를 BP_PauseMenu라고 이름 짓는다.

 위젯은 무엇일까? 위젯은 플레이어의 화면 위의 버튼, 그래픽, 문자, 슬라이드 등 다양한 것을 공유하도록 하는 유저 인터페이스로 생각할 수 있다.

첫 번째 메뉴를 위해서 모양을 단순하게 만들고 이 메뉴는 P 키를 눌러서 열리고 닫히면서 게임플레이를 일시 정지하거나 푸는 기능을 한다.

1. 팔레트 패널로 가서 **Text**를 선택하고 **Canvas Panel**(Text의 부모로 만들기 위해) 아래로 드래그한다.
2. 텍스트의 이름을 **Pause Menu**(예를 들면 Game Paused 같이 부르고 싶은 어떤 이름이든 상관없다)로 변경하고 **폰트** 섹션에서 텍스트의 크기를 조절한다.
3. 예제에서는 폰트 크기 **144**를 사용한다.
4. 이제는 텍스트를 고정해야 한다. 텍스트를 고정하려면 왼쪽 상단의 꽃처럼 보이는 아이콘을 드래그해 텍스트의 중앙으로 가져온다. 이 작업은 텍스트가 해상도에 상관없이 항상 스크린의 중앙에 남아 있도록 한다. 이런 방식은 텍스트가 잘못된 위치에 나타나는 대신에 텍스트를 앵커에 고정한다. 어떻게 동작하는 것일

까? 앵커의 위치는 높이와 너비 비율에 기반한다. 앵커 위치가 강조된 다음 화면에서 예제를 확인할 수 있다.

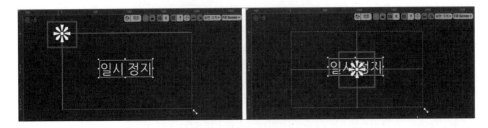

이제 원한다면 키를 누를 때마다 메뉴가 활성화/비활성화되도록 할 수 있다. 예제에서는 P 키가 될 것이다. 반면에 플레이어가 상호작용할 수 있는 몇 가지 옵션(재시작 또는 나가기)을 추가하고 싶다면 다음 단계를 따라 해보자.

1. 팔레트 패널(상단 왼쪽 측면의 패널)에서 버튼을 두 개 생성하고 하나는 Resume Button 나머지 하나는 QuitButton으로 이름을 변경한다.
2. 팔레트 패널에서 두 개의 Text를 CanvasPanel에 추가하고 각각 텍스트 위젯의 이름을 **계속하기, 나가기**로 변경한다.
3. 이 Text를 각 버튼의 자식으로 만든다.

작업을 완료하면 다음 화면과 같은 일시 정지 메뉴가 나타난다.

이제 위젯 창을 닫고 레벨 블루프린트(블루프린트 > 레벨 블루프린트 열기) 창을 연다.

P 키를 눌러서 상호작용 추가하기: 일시 정지 메뉴

다음은 일시 정지 메뉴에 기능을 추가하는 부분이다.

1. 우선 마우스 오른쪽 버튼을 클릭해 블루프린트 메뉴를 열고 BeginPlay 이벤트를 추가한다.

2. BeginPlay 이벤트의 실행 핀을 드래그해 위젯 생성을 입력한다.

3. 위젯 생성 노드의 Class로 가서 BP_PauseMenu를 선택한다. 노드의 이름이 BP Pause Menu 위젯 생성으로 변경된 것을 확인한다.

4. 이제 플레이어를 추가해 메뉴와 상호작용하도록 만든다. 마우스 오른쪽 버튼을 클릭 후 Get Player Controller를 입력한다.

5. Get Player Controller의 출력값을 드래그해 BP Pause Menu 위젯 생성 노드의 Owning Player 핀에 연결한다. Player Index 값은 상호작용할 플레이어의 특정 번호 값이기 때문에 고민할 필요가 없다. 이 값은 책의 후반부에서 사용한다.

이제 메뉴가 나타나도록 해야 한다.

6. BP Pause Menu 위젯 생성 노드의 Return Value 핀을 드래그해 Add to Viewport 를 입력한다.

7. 컴파일과 저장을 클릭하고 레벨 블루프린트 창을 닫는다.

8. 이 시점에서 블루프린트의 모습은 다음과 같아야 한다.

레벨 블루프린트의 첫 번째 부분이 끝났고 다시 위젯창으로 돌아가야 한다.

9. 콘텐츠 브라우저에서 BP_PauseMenu 위젯을 더블클릭한다. 이번에는 오른쪽 상단 코너의 그래프를 클릭한다. 해당 위젯의 그래프 에디터가 열린다.
10. Construct 이벤트 실행 핀에서 드래그해 Set Visibility를 입력한다.
11. In Visibility 값을 Hidden으로 변경한다.

결과는 다음과 같아야 한다.

게임을 일시 정지시키는 매핑을 하나 더 추가해 게임을 깔끔하게 유지해보자. 프로젝트 세팅에서 Interact 입력을 E 키로 매핑한 것을 기억하는가? 같은 작업을 반복하겠지만 이번에는 TriggerPauseMenu 이벤트를 P 키에 연결한다. 작업을 진행하는 데 어려움이 있다면 3장에서 추가 입력 이벤트를 어떻게 추가했는지 참고한다(Interact 이벤트를 작업했다).

작업을 완료하면 프로젝트 세팅은 다음과 같아야 한다.

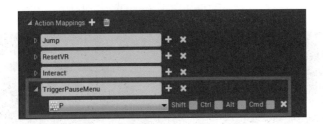

이제 레벨 블루프린트로 다시 돌아간다. 여기에서 플레이어가 일시 정지 메뉴를 트리거하도록 만든다. 예제에서는 플레이어가 P 키를 눌렀을 때 동작하게 한다.

12. 마우스 오른쪽 버튼을 클릭해 TriggerPauseMenu 입력 이벤트를 검색해 그래프에 추가한다.

13. P 핀의 Pressed 핀을 드래그해 Branch 노드를 선택한다.

14. Branch 노드의 Condition으로 In Game Paused Node를 사용한다. 그러면 플레이어가 P 키를 누를 때마다 게임이 일시 정지 상태인지 아닌지 알 수 있다.

15. 이 값이 true라면(게임이 일시 정지 상태에서 풀려야 한다) 위젯의 비저빌리티를 Hidden으로 세팅하고 커서의 비저빌리티를 false로 세팅한다. 이렇게 하면 마우스 커서가 더이상 보이지 않는다. 커서의 비저빌리티 설정을 위해 플레이어 컨트롤러 내부의 변수를 검색해야 한다(잘 모르겠다면 다음 마지막 그래프를 확인하자).[1]

16. 이 값이 false라면(게임이 정지 상태가 아니다) 반대로 동작하도록 해야 한다. 위젯의 비저빌리티를 Visible로 설정하고 게임을 일시 정지하고 커서의 비저빌리티를 true로 설정한다.

모든 작업이 끝났다면 다음과 같은 모습이어야 한다.

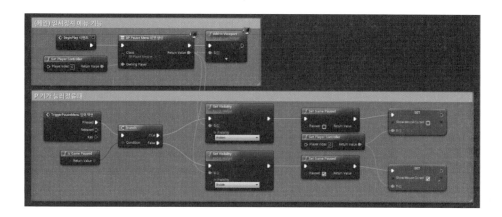

---

1 Get Player Controller의 Return Value 값을 드래그한 채로 Show Mouse Cursor를 검색한다. – 옮긴이

메뉴 버튼에 상호작용 추가하기(계속하기 또는 나가기)

처음부터 이 작업을 수행하는 경우에는 앞 절의 1에서 16까지 따라 해야 하고 그렇지 않다면 계속 진행한다.

1. BP_PauseMenu 에디터로 가서 ResumeButton의 OnClicked 이벤트 위에서 클릭한다.

2. **계속하기** 기능은 게임의 일시 정지 상태를 풀기, 메뉴 숨기기, 플레이어 컨트롤러를 통해서 (예전에 했던 것처럼) 커서를 더이상 보이지 않게 숨겨야 한다. 최종 그래프의 모습은 다음과 같다.

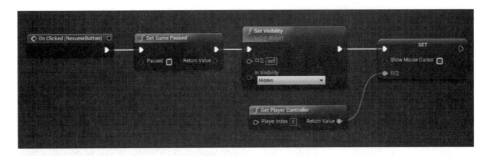

3. **나가기** 기능은 이미 Quit Game 노드가 있기 때문에 매우 간단하다. Quit Button 이벤트를 연결하기만 하면 된다.

일시 정지 메뉴의 동작은 이게 전부다. 게임을 플레이하면 다음과 같이 나타난다.

상호작용을 위해 E 누르기

'길드워 2', '툼 레이더' 같은 탐험류의 게임을 많이 플레이하다 보면 맞닥뜨린 물체에 가까이 다가가서 어떤 방식으로든 특정 키나 버튼을 눌러 상호작용해야 한다. 예제에서도 같은 것을 해보자. 3장의 예제와 비슷하게 물체(예: 문)에 가까이 다가가면 상호작용하도록 안내하는 UI가 나타나고 I 키를 사용하면 문을 지나갈 수 있다.

이 기능은 UI 작업뿐만 아니라 문이 올라가도록 만들어야 하기 때문에 약간 복잡하다. 하지만 이전 장에서 다뤘던 내용의 도움을 받아서 전부 끝낼 것이다.

이제 유저가 상호작용해 문을 열 수 있게 하는 UI를 만든다. 플랫폼을 이동하기 위해 2장에서 했던 것을 조금 기억해본다. 우리는 콜리전을 만들었으며 UI 상호작용을 트리거하려면 동일한 작업을 해야 한다.

1. 우선 문을 만들자. 큐브를 씬으로 드래그해 적절하게 스케일을 조절한다. 여기에서는 스케일값으로 (X):2.0 (Y):0.25 (Z):2.75를 사용했다. 기본 삼인칭 배경 맵의 계단 꼭대기 부분에 다음 화면과 같이 문을 설치한다.

2. 새로 생성한 큐브/문을 선택하고 디테일 패널에서 **컴포넌트 추가** 옆의 **블루프린트/
   스크립트 추가**를 클릭한다. 블루프린트를 통해서 오브젝트를 움직이게 한다.

3. 이름을 BP_TriggerDoor로 하고 **블루프린트 생성**을 클릭한다.

> 1장부터 봤다면 블루프린트를 다른 방법으로 생성했다는 사실을 알아차렸을 것이다. 새로
> 운 방법을 알려주려는 게 아니다. 1장에서 했던 단계를 따라 해도 결과는 똑같다. 그러나
> 위 단계로 작업하면 UI의 고유한 장점인 폰트의 위치와 적절한 크기를 쉽게 가늠할 수 있
> 다. 나중에 더 잘 이해하게 될 것이다.

4. 블루프린트 에디터 내에서 Static Mesh 컴포넌트를 선택하고 다음 화면과 같이 모
   빌리티를 **무버블**로 변경한다.

블루프린트 에디터에서 플랫폼을 이동하려면 앞에서 했던 것과 비슷한 방식으로 트리거
박스를 추가한다. 그리고 플레이어가 트리거 박스에 들어왔을 때 화면에 나타나는 UI 텍
스트를 추가한다.

5. **컴포넌트 추가**를 클릭하고 Box Collision을 입력한다. 뷰포트에 박스가 추가된다.

6. 디테일 패널(또는 뷰포트에서 컨트롤해)에서 콜리전 박스의 크기를 다음 화면과 같이 문의 전체를 감싸도록 조절한다.

7. **컴포넌트 추가**를 클릭해서 Text Render를 입력한다. 뷰포트에 특정 글자가 추가된다. 텍스트를 박스 콜리전의 올바른 방향에 나타날 수 있게 회전값을 조절한다.

8. 이제 디테일 패널로 가서 Text의 내용을 적당한 것으로 변경한다. 'Press E⟨br⟩ to interact' 같은 문구로 바꿀 수 있다. ⟨br⟩을 눈치챘는가? 다음 화면과 같이 텍스트의 뒤에 입력하면 다음 줄로 이동한다.

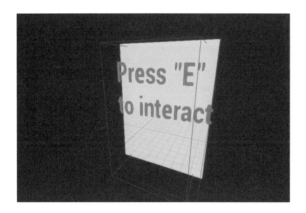

이미 박스 콜리전의 크기를 조절했으므로 폰트의 크기와 위치도 쉽게 조절할 수 있다.

9. UI 텍스트를 보이지 않게 만들어야 한다(기본적으로 트리거 기반의 UI들). 디테일 패널의 Render 섹션에서 쉽게 찾을 수 있으며 다음 화면과 같이 Visible 값을 체크 해제한다.

10. 이제 **이벤트 그래프**로 간다.

11. 문은 상호작용 가능하므로 3장에서 만든 인터페이스를 사용한다. 플랫폼을 이동할 때 했던 것처럼 블루프린트에 Interactable 인터페이스를 추가한다.

12. 비슷한 방법으로 문을 여는 상호작용을 처리하면 되지만 이번에는 플레이어가 콜리전 박스 안에 들어왔을 때 UI가 나타나게 만든다.

13. 박스 컴포넌트 패널을 선택하고 (2장과 3장에서 했던 것처럼) 다음 화면과 같이 On Component Begin Overlap과 On Component End Overlap 이벤트의 + 버튼을 눌러서 이벤트를 추가한다.

14. 두 개의 이벤트 내에서 플레이어가 콜리전 박스에 들어왔는지 체크해야 한다. 만약 그렇다면, 플레이어가 박스 안에 들어오고 나가는 것에 따라서 Text Render의 비저빌리티를 트리거해야 한다. 쉽게 진행할 수 있겠지만 어려움이 있다면 다음 그래프를 확인하자.

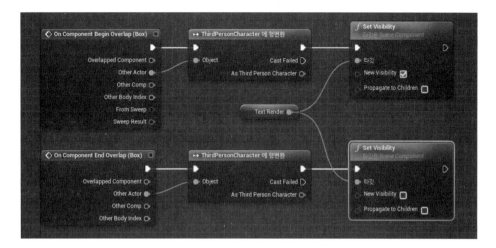

15. 이제 문을 여는 상호작용을 구현해야 한다. 이 단계에서는 특히 3장의 이동하는 플랫폼에서 했던 비슷한 단계를 혼자 따라 할 수 있어야 한다. 다음 해결책을 읽기 전에 스스로 해보기를 권장한다.

16. 문을 이동하려면 문을 나타내는 Static Mesh Component의 (월드 공간에서) 초기 위치값을 저장해야 한다. 다음 화면과 같이 새로운 Vector 타입의 변숫값 Starting Location을 추가하고 BeginPlay 이벤트에서 값을 할당한다.

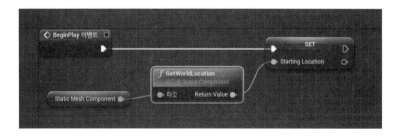

17. 다음으로 문을 여는 로직을 만든다. Custom Event를 새로 추가하고 OpenDoor로 이름 짓는다.

18. 2장에서 했던 것처럼 Timeline을 추가하고 생성한 Door 이벤트에 연결한다.

19. Timeline 노드 내부에서 (Timeline 노드를 더블클릭하면 커브 에디터가 나타난다) (0,0)에서 시작해서 (3,250)에서 끝나는 커브를 생성한다. 3초 동안 250 유닛이 이동한다는 의미다. 다음은 커브의 모습이다.

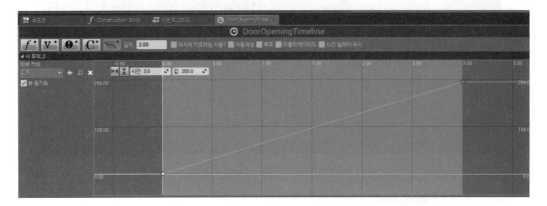

20. Timeline 노드의 Update 핀에서 문의 위치(월드 공간에서)를 변경한다. 특히 초기 위치값을 가져와서 다음 그래프처럼 Timeline 노드에서 나오는 값을 Z 값에 연결해 새로운 벡터에 추가한다.

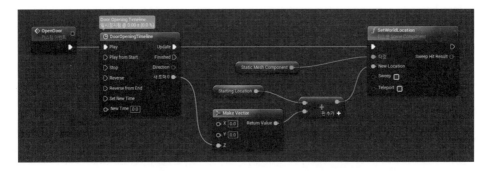

21. 마지막으로 Interact 함수(인터페이스에 포함할 때 추가했다)를 3장의 플랫폼을 이동시켰을 때처럼 수정한다. OpenDoor 트리거를 호출하고 반환값은 성공했다고 넘긴다.

22. 게임을 실행해 플레이어가 콜리전 박스에 충돌하면 다음 화면같은 모습이 보이
도록 한다.

23. E 키를 누르면 다음과 같이 문이 열린다.

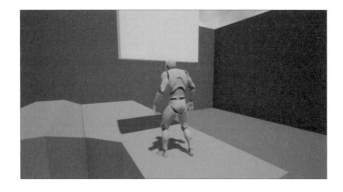

처음에는 많은 작업을 해야 할 것 같지만 모든 게임을 제작할 때 가장 기본으로 배워야 하
는 내용 중 하나다. 여기서 살펴보는 내용은 이 책의 후반부에서 더 많이 사용된다.

스파셜

어떤 방향으로 가야 할까? 이 말은 게임에서 레벨에 갇혔을 때 가장 많이 하는 말 중 하나다. 기본 내비게이션 화살표가 불쌍한 플레이어를 돕게 하자. 시작하기 전에 확실히 하자면 이 기능은 경로 같은 것을 추적하지는 않는다. 이런 종류의 스파셜 UI은 여기서 했던 것보다 조금 더 복잡하지만 두 번째 프로젝트를 만들 때 다룬다.

메타

플레이어가 적 큐브에 부딪힐 때마다 화면에 이상한 효과가 나타나게 하자. 이것은 플레이어가 총에 맞아서 피가 화면에 나타나거나 게임에서 레이싱할 때 물웅덩이를 지나면 자동차의 유리가 진흙으로 뒤덮이는 것과 비슷하다. 이런 것은 이 책의 세 번째 프로젝트를 만들 때 다룬다.

▌ 배운 내용 확장하기

UI에 대해 많이 다뤘으니 지식의 범위를 조금 더 넓혀보자.

- 플레이해봤던 게임을 떠올려본다. 변경할 만한 UI가 있는가?
- 4장에서 배운 내용을 사용해 원하는 게임의 UI를 복제한다.
- 자신만의 UI 요소를 추가해 4장에서 배운 내용을 확장한다. 포토샵으로 만들거나 온라인 스토어에서 이용 가능한 것을 찾아본다. 게임으로 임포트해 연결한다.
- 벽으로 걸어가는 것 같은 또 다른 행동으로 메타 UI 요소를 트리거할 수 있는지 살펴본다.
- 일정 시간이 지나면 문이 다시 내려오게 한다.
- 이벤트를 활성화시키는 입력을 변경한다.
- 다음에 다른 게임을 플레이할 때 UI 유형(예: 다이제틱, 스파셜 등)을 식별할 수 있는지 확인한다.

▌ 요약

4장은 끝났지만 프로젝트의 마지막 장인 5장으로 가기 위한 시작일 뿐이다. 4장에서 살펴본 내용을 간단히 알아보자. 우선 그래픽 인터페이스의 여러 가지 유형을 알아봤다. 언리얼 모션 그래픽 UI 디자이너를 사용해 그래픽 인터페이스의 생성 방법을 배웠다. 첫 번째 프로젝트뿐만 아니라 나머지 프로젝트에서도 유용한 핵심 UI 요소를 만드는 단계를 거쳤다. 비록 지금은 기본적인 내용만 다뤘지만 다음 장에서 계속 확장해 나갈 수 있는 뼈대를 갖췄다.

5장으로 넘어가서 게임 내의 인벤토리 시스템을 생성하고 구현하는 방법을 배워보자. 인벤토리에 아이템을 추가하기 위해 프로젝트에 추가할 수 있는 다양한 획득 아이템을 생성한다. 획득 가능한 모든 아이템은 인벤토리 시스템과 연결된다. 아이템은 게임의 HUD를 나타내기도 한다. 자, 출발해보자!

05

인벤토리 추가하기

인벤토리가 없다면 수집은 물론이고 게임에서 아이템을 가지는 것이 의미가 있을까? 당연히 없다. 그렇지 않은가? 그것이 바로 이 프로젝트뿐만 아니라 다른 두 프로젝트에서도 사용할 수 있는 인벤토리를 만드는 이유다. 일반적으로 인벤토리는 게임플레이를 하는 동안 아이템을 수집해 보관하는 공간이다. 대부분 게임 중 언제라도 UI/HUD로 인벤토리에 접근할 수 있다. 또는 상자나 상인이 있는 위치에서만 접근할 수 있는 경우도 있다. 하지만 한 가지 염두에 두어야 할 사항은 인벤토리는 총알이나 총을 보관하는 것과는 다르다는 것이다. 인벤토리는 복수의(다양한) 아이템을 (한도 내에서) 나중에 사용할 수 있도록 보관한다는 확실한 특징이 있다. 5장에서 다루는 내용은 다음과 같다.

- 게임에서 인벤토리의 사용을 알아본다.
- 블루프린트를 사용해 기본 인벤토리를 만드는 방법을 배운다.
- 플레이어가 수집할 수 있는 아이템을 만드는 방법을 살펴본다.
- 수집된 아이템을 인벤토리에 추가하는 방법을 배운다.
- 마지막으로, 게임플레이와 HUD/GUI 요소의 연결 방법을 배운다.

▌획득하고 수집하는 아이템

성공적인 인벤토리를 가지려면 이를 채우는 물건이 필요하다. 기본적으로 많이 사용되는
아이템을 몇 가지 만들어보자.

- 체력(빨간 구)
- 물약(보라색 구)
- 돈(노란 구)
- 특수 구체(하얀 구)

물론 자신만의 3D 모델을 사용할 수도 있지만 언리얼 마켓에서 애셋을 임포트하는 부분은
6장에서 살펴본다. 다음은 인벤토리에서 사용할 매우 단순한 그래픽 예제다.

인벤토리 생성하기

인벤토리가 될 시각적이고 기술적인 실제 공간을 만들어야 한다. 4장에서 한 것처럼 몇 가지 UI 요소를 추가해야 한다.

다음 단계를 따라 해보자.

1. 인터페이스 폴더 내에서 모든 인벤토리 애셋을 저장하는 새 폴더를 추가한다. 폴더에 의미 있는 이름을 붙인다. 예제에서는 폴더 이름을 그냥 Inventory라고 한다.
2. 두 개의 새로운 위젯 블루프린트를 생성한다(콘텐츠 브라우저에서 마우스 오른쪽 버튼을 클릭해 유저 인터페이스 ＞ 위젯 블루프린트를 선택한다).
3. 하나는 Inventory라고 하고 나머지 하나는 InventorySpace라고 한다.
4. Inventory UI 위젯을 연다.
5. 첫 번째로 Vertical Box를 검색해 추가한다.
6. 인벤토리의 타이틀을 나타내는 Text를 추가한다. 글자는 인벤토리나 당신의 인벤토리처럼 단순한 문자로 한다. 중앙, 왼쪽 등 글자를 자유롭게 배치하면 되지만 박스 주변에 글자 크기를 맞춘다.
7. Text를 Vertical Box의 자식으로 추가한다.
8. Uniform Grid Panel을 검색해 자식으로 추가한다. Uniform Grid Panel을 사용하는 이유는 현재 모든 아이콘의 크기가 동일하기 때문에 그저 멋있고 체계화된 방법으로 인벤토리를 정돈하기만 하면 된다. 어느 누가 정돈된 인벤토리를 싫어하겠는가?
9. 이제 행과 열의 개수가 얼마인지에 따라서 인벤토리를 얼마나 크게 만들 것인지 결정해야 한다. 아이템이 4종류뿐이기 때문에 2X2로 결정한다. 아이템이 더 많거나 적다면 값을 변경할 수도 있다. 또한 1X4 인벤토리로 유지해도 된다. 중요한 점은 사용하는 아이템의 종류와 사용 방법에 따라 달라진다는 것이다. 예를 들어 게임을 플레이하는 동안 캐릭터가 사용하는 아이템(예: 물약, 체력 등)이 있다면

아이템을 조합(예: 특급 물약, 폭발 무기 등)해 생성할 수도 있다. 따라서 하나의 행이 2X10 그리드 설정보다 더 실용적일 수 있다.

10. 이제 그리드의 디테일 패널 창에서 채우기 값을 설정한다. 이 작업은 그리드를 Vertical Box 크기에 맞게 자동으로 채워준다. 작업을 완료하면 다음 화면과 같이 보여야 한다.

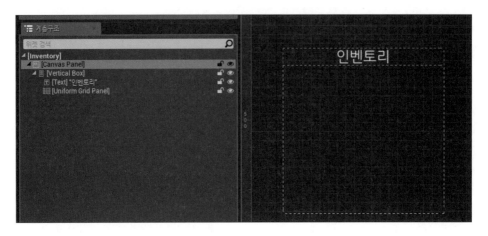

11. 저장하고 에디터 창을 닫는다.

이제 인벤토리에 아이템들을 보관할 수 있으므로 공간을 몇 가지 추가하자. Inventory Space UI 위젯을 연다.

1. 먼저 Canvas Layer를 지운다.
2. Button을 검색해 추가하고 InventoryItemBtn으로 이름을 지정한다.
3. Image를 검색해 Button의 자식으로 추가하고 InventoryItemImg로 이름을 지정한다.
4. Image 컴포넌트를 선택하고 디테일 패널로 향해서 가로 채우기 정렬, 세로 채우기 정렬을 선택한다. 다음 화면에서 예제를 볼 수 있다.

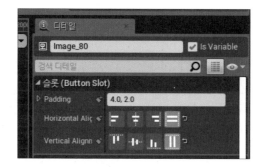

5. 저장하고 닫는다.

이제 Inventory UI 블루프린트로 다시 돌아가서 인벤토리를 만들어보자. 블루프린트 안에서 다음 단계를 따라 한다.

1. InventorySpace를 검색해 Uniform Grid Panel 자식으로 추가한다. 네 개의 인벤토리용 아이템(물약, 체력, 돈, 특수 구체)이 있기 때문에 네 번을 추가한다.

 여기에서 기억해야 할 중요한 사항은 Inventory Item 인스턴스를 계층구조 내에서 복사해 붙여넣기하면 안 된다는 것이다. 항상 팔레트에서 드래그해 새로운 인스턴스를 추가한다. 그렇지 않으면 컴파일 에러가 발생할 수도 있다.

2. Inventory Space의 인스턴스 이름은 각각 의미있는 이름이다. 여기에선 Inventory SpaceItem# 형태를 사용한다. 예제에서는 InventorySpaceItem1이다.

3. 이제 인벤토리에서 위치를 잡아야 한다. InventorySpaceItem1을 선택하고 디테일 패널에서 Row와 Column 값을 변경한다. 이 값의 숫자는 0부터 시작한다는 것을 기억하자. InventorySpaceItem1은 행과 열의 값이 0이 될 것이고, InventorySpaceItem2의 행은 0이고, 열은 1이다. 나머지도 작업한다.

4. Uniform Grid Panel을 선택하고 Slot Padding을 적절한 값으로 변경한다. 예제에서는 2.0 값을 사용한다.

5. Vertical Box를 선택하고 적절하게 크기를 조절한다. 최종 모습은 다음과 같아야한다.

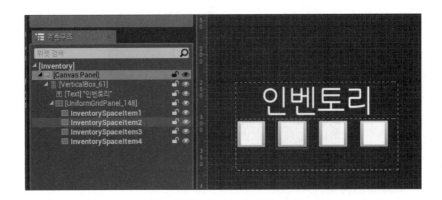

인벤토리를 나타나고 사라지게 만들기

Interact와 Pause 키를 바인딩했던 것처럼 인벤토리 키의 바인딩을 추가해야 한다. 프로젝트 세팅으로 가서 입력 부분으로 간다. 여기서 플러스 버튼을 눌러서 액션 매핑을 추가한다. TriggerInventory라고 이름 붙이고 문자 I 키를 바인딩한다.

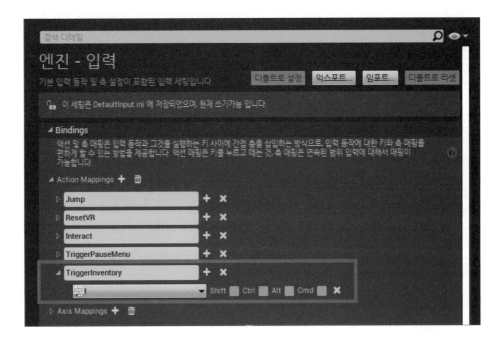

Third Person Character 블루프린트를 열고 그래프의 빈공간으로 이동한다. 여기서 TriggerInventory 매핑(현재는 기본값 I 키)을 추가하면 이제부터 작업할 모든 것이 이 노드에 연결돼서 따라올 것이다. 말이 나온 김에 게임플레이 도중 실제 트리거하는 부분으로 이동해보자.

다음 단계를 따라 한다.

1. Third Person Character 블루프린트를 연다.

2. 마우스 오른쪽 버튼을 클릭해 TriggerInventory (Input ➤ 액션 이벤트 ➤ TriggerInventory)를 입력해 선택한다.

3. 이제 TriggerInventory 입력 액션 노드의 **Pressed** 핀을 드래그해 FlipFlop(Utilities ➤ Flow Control ➤ FlipFlop)을 입력하고 선택한다.

4. FlipFlop 노드의 **A** 핀을 드래그해 위젯 생성(User Interface ➤ 위젯 생성)을 입력하고 선택한다. 해당 노드의 **Class** 값을 Inventory로 설정한다.

5. 그리고 FlipFlop 노드의 **B** 핀을 드래그해 **Remove from Parent**(Widget ➤ Remove from Parent)를 입력하고 선택한다.

6. Inventory 위젯 생성 노드의 **Return Value** 핀 위에서 마우스 오른쪽 버튼을 클릭한다. 그리고 **변수로 승격**을 누르고 변수의 이름을 InventoryRef라고 한다.

7. 이제 블루프린트 패널의 변수 아래에서 InventoryRef 변숫값을 이벤트 그래프로 드래그하고 Remove from Parent 노드의 타깃핀에 연결한다.

8. Inventory 위젯 생성 노드의 출력 핀을 드래그한다.

9. 마지막으로 SET 노드의 실행 핀을 드래그해 **Add to Viewport**(User Interface ➤ Viewport ➤ Add to Viewport)를 입력해서 추가한다. SET 노드의 반환 핀(파란색)을 **Add to Viewport** 타깃핀에 연결한다. 작업을 모두 완료했다면 다음 화면과 같이 보일 것이다.

10. 이제 컴파일을 클릭하고 에러가 없는지 확인한다. 그런 다음 저장하고 이벤트 그래프를 닫는다.

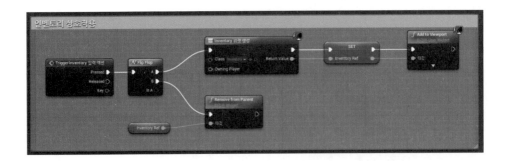

작업을 완료했다면 게임을 테스트할 시간이다. 지금까지의 단계를 문제없이 잘 따라 했다면 키보드에서 I 키를 누르면 다음과 같은 인벤토리가 나타난다.

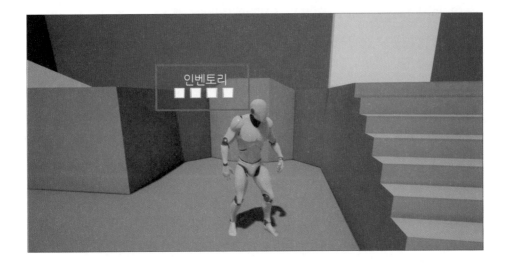

아직 갈길이 멀다. 이제 인벤토리를 훨씬 더 의미있게 만들어야 한다.

지금까지 했던 것을 개선해보자. 사실 플레이어가 I 키를 누를 때마다 매번 새롭게 생성되는 인벤토리가 아니라 영구적인 인벤토리가 필요하다. 따라서 다음 화면과 같이 BeginPlay 이벤트에서 인벤토리를 생성하도록 변경하자.

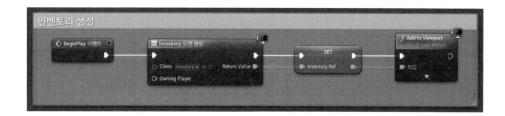

반면에 플레이어가 I 키를 누를 때 FlipFlop 노드를 사용해 인벤토리의 비저빌리티를 토글한다. 그 결과 블루프린트는 다음 화면처럼 보여야 한다. 두 개의 Set Visibility 노드 설정의 차이점을 기억하자. 하나는 Hidden이고 나머지 하나는 Visible이다.

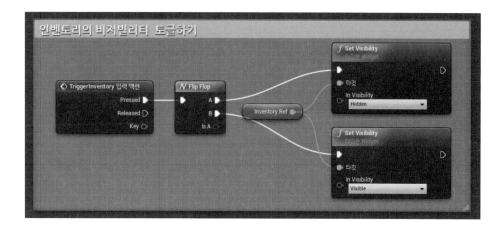

이제 인벤토리의 구조체를 만들어야 한다. 몇 가지 설정을 하겠다.

- 콘텐츠의 하위 계층구조로 Structures라는 이름의 새 폴더를 추가한다.
- 마우스 오른쪽 버튼을 클릭해서 Blueprints를 선택하고 그다음 구조체를 선택한다. 생성된 애셋의 이름을 ItemStructure라고 짓는다.

게임 내에서 일반 아이템의 다양한 특징, 예를 들면 플레이어가 아이템을 장착할 수 있는지, 희귀 아이템인지 일반 아이템인지 등을 제공할 수 있다. 구조체를 사용해 아이템의 모든 데이터를 모아서 패키지에 저장할 수 있다. 세 가지 변수를 추가하는 데 이 중에서 두 가지 변수는 예제로만 사용된다. 지금은 마지막 변수만 사용하지만 이후 인벤토리 시스템을 확장하고 싶을 수도 있기 때문에 모두 보여 주려고 한다. 좀 더 익숙해질 수 있게 나머지 변수도 살펴보자.

1. 새로운 변수를 추가하고 변수명을 ItemActor라고 이름 붙인다. 변수 타입은 Actor로 설정한다.
2. String 타입의 변수를 추가하고 ItemString이라고 이름 붙인다.
3. 마지막으로 Texture2D 타입의 변수를 추가하고 ItemImage라고 이름 붙인다.
4. 모든 작업을 완료하면 다음과 같이 보여야 한다. 저장을 위해 한 번 확인하고 구조체 창을 닫는다.

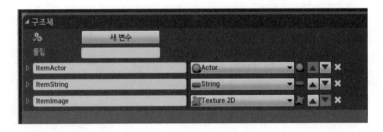

이제 아이템 구조체에 있는 이미지를 인벤토리 공간에서 보여주게 처리를 해야 한다. InventorySpace에 정보를 전달하는 방법은 아이템 구조체 타입의 변수를 생성하고 InventorySpace가 이미지를 표시해야 할 때마다 이 변수에 할당한다. InventorySpace에는 Item Structure가 있고 구조체의 이미지 정보를 바인딩해 보여준다. 이제 InventorySpace 블루프린트를 열고 그래프 에디터로 이동한다. 다음 단계를 따라 해보자.

1. ItemStruct 이름으로 새로운 변수를 추가하고 (방금 생성한) 변수의 타입을 Item Structure로 설정한다.
2. 변수를 퍼블릭으로 설정하자. 변수 옆의 눈 모양을 클릭하면 눈이 켜진다. 다음 화면에서 예제를 확인할 수 있다.

3. 그다음 구조체 내의 이미지를 표현하려면 바인드해야 한다. 디자이너 창으로 돌아가서 InventoryItemImg를 선택한다.

4. 디테일 패널에서 Appearance로 이동해 다음 화면과 같이 Bind ▷ Item Struct ▷ Item Image를 선택한다.

그 결과 아이템 구조체를 할당할 때마다 InventorySpace는 이미지를 표시한다. 이제 특정 InventorySpace가 Item Structure를 할당하는 방법을 알아볼 차례다.

다음 단계를 따라 해보자.

1. Inventory 블루프린트를 열고 그래프 에디터로 이동한다.
2. Items라는 이름의 새로운 변수를 생성하고 타입을 Item Structure로 설정한다.
3. 이 클래스에서 플레이어가 찾는 모든 아이템을 저장하기로 결정한다. 하지만 Items 변수는 배열 형태가 돼야 한다. 간단히 변수 유형 옆의 아이콘을 클릭해 그리드 아이콘을 선택한다. 다음 화면에서 예제를 확인할 수 있다.

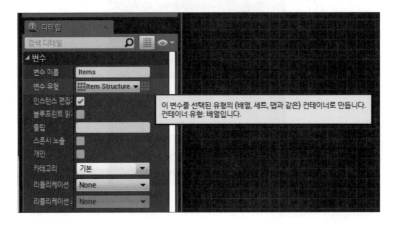

이 변수는 플레이어를 위한 실제 변수가 되니 여기에서 아이템을 추가하고 삭제하는 방법을 제공해야 한다. 더군다나 정확한 Item Structure를 단일 InventorySpace에 전달해야 한다. 이벤트 그래프에 두 개의 커스텀 이벤트부터 생성해보자. 하나는 AddItem으로 생성하고 다른 하나는 RemoveItem으로 생성한다. 다음 화면과 같이 양쪽 모두 (디테일 패널에서) 입력값에 Item Structure가 있다.

4. Items 변수를 그래프 에디터로 드래그한다.

5. Items 변수로부터 드래그해 Add(Utilities > Array > Add)를 검색하고 그래프에 추가한다.

6. 같은 방법으로 Remove를 검색하고 추가한다.

7. 양쪽 커스텀 이벤트(AddItem/RemoveItem) 실행 핀을 드래그해 각각의 노드에 연결한다(Add/Remove).

8. 양쪽 커스텀 이벤트 노드의 파란색 핀을 각각의 Add/Remove 노드의 파란색 핀으로 드래그한다. 이 시점에서 다음과 같이 보여야 한다.

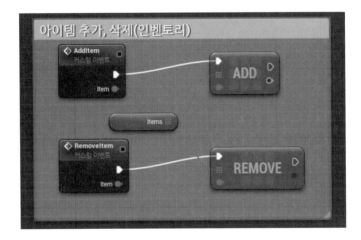

9. 다음으로 생성한 모든 InventorySpace가 있는 배열이 필요하며 예제에서는 4개만 생성했다. 변수 패널에서 이들을 확인할 수 있다.

10. 첫 번째로 InventorySpaceItem 변수들을 그래프 에디터로 드래그한다.

11. 이제 **배열 만들기** 노드를 생성한다.

12. 다음 화면과 같이 각각의 InventorySpaceItem 변수들을 **배열 만들기** 노드에 연결한다.

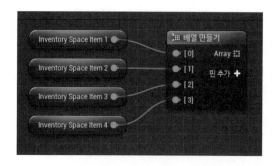

13. 이제 ForEachLoop(Utilities ▶ Array ▶ ForEachLoop) 노드를 생성해야 한다. 로직은 단순하지만 생성해야 할 연결의 개수가 많기 때문에 그래프가 약간 지저분해진다.

14. 아이템의 개수만큼 InventorySpace의 루프를 돌면서 Item Structure를 각각 하나씩 할당한다.

15. 모든 것이 완료됐을 때 (ForEachLoop의 인덱스가 Items 배열의 길이보다 클 때까지) 비어있는 구조체를 InventorySpace에 할당한다.

이제 다음 단계를 나눠서 진행해보자.

1. 우선 생성한 배열을 ForEachLoop 내부의 모든 인벤토리 아이템들과 연결한다.

2. 다음 화면과 같이 Add, Remove 노드 양쪽 모두의 실행 핀을 ForEachLoop 실행핀에 연결한다.

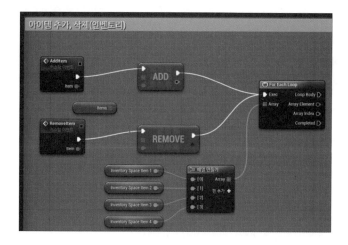

3. Items 변수를 그래프로 가져와서 Length 노드를 생성하고 드래그한다. 이는 Item Structure를 완성했는지 여부를 루프의 반복자 안에서 확인할 수 있다.

4. < 노드를 생성한다.

5. ForEachLoop 노드의 Array Index 핀을 드래그해 < 노드의 첫 번째 핀에 연결한다.

6. Length 노드의 출력 핀을 < 노드의 두 번째 핀에 드래그해 연결한다.

7. 마지막으로 ForEachLoop 노드의 Loop Body 핀에서 드래그해 Branch 노드를 생성하고 < 노드의 결괏값을 Branch 노드의 Condition으로 연결한다.

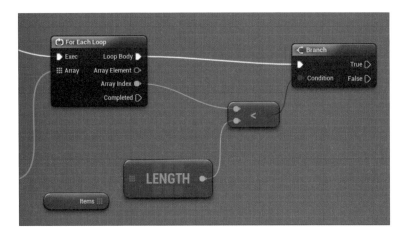

8. 마지막으로 남은 것은 Branch 노드가 True 또는 False를 실행하는지 여부에 따라 루프의 InventorySpace에 올바른 이미지를 할당하는 것이다.

9. False 분기처리가 더 쉽기 때문에 이것부터 시작해보자. ForEachLoop 노드의 ArrayElement을 드래그해 SetItemStruct 노드를 추가한다(InventorySpace 블루프린트에서 생성한 변수다). 이제 SET 노드에서 역으로 ItemStructure 만들기를 생성한다(디폴트 형태의 비어 있는 상태로 둔다). 이 작업을 모두 완료했다면 다음과 같이 보여야 한다.

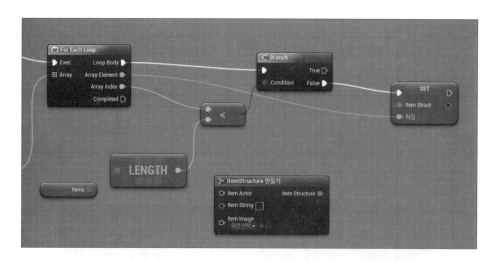

True 분기를 위해 ForEachLoop 노드의 ArrayElement를 다시 드래그해 SetItem Struct 노드를 추가한다. 하지만 이번에는 비어 있는 구조체를 생성하는 대신 Items 변수(변수를 그래프로 드래그한다)를 가져와서 GET 노드를 생성하고 ForEachLoop 노드의 Array Index 핀을 연결한다. 다음으로 GET 노드의 결과를 SET한다. 다음 화면에서 보는 것처럼 이 장에서 가장 복잡한 블루프린트를 완성했다.

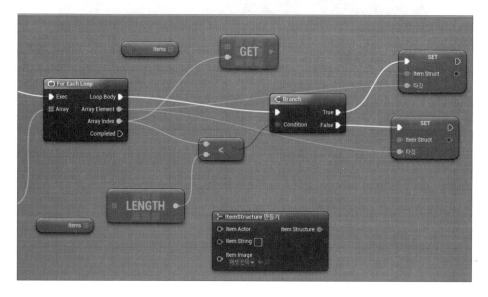

모든 시스템을 만들었지만 획득할 수 있는 아이템이 없다. 따라서 블루프린트를 하나 더 만들어야 한다.

▌ 아이템 수집하기

이제 아이템을 획득해 인벤토리에 추가해야 한다. 프레넬을 활용하는 물약 머티리얼을 제외하고 4장의 머티리얼 생성을 참조해 색상이 다른 기본 머티리얼을 4개 생성한다.[1] 프레넬을 활용하는 머티리얼은 샘플 프로젝트를 열어보거나 다음 링크를 따라가면 더 많은 것을 찾을 수 있다.

https://docs.unrealengine.com/ko/Engine/Rendering/Materials/HowTo/Fresnel/index.html

이제 모든 획득 기능을 구현할 수 있으며 다음 화면과 같이 다른 아이템으로 커스터마이징이 가능한 블루프린트를 생성해야 한다.

---

1   머티리얼에 사용하는 텍스처나 아이템을 표현하는 데 사용한 머티리얼은 샘플 프로젝트를 다운받아서 참조한다. – 옮긴이

게임 월드에 구체(지금 활용 가능한)를 생성하고 선택해 디테일 패널의 **스크립트 추가**를 클릭한다. 그러면 스태틱 메시가 블루프린트로 변환된다. BP_MasterItem(게임에서 각각 아이템의 기본 바탕이 되기 때문에)으로 이름을 변경하고 적절한 폴더 내에 추가한다.

더블클릭해서 블루프린트 에디터를 연다.

1. 잠재적으로 위치 이동이 가능한(또는 이 예제에서는 플레이어가 획득하면 사라진다) 동적 오브젝트기 때문에 이동성을 위해 블루프린트의 모빌리티를 변경해야 한다. 구체의 그림자가 런타임에 생성되므로 모빌리티 변경은 정확하게 렌더링된 그림자를 가지도록 보장한다.

2. 다음으로 오브젝트의 속성을 정의한다. 특히 모든 아이템 속성은 Item Structure에 들어 있다. 따라서 이 블루프린트를 Item Structure 타입의 새로운 변수로 추가하고 퍼블릭으로 만든다(변수 옆의 눈 모양을 클릭하면 눈이 켜지고 노란색이 된다). ItemProperties 같은 이름으로 변경한다. 디테일 패널은 다음과 같아야 한다(찾기 쉽게 카테고리 속성도 변경했다).[2]

---

2 카테고리 변경은 카테고리 위에서 원하는 값을 입력 후 엔터키를 누른다. - 옮긴이

3. 이제 아이템과 상호작용하도록 콜리전이 있는 아이템을 제공해야 한다. 3장과 4장의 움직이는 문과 플랫폼에서 했던 것처럼 오브젝트를 충분히 감쌀 수 있을 만큼(예제에서는 모든 축으로 스케일 4를 설정했다) 박스 콜리전을 생성한다. 뷰포트에서 다음과 같이 보여야 한다.

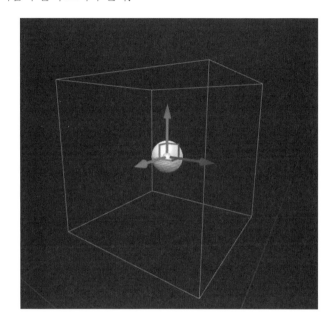

4. 오브젝트를 상호작용할 수 있게 하려면(문과 플랫폼에서 했던 것처럼) Interactable 인터페이스를 구현해야 한다. 인터페이스를 추가했다면 Interact 함수를 수정해보자.

5. Interact 함수에서 플레이어가 아이템을 획득하게(인벤토리에 추가) 만들고 월드에서 아이템을 파괴시키도록 한다. ThirdPersonCharacter 블루프린트에서 인벤토리 변수를 참조한다는 점을 기억하자.

6. 플레이어 폰(Get Player Pawn)을 가져와서 ThirdPersonCharacter로 캐스팅한다(Cast to ThirdPersonCharacter).

7. 플레이어에서 InventoryRef 변수를 가져온다.

8. 인벤토리의 **AddItem** 함수를 호출하고 **ItemProperty** 변수를 파라미터로 입력한다.

9. **AddItem** 함수를 호출한 후 오브젝트의 **DestroyActor** 핀으로 드래그한다.

10. 마지막으로 반환값을 연결한다.

로직이 간단하고 충분히 따라 할 수 있기 때문에 한 번에 모든 것을 처리했다. 다음 화면을 참조해 상호작용 구현을 완료하자(처음에는 혼자서 시도해본다).[3]

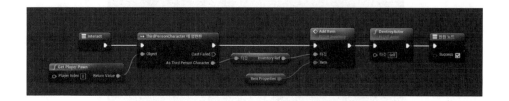

획득 시스템을 완성했다. 시스템을 테스트하고 몇 가지 아이템을 생성해 모든 것이 제대로 동작하는지 확인하는 것만 남았다.

BP_MasterItem을 게임 레벨에 드래그한다. 아이템마다 머티리얼을 변경하고 아이템 파라미터, 특히 ItemTexture를 적절하게 설정한다. 일단 아이템을 획득하면 인벤토리에서 아이템이 확실히 보인다. 다음은 레벨로 드래그해 디테일 패널(머티리얼 변경도 기억하자)을 변경한 오브젝트 예제다.

---

3 InventoryRef에서 AddItem 함수가 보이지 않는다면 ThirdPersonCharacter 블루프린트의 Inventory 변수가 퍼블릭으로 설정돼 있는지 확인한다. - 옮긴이

인게임에서 보이는 모습이다.

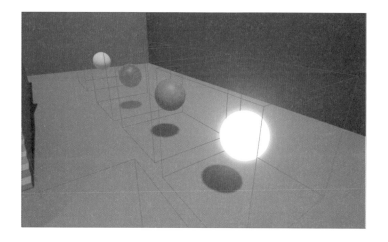

▌ 배운 내용 확장하기

이제 인벤토리가 생겼으니 플레이어가 아이템을 수집하고 사용하며 버릴 수도 있는 무한한 가능성이 생겼다. 인벤토리는 게임이 제공하는 플레이 방식에 영향을 미칠 뿐만 아니라 대부분의 게임플레이 경험에도 영향을 준다. 5장에서 배운 내용을 스스로 도전할 수 있도록 몇 가지 방법을 제안한다.

- 4장에서 했던 것처럼 플레이어가 아이템에 가까이 다가갔을 때 볼 수 있는 포션이나 체력 획득 같은 UI를 추가한다.
- 좀 더 예쁜 UI로 수정하거나 직접 만든 그래픽을 추가해본다. 여기서 배운 내용을 확장해 창의력을 발휘해본다.
- 프로젝트의 파일들을 살펴보고 자신만의 색상이나 프레넬 설정을 다르게 만들어서 수정한다.
- 인벤토리 이미지의 배경은 (생성했을 때 디폴트 설정으로) 흰색이다. 배경을 투명하게 만들어본다. 힌트: InventorySpace 블루프린트 위젯에서 할 수 있다.
- 인벤토리는 4개의 아이템만 가질 수 있다. 하지만 플레이어가 다섯 번째 아이템을 획득해도 여전히 인벤토리에 추가된다. 플레이어에 4개의 아이템이 있는지 체크해 인벤토리가 가득 찼다는 메시지가 나타나게 만든다.

그 외에도 인벤토리를 확장하는 아이디어는 다음 기능 구현으로 개선할 수 있다.

- **사용하기:** 플레이어가 아이템을 사용하게 하려면 인벤토리에서 아이템을 제거할 수 있어야 하고 게임과 상호작용해야 한다(예: 플레이어, 다른 플레이어, 환경)
- **버리기:** 원하지 않는 아이템은 버릴 수 있어야 한다. 인벤토리에서 제거할 뿐만 아니라 게임 월드에 다시 아이템이 나타나야 한다(아이템 구조체 안에서 적절히 참조해야 한다. 앞에서 한 것처럼 오브젝트를 파괴한다면 주의를 기울여야 한다).
- **조합하기:** 예를 들어 플레이어가 체력과 물약 아이템을 함께 조합하여 플레이어의 체력을 채우는 특급 체력 영약을 생성할 수 있다.

▌ 요약

아직 끝이 아니다. 6장에서 첫 번째 프로젝트를 마무리한다. 하지만 두 개의 모험이 더 기다리고 있다. 잠시 짬을 내서 5장에서 무엇을 했는지 돌아보자. 우선 게임 내에서 인벤토리가 무엇인지 배웠고 아이템을 수집하고 저장하는 단순한 인벤토리의 생성 방법을 배웠다. 단계가 많아 힘들었지만 어쨌든 끝이 났고 이제 멋있는 인벤토리를 만드는 데 필요한 기초를 다졌다. 모든 게임에는 인벤토리가 있고 그 기능은 조금씩 다르므로 인벤토리를 다시 한 번 사용하게 될 것이다. 5장의 내용을 꼭 기억해두자.

6장에서는 기본적인 게임 환경을 생성하고 1장부터 5장까지 배운 모든 내용을 조합한다. 지금까지 배운 내용을 확장하면 게임에 좀 더 많은 마법을 추가할 수 있다. 첫 번째 게임 환경을 만들 때 기본 레벨 디자인을 살펴본다. 그리고 블루프린트를 사용한 기본 퀘스트 시스템을 생성하고 구현한다. 6장의 레벨과 한바탕하러 가보자!

06

모험 요소 만들기

6장에 온 것을 환영한다. 첫 번째 프로젝트를 설명하는 마지막 장이다. 여기에서는 레벨 디자인의 기초를 알아본다. 플레이 가능하면서도 원하는 게임 스타일을 나타낼 수 있도록 게임 환경을 조성하는 속성 과정 정도로 생각하자. 기본적인 레벨 디자인을 살펴보는 것 외에도 첫 번째 게임을 완성하기 위해서 다음 내용을 다룬다.

- 기본 레벨 디자인
- 언리얼 마켓에서 다운로드한 프로젝트 파일을 사용해 게임 환경 조성하기
- 블루프린트를 활용한 기본 퀘스트 시스템 만들기

기본 인벤토리와 5장에서 살펴본 내용, 6장에서 배우는 게임플레이 상호작용으로 프로젝트를 완성한다. 레벨 디자인을 시작해보자.

▌ 기본 레벨 디자인

모두가 기다려온 레벨 디자인을 알아보자. 일반적으로는 게임 레벨 디자인만으로 책 한 권을 쓸 수 있다. 요구 사항이나 기술적인 특징, 일종의 분위기, 게임플레이, 그리고 게임에 흥미를 갖게 하는 전반적인 경험에 따라 레벨 디자인에 접근하는 방법이 달라진다. 6장을 완료하면 레벨 디자인의 기반이 단단해질 것이다.

게임 환경 조성하기

어디서부터 시작해야 할까? 게임 환경 조성은 결코 쉬운 작업이 아니며 대충 해서도 안 된다. 그럴 듯하면서도 흥미를 유발하고 플레이어가 즐기도록 적절하게 만들려면 다양한 접근 방법으로 매우 많은 것을 생각해야 한다. 이 모든 것을 하나의 장에 담아 내기에는 불가능하다. 시중에 레벨 디자인에 초점을 맞춘 책이 많이 있으니 참고하기 바란다. 책마다 다양한 내용을 다루고 장르도 다르지만 이 책에서는 게임 환경의 필수 구성 요소를 이해할 수 있도록 레벨 디자인의 중요한 부분만을 다룬다.

목표

맵과 목표 리스트(플레이어가 레벨 내에서 해야 할 일 등)부터 시작해보자. 맵과 목표 리스트는 게임플레이 방식과 플레이어가 레벨을 경험하는 데 영향을 미치기 때문에 중요하다. 6장의 레벨에는 다음 목표가 있다.

- 4개의 아이템을 배치(그리고 수집)한다.
- (잠긴 문)오브젝트와 상호작용한다.
- 맵의 다양한 부분을 탐색한다.

맵

게임 환경 내에서 플레이어가 할 일을 결정했으니, 이제 플레이어가 목표 달성을 위해 탐색하는 환경을 만들어야 한다. 이 단계에서 레벨을 생성하는 동안 지침이 될 기본 계획을 세운다. 사용 애셋에 따라 맵이 다르게 보이는데 우리가 설계할 맵은 다운로드한 패키지를 사용할 것임을 유념하자. 다음은 레벨 디자인에 사용할 맵의 전체 개요다.

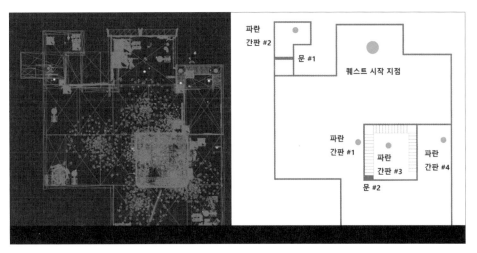

왼쪽은 완성된 맵이며 반면에 오른쪽은 맵을 디자인하기 전의 밑그림 예제다.

레벨 블로킹하기

레벨을 가로막는 것부터 시작한다. 탐색 경로부터 중점적으로 다룰 것이므로 미로와 비슷할 수도 있지만 상관없다. 디테일한 애셋을 추가해 게임의 분위기를 조성하기 전에 게임 환경을 몇 번 테스트한다. 플레이어가 돌아다니는 경로가 동일하도록 레벨을 만들고 싶다면 하나씩 다듬으면서 구성해야 한다. 물론 그렇다고 경로가 안 바뀐다는 뜻은 아니다. 대부분 바뀐다. 하지만 여기에서 말하려는 것은 환경의 제약과는 관계없이 게임 내에서 이동 감각이 있다는 것이다. 연습하기 좋은 예는 언리얼 내의 텍스처가 없는 기본 지오메트리로 레벨 내의 블로킹이 없는 더 상세하고 복잡한 버전으로 새로운 프로젝트를 생성하는 것이다. 마치 레고로 모든 것을 만드는 것처럼 말이다.

(핵심)게임 애셋 추가하기

레벨 블로킹을 테스트한 후 길 찾기가 무리 없이 진행됐다면 포션, 적, 아이템 등 주요 요소를 추가하고 싶어질 것이다. 퀘스트 관련 부분과 함께 플레이어가 환경 내에서 움직이는 방식을 살펴보자. 즉 퀘스트 목표 1에서 목표 2 사이로 이동하는 경로가 너무 짧은지 긴지, 어려운지 쉬운지 등을 확인해야 한다. 기본적으로 게임플레이와 흐름이 전체적으로 어떻게 느껴지는지, 올바른지, 균형이 맞는지 확인한다.

그런 다음 레벨에 오브젝트를 몇 가지 추가한다. 만들어 둔 것이 있다면 바로 임포트하고 그렇지 않다면 다음 두 가지 이유로 블루프린트를 작업하기 전에 오브젝트부터 만들어서 추가한다.

- 프로젝트의 레벨에 오브젝트를 추가하는 데 익숙해지기 위해
- 블루프린트에 추가할 오브젝트를 갖기 위해

다음 절에서는 언리얼 마켓에서 프로젝트로 애셋을 추가하는 방법을 살펴본다. 자신만의 애셋을 사용하고 싶다면 다음 공식 링크를 방문해 참고하자.

https://docs.unrealengine.com/ko/Engine/Content/ImportingContent/index.html

언리얼 마켓에서 애셋 임포트하기

언리얼 에디터가 열려 있다면 지금까지 작업했던 것을 저장하고 닫는다. 이제 에픽 대시보드를 연다. 측면 메뉴에서 라이브러리를 클릭하고 보관함이 보일 때까지 스크롤을 내린다. 현재 설치된 모든 애셋 리스트를 찾을 수 있다. 프로젝트에 추가하려면 **프로젝트에 추가** 버튼을 클릭하고 프로젝트를 선택한 다음 **프로젝트에 추가**를 클릭한다. **프로젝트에 추가**를 누르면 애셋을 설치해야 한다는 점을 명심하자. 컴퓨터 사양에 따라 설치 시간이 오래 걸릴 수 있으므로 인내심이 필요하다. 진행 상황은 다음 화면에 표시된 부분에서 확인할 수 있다.

레벨 채우기

콘텐츠 폴더에 애셋이 생겼다. 이제 창의력을 발휘하는 부분이다. 다운로드한 패키지의 애셋으로 레벨을 멋지게 꾸민다. 레벨을 가로막는데 사용한 큐브는 실제 지오메트리로 교체할 수 있다. 자신만의 애셋을 개발할 때는 이 단계는 조금 더 이후에 하겠지만, 애셋을 만들 때 가능한 한 빨리 환경 안에서 테스트를 반복하는 것도 중요하다(이는 게임 디자인/개발 과정에서 매우 일반적이다.). 따라서 선호하는 애셋을 환경에 추가한다. 물론 환경에 어울리는 애셋이어야 한다. 예를 들어 거리가 있을 경우 무한으로 열려 있는 지역이 아닌 한 거리의 끝이 있어야 한다. 다음과 같은 예제를 살펴보자.

시간을 들여서 디자인한 대로 플레이되는지 환경을 테스트한다. 톱다운 뷰로 보거나 에디터상의 화면으로 보면 게임을 쉽게 볼 수 있지만 실제로 플레이해보면 나무와 건물이 너무 크거나 작아서 놀랄 수도 있다.

 지금까지 해왔던 모든 것을 통합한 6장의 전체 프로젝트는 http://www.acornpub.co.kr/book/ue4-blueprints-vs에서 다운로드할 수 있다.

다음 화면에서 레벨의 모습을 미리볼 수 있다.[1]

---

1 기본적으로 언리얼 마켓플레이스의 Soul: City 애셋을 사용한다. 하지만 6장에서 계획했던 완성된 레벨을 프로젝트로 가져오려면 출판사에서 제공하는 샘플 예제를 다운로드해서 프로젝트를 연다. ThirdPersonBP > Maps > ThirdPersonExampleMap 맵을 마우스 오른쪽 버튼을 클릭해 애셋 액션 > 이주를 클릭한다. 대상 콘텐츠 폴더는 프로젝트 위치 내의 Content 폴더로 지정하면 다음 화면과 같은 맵을 프로젝트에 사용할 수 있다. - 옮긴이

▌ 기본 퀘스트 시스템 만들기

이전 리스트에서 플레이어가 달성해야 하는 목표 리스트를 만들었다. 목표 리스트는 퀘스트 시스템의 일부가 될 것이다. 퀘스트 시스템은 플레이어가 다음 단계로 넘어가려면 완성해야 하는 게임 안의 목표다. 플레이어가 해야 할 일을 화면에 출력하는 기본 퀘스트 시스템을 만들어야 한다. 현재는 오브젝트의 위치 파악이나 특정 행동(예: 문 열기)과 같이 단순하게 유지한다. 다음은 퀘스트를 완성하기 위해 플레이어가 해야 할 리스트다(특정 순서를 지켜야 하는 것은 아니다).

- 문 열기
- 4개의 파란 간판 위치 찾기
- 지붕(Building 01)에 도착하기

이런 목표는 최소한의 기본 퀘스트 시스템을 만들기에 충분하다. 게다가 다른 프로젝트에서 더 복잡한 퀘스트 시스템을 만들면서 확장할 예정이다.

위 화면은 레벨 내에서 플레이어가 찾아야 하는 파란 간판의 예제다.

대부분의 게임에서 퀘스트와 그 이후의 목표를 성취하려면 플레이어는 NPC 또는 게임 내 오브젝트와 상호작용해야 한다. 예제에서는 플레이어가 무엇을 해야 하는지 알기 위해 (다음 화면 속의)블루맨에게 다가가서 대화를 한다. 하지만 블루맨이 우리에게 목표가 무엇인지 말하도록 어떻게 만들어야 할까? 좋은 질문이다.

퀘스트 정보를 전달하는 NPC와의 상호작용 만들기

경험해본 것처럼 다양한 게임에서 플레이어는 NPC와 상호작용해 퀘스트 목표를 획득한다. 초기 상호작용으로 플레이어는 퀘스트를 완료하는 목표를 몇 가지 표시한다. 이 게임에서도 퀘스트를 초기화하기 위해 플레이어가 다가가서 대화할 NPC를 추가한다. 다음 화면이 그 예제다.

나중에 작업할 퀘스트 매니저에서 모든 상호작용을 처리하기 때문에 우리는 NPC와 상호작용할 수 없다. 대신에 월드에 삼인칭 캐릭터 NPC를 배치해 생성한다. 어떤 플레이어도 NPC를 조종할 수 없게 옵션을 제거한다. 다음 화면과 같이 디테일 패널을 선택해 Auto Possess Player를 Disabled로 설정한다.

부가적으로 캐릭터의 색상을 변경할 수 있다. 콘텐츠 브라우저에 위치한 마네킹 머티리얼의 위치(Mannequin > Character > Materials)를 찾아서 복제한다. 복제된 머티리얼을 더블클릭해 열면 수정이 표시된 노드를 찾을 수 있으므로 색상을 변경할 수 있다.

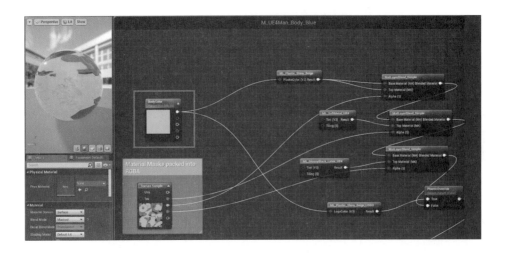

색상을 변경했다면 파일을 저장하고 닫는다. 이제 새롭게 생성한 NPC에게 머티리얼을
적용한다.

퀘스트 UI 생성하기: 디자인

퀘스트 UI는 텍스트만으로 비교적 단순하게 유지한다. 퀘스트 UI는 다음 화면과 같이 플
레이어의 시작 위치를 나타낸다.

5장에서 했던 것처럼 플레이어가 다음 내용을 알 수 있게 UI를 생성해야 한다.

- 문에 도착하면 문을 열게 한다. 5장에서 다룬 내용이므로 여기에서 다루지 않는다.
- 위 화면에서 보듯이 퀘스트를 트리거하려면 블루맨과 대화를 해야 한다. 퀘스트 매니저를 다루는 곳에서 이야기하고, 퀘스트의 끝을 알리기 위해 블루맨에게 돌아가야 한다는 것을 플레이어에게 알려주도록 할 것이다.
- 플레이어가 플랫폼을 사용하도록 알려주는 UI도 만든다. 이 내용은 6장의 마지막 부분에서 최종 블루프린트를 배치할 때 다룬다.
- 실제 퀘스트 UI는 플레이어가 해야 할 일, 완료한 일, 완료까지 남아 있는 일을 알려준다. 그 예로 파란 간판에 불을 붙이면서 진행한다. 게임에서 퀘스트 UI를 구현할 수 있도록 이 부분을 살펴보자.

시작하기 전에 콘텐츠 브라우저에 Quest System이라는 이름의 분리된 폴더를 생성한다. 게임에서 다른 UI를 생성한 것처럼 퀘스트 UI를 생성하자.

1. 위젯 블루프린트를 생성한다.
2. Text를 추가해 제목을 만든다. 그 창을 현재 목표라고 부른다. 크기와 색상을 원하는 대로 조절한다.

3. 목표마다 텍스트를 생성한다. 각 목표가 분리된 텍스트인지 확인한다. 이 시점에서 알아야 할 점은 파란 간판을 수집하는 목표를 위해 추가한 텍스트는 나중에 블루프린트에서 제어할 것이기 때문에 이 단계에서 중요하지 않으므로 이론적으로는 빈 칸으로 남겨둘 수 있다. 하지만 크기, 위치, 전반적인 퀘스트 UI의 모습에 대한 느낌을 얻으려면 표시하고자 하는 문자를 입력한다. 텍스트의 색상은 블루프린트에서 제어할 것이므로 크기는 조정해도 되지만 색상은 변경하지 않는다.

4. 이 작업을 하는 동안 퀘스트 UI가 왜곡되지 않도록 앵커를 올바르게 배치했는지 확인한다.

5. 마지막으로 원하는 위치에 배치하고 장식한다(예: 배경 추가). 작업을 완료하면 다음과 같이 보일 것이다.

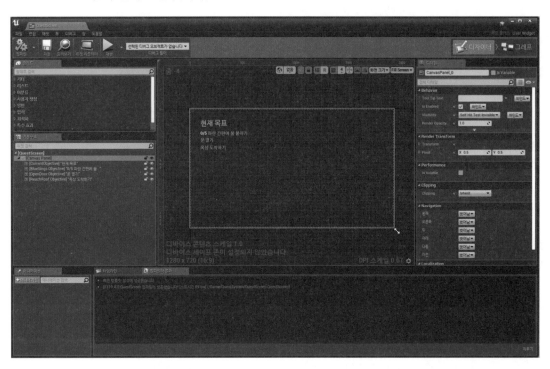

퀘스트 UI 생성하기: 기술 측면

이제 특정 기능을 위해 UI의 텍스트를 바인드할 시간이다.

이 작업을 하기 전에 4개의 변수를 생성해야 한다.

- BlueSignsFound: 정수형 변수로 플레이어가 찾은 파란 간판의 개수를 저장한다.
- TotalNumberOfBlueSigns: 맵에 배치된 전체 파란 간판의 개수를 저장한다.
- DoorOpened: 부울 타입이다. 이 값이 true이면 문을 열었다는 뜻이다.
- RoofReached: 부울 타입이다. 이 값이 true이면 지붕에 도착했다는 뜻이다.

Quest Widget에 로직을 정의하지 않았다는 사실을 기억하기 바란다. 따라서 변수에 정확한 값이 있다고 가정할 수 있지만, 외부의 요소(퀘스트 매니저)로 갱신해야 한다. 따라서 변수들을 퍼블릭으로 만들어야 하고(변수 옆에 있는 노란 눈 모양을 뜨게 한다) 퀘스트 매니저가 그에 맞춰서 갱신할 수 있어야 한다. Quest Widget은 변수에 정확한 값이 있다고 (희망적으로) 확신한다. 다음 화면은 4개의 변수를 보여준다.

파란 간판에 불을 붙이는 목표를 시작해보자. 디자인 탭에서 문자를 입력했던 곳으로 가면 텍스트와 함수를 바인드할 수 있는 버튼이 있다. 버튼을 클릭하면 언리얼은 새로운 함수를 만든다. 로직은 매우 간단하다. 그저 얼마나 많은 오브젝트를 찾았는지 확인하면 된다.

그리고 퀘스트의 목표 색상을 변경하려면 이와 유사한 바인딩을 생성해야 한다. 바인딩을 생성하면 퀘스트를 완료했을 때 목표를 표현하는 텍스트의 색상이 초록색으로 바뀐다. 텍스트의 Color 옆에 보면 색상을 함수로 바인드하는 버튼이 있다. 각각의 목표에 이 작업을 한다. 단계별로 코드를 살펴보자.

파란 간판 목표를 초록색으로 표현하는 함수는 BlueSignFound의 개수가 전체 총합과 동일한지 체크해야 한다. 그렇다면 문자를 초록색으로 설정하고 그렇지 않다면 흰색으로 설정한다.

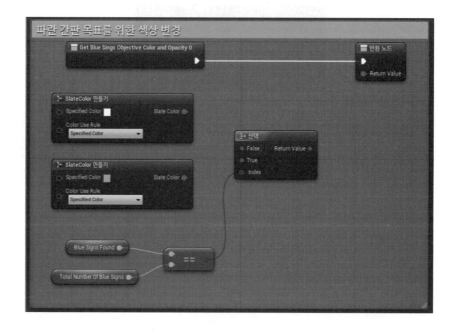

문 열기 목표는 더 쉽다. 문이 열려 있는지 확인하는 부울 값이 true이면 초록색을 선택한다. 그렇지 않으면 흰색을 선택한다.

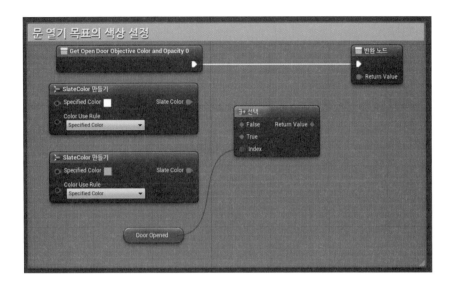

유사한 방식으로 지붕에 도착하는 목표를 달성했다면 선택된 노드를 초록색으로 바인딩하고 그렇지 않다면 흰색으로 한다.

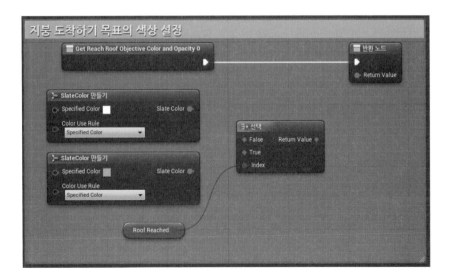

모든 작업을 완료하면 컴파일이 잘 되는지 확인한다. 이제 Quest Widget을 닫는다.

퀘스트 상태

퀘스트의 상태를 저장하는 방법을 찾아야 한다. 다양한 방법이 있지만 열거형을 사용하는 방식이 명확하다. 다음 화면에서 보이는 것처럼 EQuestState라는 이름의 열거형 블루프린트를 퀘스트 폴더 내에 생성한다.[2]

생성된 열거형을 더블클릭해 연다.

열거형은 내부적으로 정수형으로 연결된 이름 리스트다. 특히 블루프린트로 설정해 사용하기 매우 쉽다. 이제 퀘스트가 할 수 있는 가능한 상태들을 생각해서 열거형으로 추가한다. 이 단계에서 스크립트를 쉽게 읽을 수 있도록 순서대로 추가하는 것이 좋다. 예를 들면 다음 화면에서 보이는 것처럼 Not Enable(사용할 수 없음), InProgress(진행 중), Objectives Completed(목표 달성), Success(성공), Failed(실패)와 같은 것을 사용할 수 있다.

---

2   열거형 블루프린트는 신규 추가 ❯ Blueprints ❯ 열거형을 선택해 만들 수 있다. – 옮긴이

열거형을 저장하고 창을 닫는다. 이제 퀘스트 시스템 기반을 위한 퀘스트 매니저를 작업할 시간이다.

퀘스트 매니저

모든 퀘스트의 시작과 종료, 진행 상황을 처리하는 블루프린트를 만들어보자. 퀘스트 시스템 폴더 내에 BP_QuestManager라는 이름의 새로운 블루프린트를 생성한다.

퀘스트 매니저를 열기 전에 퀘스트 매니저 코드 내부에서 참조해야 하는 또 다른 블루프린트를 만들어야 한다. 따라서 같은 폴더 내에 BP_ObjectToFind라는 블루프린트를 생성한다. BP_ObjectToFind는 플레이어와 파란 간판 사이의 상호작용을 처리한다.

다음으로 퀘스트 매니저를 연다. 컴포넌트를 몇 가지 추가한다.

- 첫 번째 컴포넌트는 박스 콜리전이다. 5장의 모든 상호작용에서 했던 것처럼 플레이어와 퀘스트 매니저가 상호작용해야 하기 때문이다. 박스 콜리전의 크기를 6정도로 키운다.

- 두 번째 컴포넌트는 Text Render이다. 이 방법으로 퀘스트가 가능하거나 완료할 준비가 됐을 때 또는 완료됐을 때 플레이어에게 알려줄 수 있다. 텍스트 크기를 키우고 Z 축으로 적당한 오프셋을 준다. 또한 텍스트를 Start Quest Here로 초기화한다. 다음은 뷰포트로 보는 퀘스트 매니저의 모습이다.

가장 어려운 부분은 코드다. 첫 번째로 퀘스트 매니저는 상호작용할 수 있어야 한다. 따라서 Interactable 인터페이스를 추가한다. 이렇게 하면 플레이어는 퀘스트 매니저와 상호작용이 가능해진다. Start Interaction이라는 이름의 커스텀 이벤트를 생성한다.[3] 그리고 Interact 인터페이스 함수에서 해당 이벤트를 호출한다.

---

3 커스텀 이벤트 생성 시 이벤트 그래프에서 Custom Event 추가를 선택한다. – 옮긴이

이제 퀘스트 매니저에 퀘스트 상태를 나타내는 새로운 변수를 추가한다. 이 변수는 앞에서 만든 열거형 타입이다. 따라서 퀘스트 매니저는 퀘스트의 상태를 추적할 수 있다. 게다가 다른 블루프린트에서 접근할 수 있도록 해당 변수를 퍼블릭으로 유지한다.

 이것은 작은 시스템이면서 여기에서만 동작하는 퀘스트 매니저다. 보통 큰 프로젝트에서는 퀘스트 매니저만 유일하게 퀘스트 상태를 갱신할 수 있도록 보장하고 싶어 한다. 퀘스트 상태를 나타내는 변수에 퍼블릭 접근을 주는 것보다는 상태를 반환하는 함수가 필요하다.

이 시점에서 4개의 변수가 더 필요하다. **Quest Widget**에서 추가한 변수와 동일하다. 다음 변수를 추가하자.

- ObjectCollected: 플레이어가 파란 간판을 얼마나 많이 찾았는지 추적하는 정수형 변수다.
- TotalObjectsFound: 맵에 있는 전체 파란 간판의 개수를 추적한다.
- OpenDoorOjective: 부울 타입이다. 이 값이 true이면 문을 여는 목표를 달성했다는 의미다.
- RoofObjective: 부울 타입이다. 이 값이 true이면 지붕에 도착하는 목표를 달성했다는 의미다.

이제 코드를 작성할 준비가 되었다. 다음 단계를 따라 해보자.

1. 열거형 변수를 드래그해 그래프에 추가하고 이 변수로부터 스위치를 추가한다. 스위치는 퀘스트 상태 변숫값에 따라서 노드의 흐름을 변경하도록 제어한다.
2. **Start Interaction** 이벤트를 스위치 노드에 연결한다. 그 결과 플레이어와 퀘스트 매니저가 상호작용할 때마다 퀘스트 상태에 따라 다른 일을 할 수 있다. 플레이어가 **Not Enable**(사용할 수 없음)과 **Objectives Completed**(목표 달성) 이 두 가지 상태일 때만 상호작용하기를 원하기 때문에 두 개의 상태만 사용한다.

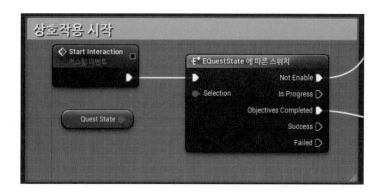

이제 Not Enable 분기에서 그래프를 계속 진행해야 한다. 읽기 쉽게 시퀀스 노드를 배치하 겠지만 꼭 필수적인 건 아니다. Not Enable 분기에서 흐름이 진행된다면 플레이어가 처음 으로 퀘스트 매니저와 상호작용한 것이므로 초기화해야 한다.

1. 퀘스트 진행 상태를 In Progress로 변경한다.
2. Quest Widget을 생성하고 위젯을 계속 추적하기 위해 변수로 승격한다. 뷰포트에 위젯을 추가해 화면에 보이게 한다.
3. Get All Actor Of Class 노드에서 (이 절의 시작 부분에서 생성한 블루프린트) BP_Object ToFind의 액터를 모두 가져오고 반환된 배열의 길이를 TotalObjectsFound 변수에 저장한다. 그러면 맵에 몇 개의 파란 간판을 배치했는지 신경 쓰지 않고도 퀘스트 매니저가 찾아야 할 개수를 알 수 있다.
4. 퀘스트 위젯을 갱신(잠시 후에 커스텀 이벤트를 구현할 것이다)하고 Text Render 컴포 넌트의 글자를 비어 있는 문자열로 갱신한다.

다음 화면은 이 모든 작업들을 어떻게 하는지 보여준다.[4]

---

4 당장은 화면에 나와 있는 Update Quest Text 부분은 신경 쓰지 않아도 된다. 잠시 후에 추가한다. – 옮긴이

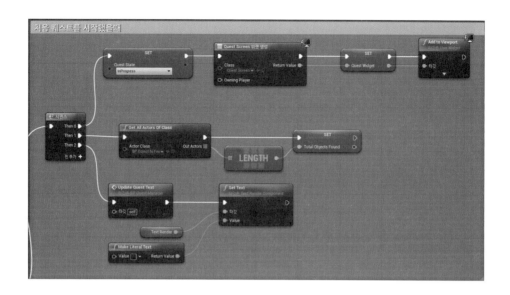

스위치 노드로 돌아가서 Objective Completed 분기를 구현해보자. 다음과 같이 작업한다.

1. 퀘스트 상태를 완료로 갱신한다.

2. 뷰포트에서 위젯을 제거한다(원한다면 위젯을 파괴할 수도 있다).

3. Text Render 컴포넌트의 문자를 Quest Completed로 변경한다.

4. (옵션으로) 플레이어가 보상을 받는다. 이 게임에서는 플레이어에게 보상으로 줄 만한 것은 없지만 연습 삼아 플레이어가 획득할 수 있는 골드 아이템을 생성할 수 있다.

이 단계는 다음과 같이 작업했다.

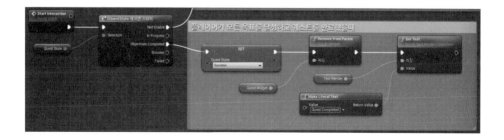

다음 함수로 Update Quest Text 커스텀 이벤트를 구현해야 한다. 기본적으로 Quest Widget
을 참조해 퀘스트 매니저의 변숫값과 동일한 값을 Quest Widget에 설정한다. 따라서 퀘스
트 매니저는 자신의 변수를 관리하면서 업데이트될 때마다(몇 초 이내로 볼 수 있도록) Quest
Widget에 변숫값을 반영해야 한다.

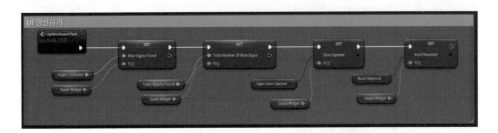

퀘스트 업데이트 함수를 완료했다면, 이제 다른 블루프린트가 퀘스트의 진행 상황을 갱
신하는 방법에 대해 생각해보자. 세 개의 커스텀 이벤트를 생성해야 한다. 오브젝트 찾
기, 지붕에 도착하기, 문 열기는 플레이어가 할 수 있는 각각의 목표다. 오브젝트 찾기는
ObjectsCollected 변숫값을 증가시키면 되고, 지붕에 도착하기는 부울 값을 true로 설정하
면 된다. 문 열기도 마찬가지다.

세 가지 이벤트 중 하나가 발생할 때마다 다음 단계가 적용되기 때문에 세 가지 커스텀 이
벤트를 모두 모아야 한다. 할 일은 다음과 같다.

1. Update Quest Text 이벤트를 호출해 Quest Widget을 최신으로 갱신한다.
2. 오브젝트를 찾은 개수가 전체의 개수와 동일한지, 문이 열렸는지, 지붕에 도
   착했는지 확인한다. 이런 모든 조건을 만족한다면 퀘스트의 상태를 Objectives
   Completed 값으로 설정한다.

다음은 최종 그래프다.

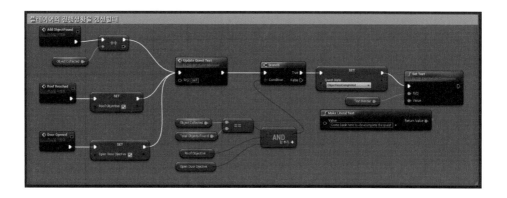

Quest Manager를 완성했지만 설정할 블루프린트가 아직 더 남아 있다.

파란 간판 불 태우기

아직 BP_ObjectToFind 블루프린트를 생성하지 않았다면 생성한다. 퀘스트 매니저에 Get All Actor of class 노드를 추가하고 이 블루프린트를 참조한다. 이미 생성했다면 더블클릭 해 블루프린트를 연다.

BP_ObjectToFind 블루프린트는 간단하다. 플레이어와 상호작용할 수 있도록 (적당한 크기로 조절한) 박스 콜리전 컴포넌트가 필요하며 이게 전부다. 파란 간판 메시를 추가할 수도 있지만 이미 맵에 배치돼 있기 때문에 해당 블루프린트만 간판과 같은 위치에 배치한다.

 파란 간판으로 무엇을 하느냐에 따라 메시가 필요할 수도 있다. 게임에서 미션 하나에만 간판이 필요하고 나머지 간판은 장식인 경우 이렇게 하는 게 올바를 수 있다. 하지만 반복해서 필요하다면(획득할 수 있는 오브젝트처럼) 블루프린트에 메시를 포함시켜야 한다(앞 장의 획득 시스템에서 했던 것처럼).

그다음 퀘스트 매니저 타입의 퍼블릭 변수를 추가한다. 퀘스트 매니저의 함수와 퀘스트 상태에 접근해야 하기 때문이다. 간단한 퀘스트 시스템이기 때문에 이후에 블루프린트를 배치하고 디테일 패널의 변숫값 설정을 잊지 말자![5]

다음으로 상호작용 가능한 인터페이스를 추가하고 함수를 구현한다. 이 함수는 오직 퀘스트의 상태가 InProgress일 때만 블루프린트와 상호작용하길 원하므로 퀘스트 매니저로부터 퀘스트 상태를 가져와 분기한다. 다음과 같이 단계를 수행한다.

1. 플레이어는 퀘스트 진행 상황을 알리기 위해 퀘스트 매니저의 **Add Object Found** 함수를 호출한다.

2. 플레이어가 상호작용을 했기 때문에 해당 액터를 삭제한다. 더는 조작할 필요가 없기 때문에 월드에서도 블루프린트를 제거한다.

3. Spawn Emitter At Location 노드를 사용해 불타는 파티클을 스폰한다. 프로젝트 내에 파티클 이펙트가 없더라도 엔진에 있기 때문에 걱정할 필요가 없다. 이미터를 선택할 때 오른쪽 하단에 **뷰 옵션** 버튼을 볼 수 있고 여기에서 **엔진 콘텐츠 표시**라는 이름의 체크 박스에 체크할 수 있다. 이제 불타는 파티클인 TutorialParticleSystem이라는 이름의 이미터를 선택한다. 이 옵션을 활성화하려면 다음 화면을 살펴보자.

---

5 변수를 추가할 때 BP_QuestManager 타입의 오브젝트 레퍼런스를 선택한다. – 옮긴이

최종 그래프는 다음과 같다.

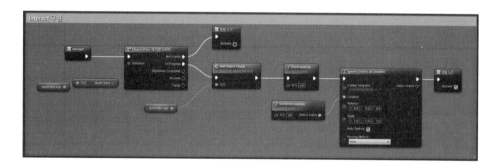

지붕 도착하기

지붕에 도착했을 때를 위해 또 다른 블루프린트를 생성하는 데 이는 파란 간판을 찾았을 때와 비슷한 방법으로 생성한다. 이름은 BP_PlaceToGo로 정한다. 다시 한 번 더 박스 콜리전 컴포넌트를 추가하고 크기를 조절한다. 그리고 디테일 패널에서 할당해야 하는 퀘스트 매니저 변수를 추가하고 이 블루프린트를 월드에 배치한다.

이번에는 상호작용 가능한 오브젝트로 만들지 않고 1장과 2장에서 했던 것처럼 박스 콜리전의 Begin Overlap Event를 추가한다. 그리고 이전에 했던 것과 같이 Third Person Character 타입인지 캐스팅해 확인한다. Third Person Character 타입이라면 파란 간판 블루프린트에서 했던 것과 동일한 작업을 한다. Quest Manager의 Roof Reached 이벤트를 호출하고 해당 블루프린트를 파괴한다. 옵션으로 불타는 파티클을 스폰할 수 있다. 다음은 최종 코드다.

문 열기

5장에서 열리는 문을 만들었다. 그러므로 다음 단계부터 시작한다.

1. 5장에서 만든 문을 복사해서 퀘스트에 맞게 수정한다.
2. 복사본의 이름을 BP_QuestDoor로 변경하고 퀘스트 시스템 폴더로 이동시킨다.
3. 매우 좁은 지역에 문을 배치할 것이기 때문에 Text Render의 크기를 줄인다.
4. 그리고 Quest Manager 변수를 추가한다. 다시 한 번 디테일 패널에서 변수를 설정한다.

이제 두 가지만 더 수정하면 퀘스트 시스템이 동작한다.

1. Begin Overlap과 End Overlap 이벤트에서 비저빌리티 설정이 끝난 후에 퀘스트 상태(퀘스트 매니저로부터)에 따라 글자를 변경한다. 퀘스트 상태가 Not Enable이라면

'퀘스트를 먼저 시작해야 합니다'와 같은 글자로 변경하고 In Progress 상태라면 '문을 열려면 E 키를 누르세요'라고 변경한다. 그래프는 다음과 같다.[6]

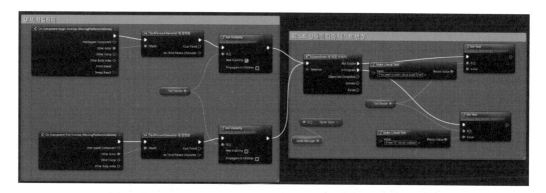

2. 플레이어가 상호작용을 시작했을 때 퀘스트 상태가 In Progress일 경우에만 Timeline을 실행하려고 한다. 또한 Quest Manager에게 문이 열렸다고 알려줘야 한다. 그래프는 다음과 같다.[7]

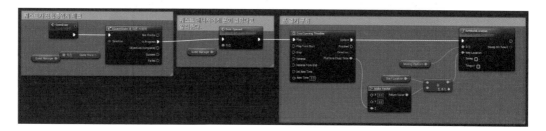

 문 열기 알림이 완료되면 Timeline 노드의 Finished 핀에 연결한다. 이렇게 하면 플레이어 가 문을 열기 시작할 때나 해당 레벨을 달성했을 때 퀘스트를 완료하게 할 수 있다.

코딩이 끝이 났다. 이제 블루프린트를 환경에 배치해보자.

---

6   5장에서 작업했던 Begin Overlap, End Overlap 관련 노드의 연결을 제거한다. 이들은 다른 이벤트에서 사용할 것이기 때문에 그래프의 비어 있는 곳으로 이동한다. 그리고 다음 화면과 같이 수정한다. – 옮긴이

7   BP_QuestDoor의 Timeline 노드에서 커브 값을 256으로 수정해 문이 위로 올라가게 한다. – 옮긴이

환경에 블루프린트 배치하기

블루프린트가 모두 준비됐으니 환경에 배치해보자. 생성한 각 블루프린트를 게임 환경 내어디에 어떻게 배치할지 살펴본다. 물론 맵을 제작한 방식이나 사용 중인 맵에 따라 달라진다(예를 들어 기존 맵을 사용하는 경우).

퀘스트 매니저

맵에 퀘스트를 배치해보자. 다음 화면에서 했던 것처럼 Quest Manager를 블루맨 옆에 배치한다.

플랫폼

5장에서 생성한 상호작용하는 플랫폼을 배치하려면 플레이어에게 플랫폼을 사용해야 한다고 알려주는 스파셜 유형의 UI를 추가해야 한다. 다음 화면과 같이 간단한 Use Me UI를 배치한다. 이 작업은 상호작용과 아무런 관련이 없기 때문에 그저 UI를 생성하고 환경 내에 배치만 하면 된다. 바닥에 플랫폼을 배치하고 원한다면 머티리얼을 변경해도 된다.

이제 플랫폼을 어디로 이동해야 할까? 플랫폼이 이동할 위치가 필요하다. 예를 들면 다음 화면에서 보여주는 위치가 완벽해 보인다. 플랫폼의 도착 지점을 해당 위치로 이동하게 만든다(캐릭터가 플랫폼을 통과해 떨어진다면 콜리전 볼륨을 추가한다). 그리고 다음 화면처럼 지붕 도착하기 목표인 **BP_PlaceToGo** 블루프린트를 꼭대기에 배치한다.[8]

플랫폼이 다시 돌아오게 하고 싶은 경우를 살펴보자. 예를 들면 플레이어가 플랫폼에서 떨어졌을 때 플랫폼은 다시 돌아오지 않으므로 플레이어는 더이상 지붕에 도착할 수 없다. 따라서 플레이어가 더이상 올라오지 않을 때 플랫폼을 다시 돌아오게 만들려면 다음과 같이 블루프린트를 변경한다. **Timeline** 노드의 **Finished** 핀을 **Delay** 노드로 드래그한다.

---

8   5장에서 생성한 BP_InteractableMovingPlatform을 배치하고 플랫폼의 도착 지점인 MovingPlatformEnd 콜리전 박스의 위치를 다음 화면의 지붕 위치로 옮긴다. – 옮긴이

그리고 Delay 노드를 Timeline 노드의 Reverse 핀에 연결해 일종의 반전을 만든다. 그 결과 플레이어가 플랫폼을 사용하면 5초 후에 플랫폼이 다시 돌아올 것이다. 다음은 플랫폼을 되돌아오게 만드는 코드의 모습이다.

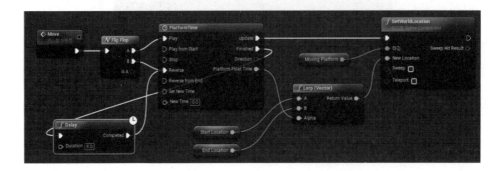

파란 간판

이제 맵에 배치된 파란색 간판 메시 위에 파란 간판 블루프린트(BP_ObjectToFind)를 배치해야 한다. 목표를 어떻게 설정하느냐에 따라 원하는 곳에 파란색 간판을 배치할 수 있으며, 퀘스트 매니저가 관리하는 만큼 얼마든지 배치할 수 있다.

다음 화면은 처음으로 배치한 파란 간판이다.

나머지 간판(이 경우 세 개)도 레벨에 배치하면 다음과 같이 보인다.

문

입구에 퀘스트용 문을 배치한다. 하지만 Text Render가 올바른 방향(바깥쪽)을 볼 수 있도록 주의하고 다음 화면과 같이 콜리전이 텍스트를 트리거할 수 있을 만큼 충분히 큰지 확인한다.

퀘스트 매니저 참조

배치한 블루프린트 3개가 퀘스트 매니저를 참조하도록 설정됐는지 확인한다. 참조 설정은 매우 중요한데 참조 설정돼 있지 않으면 퀘스트 시스템은 동작하지 않는다. 따라서 배치한 각 블루프린트를 선택하고 디테일 패널의 드롭다운 메뉴에서 Quest Manager를 선택한다.

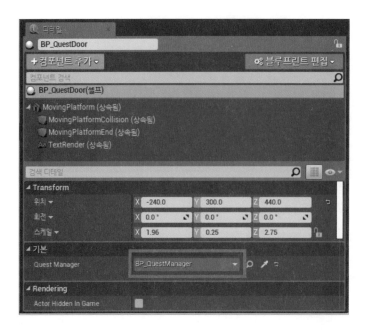

레벨 테스트

게임을 테스트할 수 있게 마지막으로 모든 것을 저장하자. 테스트할 때 다음 화면처럼 보여야 한다.

플레이 버튼을 누르면 블루맨 근처에서 다음과 같이 Quest Manager를 볼 수 있다.

퀘스트를 시작하지 않은 채 문에 도착하면 다음과 같은 화면이 나타난다.

파란 간판에 불을 붙이면 다음과 같이 보일 것이다.

퀘스트 목표를 완료하면 퀘스트는 초록색으로 변한다.

퀘스트가 완료되면 모든 목표가 초록색으로 변하고 퀘스트 매니저는 플레이어에게 블루맨으로 돌아가야 한다고 알려준다.

퀘스트가 완료되면 다음과 같이 표시된다.

▌ 배운 내용 확장하기

6장을 마치면 모든 것이 끝난다고 생각하는가? 다시 생각해보자. 지금까지 했던 장들과 마찬가지로 기본적인 내용을 다뤘다고 해도 스스로 개선하고, 밀어붙이고, 도전할 여지가 얼마든지 있다. 다음은 동기부여를 해줄 몇 가지 아이디어다.

- 다양한 오브젝트를 추가하거나 호러/생존/모험/스토리형 게임같은 여러 종류의 게임을 만들어서 사용해본다.
- 이 책에서 지금까지 배운 모든 내용을 사용해본다. 플레이어를 시험하는 더 어려운 환경을 만들 수 있을까?
- 플레이어가 도전할 새 퀘스트가 있을까? 새 퀘스트를 생각해 추가한다.
- UI를 좀 더 멋있게 만든다. UI에 불투명 배경을 추가하거나 폰트, 색상, 크기 등을 변경한다.

▍ 요약

6장을 완주했을 뿐만 아니라 첫 번째 프로젝트도 완성했다. 끝까지 버텨줘서 고맙다. 하지만 끝이 아니다. 7장, 'AI로 생동감 넣기'에서 새로운 모험을 시작한다. 지금까지 어떤 일을 해냈는지에 초점을 맞춰보자. 넓은 의미로 플랫폼 게임에서 경험할 수 있는 기본적인 것을 대부분 생성하고 배웠다. 두세 가지 예로 들면 머티리얼, UI, 상호작용, 트리거, 충돌을 배웠다. 게임 오브젝트를 활용하고 목표를 달성하려고 인벤토리와 퀘스트 시스템을 추가했다. 마지막으로 6장에서는 레벨 디자인을 배우고 프로젝트에서 배운 모든 것을 모아서 완전한 기능 수준으로 구현한 게임 레벨을 만들었다. 필수 게임 요소가 있는 전체 맵을 시작부터 끝까지 만들어 첫 번째 프로젝트를 마무리했다.

7장에서는 앞 장에서 개발한 기능을 확장하면서 완전히 새로운 것도 배운다. 블루프린트를 활용해 AI를 생성하는 방법과 AI가 자동으로 움직일 수 있게 탐색(돌아다니기)하는 방법을 살펴보고, 마지막으로 AI가 특정한 길을 따라가는 길 찾기(따라다니기) 방법도 살펴본다. 다음으로 넘어가서 AI를 만들어보자.

게임처럼 만들기

2부에서는 블루프린트를 사용해 게임에 기능을 추가하는 방법을 배운다. 오디오, 특수 이펙트, AI 같은 부가 기능도 함께 살펴본다. 2부는 1부에서 배운 내용을 토대로 생존 미로 게임인 두 번째 게임을 만든다.

2부는 다음과 같이 구성된다.

- 7장: AI로 생동감 넣기
- 8장: 게임플레이 업그레이드
- 9장: AI 업그레이드
- 10장: 오디오 추가하기
- 11장: 멋있게 만들기
- 12장: 게임 분석과 디버깅, 펑셔널 테스팅
- 13장: 레벨 스트리밍과 월드 컴포지션

07

AI로 생동감 넣기

7장에 온 것을 환영한다. 두 번째 프로젝트의 시작인 이 장을 새로운 시작, 새해, 새로운 출발로 생각하자. 본격적으로 시작하기 전에 두 번째 프로젝트에서 어떤 것을 다룰지 살펴보자. 두 번째 프로젝트에서는 미로 생존 슈팅 게임을 만들 것이며 AI^artificial intelligence와 사운드, 레벨 스트리밍을 이용해 게임에 더 몰입하게 만든다. 하지만 현재 적막함을 느끼고 있는지 생각해보자. 친구들이 필요한가? 친구든 적이든 블루프린트로 AI를 만드는 데는 전혀 문제가 없다. 7장에서 다루는 내용은 다음과 같다.

- 비헤이비어 트리와 블랙보드를 소개하고 AI에 사용하는 방법
- 블루프린트에서 AI를 제작하는 방법
- AI가 자율적으로 이동할 수 있도록 탐색 행동(돌아다니기) 제작
- AI가 특정 길을 따라서 탐색하는 행동(길 찾기) 제작

07장 AI로 생동감 넣기 | 187

자, 이제 친구들을 만들어보자!

▮ 비헤이비어 트리와 블랙보드 소개

이제부터는 좀 더 기술적인 내용을 다룬다. 언리얼 AI 프레임워크의 두 가지 주요 구조인 비헤이비어 트리와 블랙보드의 사용 방법을 배운다. 먼저 비헤이비어 트리가 무엇인지 살펴보고 주요 구성 요소의 원리를 이해하는 데 초점을 맞춘다. 다음으로 블랙보드가 AI를 생성하는 데 얼마나 중요한지, 비헤이비어 트리와 어떻게 통합할 수 있는지 배우면서 지식을 넓혀나간다. 이것은 이 책의 나머지 프로젝트의 기술적인 부분을 구현하는 데 있어서 매우 중요하다. 따라서 단단한 기반을 구축할 수 있도록 많은 내용을 살펴본다.

비헤이비어 트리란 무엇인가

비헤이비어 트리를 두뇌라고 생각하는 것이 가장 쉽다. 더 구체적으로 말하면 AI의 두뇌다. 비헤이비어 트리의 구조는 여러분이 만든 행동을 쉽게 캡슐화할 수 있게 해 AI를 원하는 방식으로 행동하게 하는 유연성을 제공한다. 예를 들면 행동이 실행되는 방식과, 특정 조건에 어떤 순서로 플레이어에게 응답하는가에 따라 전체 게임 경험에 영향을 미치게 된다. AI가 너무 끔찍해 게임플레이에 영향을 받았던 적이 있을 것이다. 계속하기 전에 비헤이비어 트리의 기술이나 프로그래밍 경험이 있다면, 언리얼의 비헤이비어 트리는 약간 다르다는 점을 알아야 한다. 또한 언리얼 비헤이비어 트리는 위에서 아래로 읽히고 노드는 왼쪽에서 오른쪽으로 실행된다는 점도 다르다.

 언리얼 비헤이비어 트리의 차이점은 다음 링크를 방문해 알아보자.
https://docs.unrealengine.com/ko/Engine/AI/BehaviorTrees/HowUE4Behavior
TreesDiffer/index.html

비헤이비어 트리의 구성 요소

여정을 시작하기 전에 먼저 5개의 노드로 구성된 비헤이비어 트리를 시작해보자.

- 루트
- 태스크
- 컴포짓
- 데코레이터
- 서비스

비헤이비어 트리에서 위의 구성 요소가 연결된 방식은 하향식 실행 프로세스로 이해할 수 있다. 기본적으로 비헤이비어 트리가 실행될 때에는 조건 중 하나라도 성공할 때까지 루트에서 그다음 컴포짓 노드와 그 자손(왼쪽에서 오른쪽)으로 실행된다. 전체 프로세스가 수행되는 동안 프로시저는 잎(태스크 노드)에 도달할 때까지 모든 다른 분기를(컴포짓 노드) 탐색한다. 이 경우 최종 AI 행동은 이런 잎들 또는 태스크들에 기반한다. 그러나 태스크가 실패할 수도 있다는 점은 매우 중요하다. 예를 들어 AI가 환경 요소의 방해로 인해 태스크를 완료하지 못할 수도 있다. 태스크가 실패한다는 사실은 컴포짓 노드의 동작 방식을 이해하는 데 도움이 된다. 의사결정 프로세스는 목표를 달성하는(예: 플레이어를 쫓는) 올바른 태스크를 선택하게 된다. 간략히 말해 시퀀스 노드가 (컴포짓 노드에서) 초기화될 때 자손 노드들이 순차적으로 수행되고 자손 중 하나가 실패했을 때 멈추기 때문이다. 7장의 후반부에서 모든 것을 자세히 다루므로 조금 어렵더라도 지금은 너무 걱정하지 말자.

루트

루트 노드는 비헤이비어 트리의 시작이다. 트리는 어딘가에서 시작해야 하기 때문에 루트 노드가 바로 트리 실행의 시작 지점이 된다. 여기에서 기억해야 할 중요한 점은 루트 노드는 하나의 자손만 가질 수 있고 반드시 컴포짓 노드여야 한다. 루트 노드에는 데코레이터 노드와 서비스 노드를 붙일 수 없다. 루트 노드를 선택하면 프로퍼티를 가질 수 없지만 블랙보드는 할당할 수 있다(7장의 후반부에서 자세히 다룬다).

태스크

트리를 생각해보면 우리는 종종 나뭇가지가 있는 커다란 줄기를 상상하는데 그 나뭇가지에는 나뭇잎들이 있다. 언리얼 엔진 4에서 나뭇잎은 태스크를 의미한다. 노드는 AI 이동 같은 다양한 행동을 수행하고 데코레이터와 서비스 노드를 붙일 수 있다. 그러나 출력 연결은 가질 수 없다. 이것이 의미하는 바는 컴포짓 노드에 전적으로 맡겨진 의사결정 역할을 수행하지 않고, 오히려 태스크가 실행돼야 할 경우 AI가 수행해야 하는 작업을 정의한다는 것이다. 태스크 노드는 원하는 만큼 복잡해질 수 있다는 점에 주의한다. 예를 들면 단지 일정 시간 동안 기다리는 것만큼 간단할 수도 있으며 플레이어가 총을 쏘는 동안 퍼즐을 해결하는 것만큼 복잡할 수도 있다. 거대한 태스크들은 디버깅과 유지보수가 힘들다. 반면에 작은 태스크들은 행동 트리를 밀집시키면서 거대해지게 만들 수 있다. 훌륭한 AI 디자이너라면 태스크 크기의 균형을 찾아 다른 부분(혹은 완전히 다른 트리에서)에서도 재사용할 수 있도록 작성해야 한다.

컴포짓

컴포짓 노드는 언리얼 비헤이비어 트리의 의사결정 기능의 핵심으로 동작 방식을 이해하는 것이 중요하다. 언리얼 4.20 버전에서는 선택기^{Selector}, 시퀀스^{Sequence}, 단순 병렬$^{Simple Paraller}$ 세 종류의 컴포짓 노드가 있다. 최근에 마지막 노드가 추가됐으며 선택기와 시퀀스의 조합을 이용하면 대부분 처리할 수 있다. 동작 방식은 다음과 같다.

- **선택기**: 선택기 노드는 자손 중에 실행될 하나를 찾으려고 시도한다. 즉 분기(자손으로 연결된 다른 컴포짓 노드) 또는 태스크(잎에 해당하는 다른 자손)를 찾으려고 시도한다. 따라서 선택기는 가장 왼쪽 자손 노드부터 실행을 시도하며 실행에 실패하면(태스크 실행에 실패했거나 또는 전체 분기가 실패한 경우) 두 번째로 가장 왼쪽에 있는 노드를 시도한다. 자손 중 하나가 성공한 경우, 즉 태스크가 완료됐거나 전체 분기가 성공한 경우 선택기는 부모 노드에게 실행에 성공했다고 보고하고 다른 자손의 실행을 중지한다. 반면에 모든 자손 노드가 실행에 실패했다고 보고하면 선택기도 부모에게 실패했다고 알린다.

- **시퀀스**: 이런 유형의 노드는 선택기 노드와 반대처럼 동작한다. 반드시 모든 자손이 성공했다고 보고해야 부모에게도 성공했다고 보고 한다. 시퀀스는 가장 왼쪽 노드부터 실행을 시작하며, 실행에 성공하면 두 번째 왼쪽 노드로 계속 이어지며 이것도 성공하면 다음 노드로 이어진다. 가장 오른쪽 노드까지 모두 성공했다면 시퀀스는 부모에게 실행에 성공했다고 보고한다. 반면에 자손 중 하나라도 실패한다면 시퀀스는 자손들의 실행을 중지하고 부모에게 실패했다고 알린다.
- **단순 병렬**: 컴포짓 노드의 한 종류이며 특별한 경우에 사용된다. 실제 단순 병렬 노드는 두 개의 자손만 가질 수 있다. 가장 왼쪽은 반드시 태스크 노드여야 하고 반대쪽은 태스크 노드이거나 컴포짓 노드가 될 수 있다(하위 트리가 생김). 단순 병렬 노드는 병렬로 양쪽 자손을 실행하고 왼쪽 노드를 메인으로 간주한다. 메인 노드가 실패하면 단순 병렬 노드도 실패하지만 메인 노드가 성공하면 단순 병렬 노드도 성공으로 보고한다. 이런 설정에 기반해 메인 태스크가 완료되면 다음 중 하나를 수행할 수 있다.
  - 하위 트리가 완료되기를 기다리거나 즉시 성공을 알린다.
  - 메인 태스크가 실패하면 하위 트리 실행을 중지한다.

이런 방법으로 컴포짓 노드는 실행할 태스크를 결정하고 자손들의 보고(실패 또는 성공)에 따라 컴포짓 노드는 부모에게 다시 보고한다(실패 또는 성공). 루트 노드의 유일한 자손이 (컴포짓 노드인 경우) 루트 노드에게 성공했다고 보고하면 해당 트리는 성공적으로 실행된 것이다. 훌륭한 비헤이비어 트리 설계는 항상 로트 노드에게 성공이 보고되도록 해야 한다.

데코레이터

데코레이터 노드는 컴포짓 노드 또는 태스크 노드에 붙는다. 비헤이비어 트리의 분기 또는 심지어 단일 노드를 실행할 수 있는지를 결정한다. 기본적으로 데코레이터 노드는 조건에 따라 무언가가 발생해야 하는지 확인한다. 바꿔서 말하면 데코레이터는 해당 분기가 계속 가치가 있는지를 확인하고 실패를 방지하기 위해 보고할 수 있게 한다. 데코레이터는 조건에 기반해 태스크(하위 트리)가 실패할지 말지 여부를 확실히 알 수 있다. 이는 불가능한 태스크(하위 트리) 실행의 시도를 피할 수 있게 해준다(정보 부재 또는 목표가 더는 관련이 없을 때 등 여러 가지 이유로).

간단한 예를 들면 플레이어를 죽이는 데 전념하는(플레이어를 죽이도록 시도하는 의사결정을 내리는) 하위 트리가 있다고 상상해보자. 플레이어가 범위 내에 있는지 (그리고 맵의 다른 쪽이 아닌지) 또는 플레이어가 살아 있는지 여부를 확인하면 하위 트리를 실행하지 않고도 실패를 방지할 수 있다. 그 결과 트리는 다른 이벤트나 트리의 일부, 예를 들면 배회하는 행동을 하는 또 다른 하위 트리가 계속 이어질 수 있다.

 TIP 블루프린트 내의 조건절 노드에 익숙한 사람은 데코레이터를 언리얼 태스크 노드로 혼동하지 않도록 주의한다.

서비스

서비스 노드는 컴포짓 또는 태스크 노드에 붙으며 해당 분기가 실행될 경우 서비스 노드도 실행된다. 이는 서비스가 붙어있는 노드가 실행되는 동안 서비스 노드도 실행되기 때문에 얼마나 많은 부모-자손 레벨이 있는지 중요하지 않다는 뜻이다. 왜냐하면 서비스 노드도 실행되기 때문이다. 즉 서비스 노드는 트리 실행의 눈이며, 특정 서비스를 제공해 트리 아래의 행동을 관찰하고 규제한다는 의미다. 사실 서비스는 계속해서(하위 트리가 활성화된 경우) 동작하며 블랙보드(이후에 살펴볼) 값을 실시간으로 확인해 업데이트할 수 있다. 서비스 노드는 행동 트리 애플리케이션에 따라 다르므로 기본 노드는 두 개뿐이다. 사용 예는 하위 노드에 정보를 제공하고 업데이트하는 것이다. 플레이어를 죽이려 하는 하위 트리를 상상해보자. 그러면서 동시에 데미지를 줄이려면 적은 숨어야 한다. 하지만 적이 맵을 이동하거나 현재 AI가 숨어 있는 엄폐물을 플레이어가 파괴할 수도 있다. 따라서 하위 트리는 가장 가깝고 안전하며 플레이어의 범위 내에 있는 엄폐물의 정보가 필요하다. 서비스는 이런 정보를 실시간으로 업데이트해 하위 트리가 엄폐물과 관련된 데이터를 사용해야 할 때 정보가 준비되도록 한다. 예를 들어 엄폐물을 찾는 것은 서비스 위에서 실행되는 환경 쿼리Environment Query의 동적인 방법이다(이 주제는 책의 후반부에 다룬다). 다른 방법으로 서비스는 디자이너가 배치한 맵의 특정한 지점을 확인하고 어떤 것이 가장 좋은지 평가한다. 보다시피 서비스 노드는 매우 강력하지만, 해당 게임 AI에 특화되도록 사용 중인 프로그램에 특정된다.

 서비스 노드는 다른 비헤이비어 트리 시스템의 기존 병렬 노드를 대체한다.

블랙보드란 무엇인가

비헤이비어 트리가 무엇인지, 주요 구성 요소가 무엇인지 알았으니 핵심 구성 요소인 블랙보드를 이해할 시간이다. 인간의 행동은 누구 못지 않게 복잡하며 흥미롭다. 비헤이비어 트리를 두뇌로 생각한다면 블랙보드는 기억쯤으로 생각할 수 있다. 즉 AI의 기억 장치다. 블랙보드는 행동 트리에서 사용하는 주요 값을 저장한다(그리고 설정한다). 이는 매우 간단하며 데이터 구조체보다 조금 더 진보된 것이다. 트리의 모든 노드가 공유하는 행동 트리에 특정 블랙보드를 할당할 수 있다는 것이 유일한 차이점이다. 이로 인해 각 노드는 블랙보드를 읽고 쓸 수 있다.

 소프트웨어 엔지니어링 내용의 블랙보드 디자인 패턴에 익숙한 사람들을 위해 언리얼에서는 단지 행동 트리를 위한 메모리를 저장(기본적으로는 데이터 저장소를 제공)하는 역할로만 다룬다.

블랙보드는 특정한 값 유형에 해당하는 키(예: 벡터, 실수, 액터 등 다른 블랙보드 키까지) 사전과 같다. 키를 사용하거나 호출해 관련된 값을 읽고 쓸 수 있다. 블랙보드의 또 다른 멋진 기능은 상속해서 확장할 수 있다는 것이다. 이것은 다른 블랙보드가 부모가 될 수 있으며 자손은 부모의 모든 키와 값을 상속받고 자손에 포함된 몇 가지 특정한 값을 가질 수 있다는 의미다.

▌ AI 프로젝트 만들기

이제부터 지금까지 배운 내용의 핵심을 살펴본다. 두 번째 프로젝트를 생성하면서 시작해보자. 시작하기에 앞서 새로운 프로젝트를 생성한다. 하지만 다음 화면에 보이는 것처럼 이번에는 일인칭 블루프린트를 선택한다.

그다음 파일 설정을 시작하려면 다음 단계를 따라 한다.

1. 콘텐츠 브라우저에서 AI의 새 폴더를 생성한다. 폴더 이름은 AI로 정한다.
2. BP_AIController 이름의 AI 컨트롤러를 생성한다(신규 추가 > 블루프린트 클래스 > 모든 클래스 > Object > Actor > Controller > AIController). 다음 화면에서 예제를 확인할 수 있다.

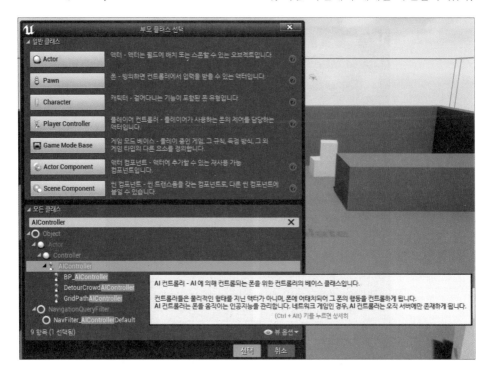

7장의 남아 있는 목표는 랜덤하게 맵 전체를 돌아다니는 적을 만드는 것이다. 하지만 걱정하지 말자. 이후의 장에서 플레이어를 추격하는 능력처럼 AI에게 더 많은 기능을 부여한다.

블랙보드 생성하기

이제 AI 폴더 내에 블랙보드를 추가해야 한다. 콘텐츠 브라우저로 가서 **신규 추가 > 인공 지능 > 블랙보드**를 선택한다. 생성한 블랙보드를 BB_Blackboard라고 부른다.

다음 화면과 같이 BB_Blackboard를 열어서 Vector 유형의 키를 추가한다.

추가된 키를 Destination 정한다. 다음 화면에서 예제를 확인할 수 있다. 해당 블랙보드 키는 AI에게 어디로 가야 할지 알려주는 랜덤한 위치를 저장한다.

블랙보드에서 필요한 건 이게 전부다. 우선 저장하고 **BT_WanderBehaviorTree**라는 이름의
비헤이비어 트리를 만들어보자.

> **TIP** 동일한 비헤이비어 트리에서 여러 개의 블랙보드를 사용할 수 없기 때문에 앞선 화면처럼
> (오른쪽 부분) 블랙보드 디테일 패널의 부모와 자손으로 상속받아서 사용할 수 있다.

비헤이비어 트리 준비하기

비헤이비어 트리를 만들려면 AI 캐릭터의 행동을 분석해야 한다. 특히 다음 세 작업을 순
서대로 수행한다(태스크).

1. 랜덤 위치를 선택한다(행동 트리의 기본 동작이 아니기 때문에 랜덤 위치를 처음부터 만
   들어야 한다).
2. 캐릭터를 랜덤 위치로 이동시킨다.

3. 루프를 반복하기 전에(예: 새로운 위치로 이동하기) AI 캐릭터를 일정 시간 기다리게 한다.

비헤이비어 트리를 열어본다. 디테일 패널에서 다음 화면과 같이 생성한 블랙보드가 할당됐는지 확인한다.

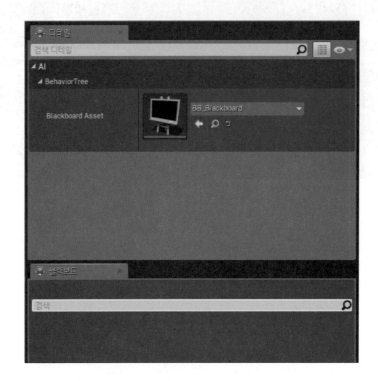

비헤이비어 트리를 만들려면 다음 단계를 따라 한다.

1. 루트노드에서 시퀀스 노드를 생성한다.[1]

2. 다음 화면과 같이 시퀀스 노드에서 두 개의 태스크를 드래그한다.

   ○ 첫 번째는 Move To 태스크다(Tasks ＞ Move To).

   ○ 두 번째는 Wait 태스크다(Tasks ＞ Wait).

---

1 시퀀스 노드는 트리 그래프에서 마우스 오른쪽 버튼을 클릭 후 Sequence를 검색해 생성할 수 있다. - 옮긴이

Move To 디테일 패널에서 Blackboard Key 값이 Destination으로 설정됐는지 확인한다(블랙보드에서 생성한 벡터다). 비슷하게 Wait 노드에서도 적당한 값(예: 5초, 1분 등)으로 타이머가 설정됐는지 확인한다.

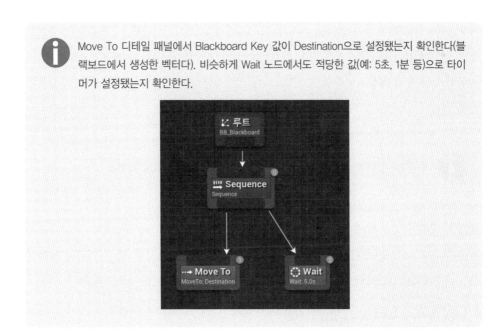

랜덤으로 기다리는 시간을 설정하고 싶다면 다음 화면과 같이 Random Deviation(랜덤 편차)을 수정하면 된다.

이제 AI의 랜덤 위치를 설정하는 커스텀 태스크를 만들어보자. 특히 이 태스크는 선택될 랜덤 위치의 반지름을 인풋으로 받아서 Destination 벡터에 위치를 저장한다. 태스크를 만들려면 상단의 **새 태스크** 버튼을 누른다. 그러면 콘텐츠 브라우저에 새로운 블루프린트가 생성된다.

 프로젝트에 BTTask_BlueprintBase 블루프린트가 있다면 그것을 선택한다.

작업을 계속하기 전에 블루프린트 에디터를 닫는다. 콘텐츠 브라우저에서 (현재 열려 있는 폴더) 새로 생성된 BTTask_BlueprintBase_New 이름의 태스크를 볼 수 있다. 이름을 BTTask_RandomLocation로 변경하고 AI 폴더에 있지 않다면 AI 폴더로 이동한다.

BTTask_RandomLocation을 더블클릭해 다시 블루프린트 에디터를 연다(다음 화면과 같이 풀 블루프린트 에디터 열기를 클릭한다).

에디터가 열리면 태스크가 초기화되는 부분에 몇 가지 코드를 실행한다(일부 태스크는 단순 초기화 완료 이상이 필요할 수 있다). 하지만 이 경우에는 변수만 할당하면 되기 때문에 모든 로직을 초기화 내부에 배치할 수 있다. 이제 내 블루프린트 패널에서 마우스를 함수쪽에 가져다 댄다. 여기에서 오버라이드 이름의 메뉴를 볼 수 있다. 메뉴를 클릭하고 Receive Execute AI를 선택한다. 다음 화면에서 예제를 확인할 수 있다.

이렇게 하면 태스크가 실행돼야 할 때(초기화) 호출되는 이벤트 노드가 배치된다. 로직을 추가하기 전에 태스크 내에 두 가지 변수가 필요하다.

1. 다음 화면과 같이 Blackboard Key Selector(구조체 > Blackboard Key Selector) 유형의 변수는 LocationTo이다. Blackboard Key Selector는 해당 태스크가 실행 중인 비헤이비어 트리의 블랙보드 내 변수를 동적으로 참조할 수 있다.
2. AI 캐릭터에서부터 선택한 랜덤 위치까지의 최대 반지름을 표현하는 Float 유형의 Radius 변수다.

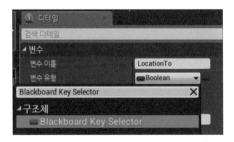

이제 마지막 단계로 이 변수들을 퍼블릭으로 만든다. 다음 화면과 같이 변수 이름 옆의 눈 모양을 클릭하면 된다.

BTTask_RandomLocation 블루프린트 이벤트 그래프에서 로직을 구현해보자.

첫 번째로 다음 단계를 따라 한다.

1. AI 캐릭터의 위치를 받아온다. 이는 Controlled Pawn 핀에서 드래그해 GetActor Location(Utilities ➤ Transformation ➤ GetActorLocation) 노드에 연결해 가져올 수 있다.

2. GetActorLocation 노드의 ReturnValue 핀을 GetRandomReachablePointInRadius (AI ➤ Navigation ➤ GetRandomReachablePointInRadius)노드에 연결한다.

3. 마지막으로 Radius 변숫값을 드래그해 GetRandomReachablePointInRadius 핀에 연결한다.

다음 화면에서 예제를 확인할 수 있다.

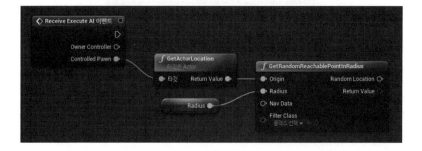

GetRandomReachablePointInRadius 노드는 마법 같은 일이 일어나는 곳이다. 실제로 이 노드는 AI 캐릭터의 위치에서부터 특정 반지름 내의 랜덤 위치를 선택한다. 게다가 해당 노드는 선택한 랜덤 위치가 언리얼로 생성된 내비게이션 시스템으로 도달할 수 있도록 보장한다. 내비게이션 시스템은 이 장의 후반부에 생성한다. 어쨌든 노드가 AI 작업의 실패 또는 성공을 반환해 위치를 받아오는 데 성공했는지 여부를 확인하자.

- GetRandomReachablePointInRadius Return Value 핀을 드래그해 Branch (Utilities ➤ Flow Control ➤ Branch)를 선택한다.

- Event Receive Execute AI의 실행 핀을 Branch 노드에 연결한다.

- Branch 노드의 False 핀을 드래그해 Finish Execute (AI ➤ Behavior Tree ➤ Finish Execute) 노드에 연결한다. Finish Execute 노드의 Success 핀이 체크해제돼 있는지 확인한다. 그 결과 태스크는 실패를 보고한다.

- 다음으로 Branch 노드의 True 핀을 드래그해 Set Blackboard Value as Vector (AI ➤ Behavior Tree ➤ Set Blackboard Value as Vector)에 연결한다.

- LocationTo 변수를 드래그해 Set Blackboard Value as Vector 노드의 Key 핀에 연결한다.

- GetRandomReachablePointInRadius 노드의 RandomLocation 핀을 Set Blackboard Value as Vector의 Value 핀에 연결한다.

- 마지막으로 Set Blackboard Value as Vector를 드래그해 Finish Execute에 연결한다. 하지만 이번에는 Success 핀이 체크돼 있는지 확인한다.

- 모두 제대로 연결되도록 컴파일하고 저장한다. 다음 화면은 예제의 최종 모습이다.

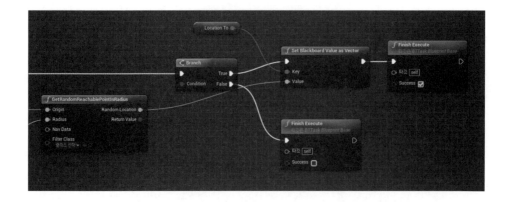

작업한 내용을 요약해보면 AI 태스크가 랜덤한 위치를 찾았을 경우 이 값을 블랙보드에 할당하고 태스크를 성공적으로 종료시킨다. 그렇지 않으면 태스크는 실패한다.

비헤이비어 트리로 되돌아가서 방금 생성한 태스크를 추가한다. 시퀀스 노드에서 드래그해 새 노드를 배치하고 BTTask_Random_Location을 선택한다. 작업을 완료하면 최종 행동 트리는 다음과 같다.

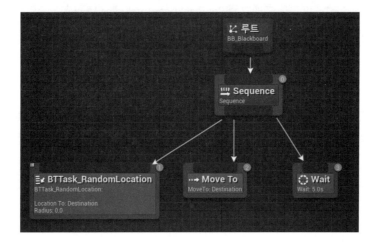

모든 것이 정상으로 동작하게 하려면 BTTask_Random_Location 노드를 선택하고 디테일 패널의 기본에서 Location To 값은 Destination으로 설정하고 Radius 값은 3000 정도의 적당한 숫자로 설정한다. 다음 화면에서 예제를 확인할 수 있다.

내비게이션 추가

언리얼의 내비게이션은 매우 강력하며 파라미터가 많이 있다. 그러나 매우 간단한 방법
으로 사용할 수 있다. 실제로 AI 캐릭터가 걸어 다닐 수 있는 맵의 영역을 지정하기만 하
면 된다. 이 작업은 모드 패널의 볼륨 아래에 있는 내비 메시 바운드 볼륨을 선택해 수행
할 수 있다.

볼륨을 맵으로 드래그해 일인칭 예제 맵(또는 자신만의 맵이 있을 경우. 해당 맵)을 전부 덮을
수 있도록 크기를 조절한다. 키보드의 P 키를 누르면 AI 캐릭터가 걸을 수 있는 영역을 볼
수 있다(컴퓨터 성능에 따라 내비게이션을 로드하는 데 시간이 걸릴 수 있다). 다음 화면과 같이 내
비게이션이 올바르게 설정됐는지 확인한다.

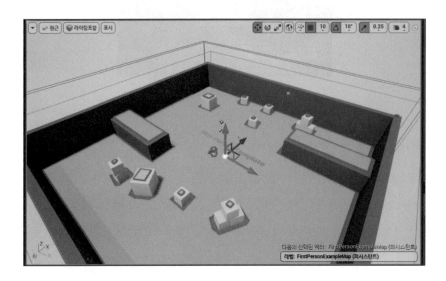

초록색 부분은 AI가 이동할 수 있는 영역이다. 하지만 이 단계에 AI가 점프하는 영역이 포
함되지 않았다는 점을 명심한다(예를 들어 블록 위의 초록색 영역은 현재 AI가 도달할 수 없는 영
역이다). 지금 당장은 복잡한 내비게이션이 필요하지 않기 때문에 우리가 할 일은 끝났다.

AI 캐릭터 임포트하기

일인칭 슈팅 템플릿을 사용하고 있기 때문에 캐릭터가 없다(오직 플레이어의 상반신만 있다).
따라서 플레이어 주변에 무언가가 돌아다닐 수 있도록 캐릭터를 임포트해야 한다. 예를
들면 첫 번째 프로젝트에서 사용했던 삼인칭 예제의 캐릭터를 임포트할 수 있다. 첫 번째
프로젝트를 잘 따라 했다면 그곳에서 캐릭터를 임포트한다. 그렇지 않다면 새로운 삼인
칭 템플릿 프로젝트를 생성하거나 언리얼 마켓플레이스에서 캐릭터 애셋을 임포트한다

(이는 추가 설정이 필요할 수도 있다). 예제의 목표를 위해 이전 프로젝트에서 캐릭터를 임포트해 AI 캐릭터를 추가한다.

다음 단계를 따라 한다.

1. 캐릭터를 임포트하고자 하는 프로젝트를 연다.
2. 콘텐츠 브라우저에서 ThirdPersonBP ➤ Blueprints로 이동해 ThirdPersonCharacter 위에서 마우스 오른쪽 버튼을 클릭하고 **애셋액션 ➤ 이주**를 선택한다.
3. 이 단계에서 언리얼 엔진은 우리가 선택한 애셋뿐만 아니라 종속성이 있는 모든 애셋도 함께 이주하므로 모두 이주해도 괜찮은지를 물어본다. **확인**을 누른다.
4. 이제 캐릭터를 저장할 폴더를 선택하라는 창이 나타난다. 현재 프로젝트의 Content 폴더를 선택한다.

작업을 완료하면 새로운 프로젝트로 애셋들이 성공적으로 이주했다는 팝업창을 볼 수 있다. 프로젝트에 캐릭터가 생겼으니 AI 캐릭터에 설정만 하면 AI에서 사용할 수 있는 준비가 완료된다. 간단한 시나리오이므로 캐릭터는 이미 맵에 추가돼 있고 AI 컨트롤러(여전히 구현해야 하는)에 의해 빙의될 것이다.

시작하려면 다음 단계를 따라 한다.

1. 캐릭터를 맵으로 드래그하고 적당한 지형 위에 둔다.
2. 캐릭터를 선택하고 디테일 패널의 Pawn 섹션에서 세 가지 변수가 다음과 같이 설정됐는지 확인한다.
   ◦ Auto Possess Player 값은 Disable로 설정한다(디폴트로 이미 설정돼 있다).
   ◦ Auto Possess AI 값은 Placed in World로 설정한다(디폴트로 이미 설정돼 있다).
   ◦ AI Controller Class 값은 BP_AIController(이전에 만든 클래스)로 설정한다.

다음 화면에서 설정된 모습을 볼 수 있다.

마지막으로 AI 컨트롤러가 비헤이비어 트리를 실행하도록 설정해야 한다.

AI 컨트롤러 설정하기

명령을 받지 못하는 AI라면 무슨 의미가 있을까? 자율적으로 행동하는 경우도 있지만 여기서는 그렇게 만들고 싶지 않다. 예제에서 AI는 명령을 받고 게임 개발자들이 지시하는 대로 길을 따라 가게 하려고 한다. 그러니 AI에게 누가 주인인지 가르쳐서 어떤 길을 가야 하는지 말해주자. AI 컨트롤러는 실제로 캐릭터를 조종하는 엔터티이다. 예를 들면 비헤이비어 트리를 실행해 여러 가지 방법으로 캐릭터를 조종할 수 있다. 다음 단계를 따라 하면서 작업을 수행해보자.

1. BP_AIController의 이벤트 그래프를 연다.

2. 여기에서 BeginPlay 이벤트 실행 핀을 드래그해 Run Behavior Tree(AI > Run Behavior Tree)에 연결한다.

3. 마지막으로 BTAsset 값을 앞서 생성한 비헤이비어 트리로 설정한다. 이 경우 BT_WanderBehaviorTree로 설정해야 한다.

위 단계를 따라 했다면 다음 화면과 같을 것이다.

작업을 완료했으면 컴파일하고 저장한다. AI를 테스트해보자. 모두 올바르게 작업했다면 뷰포트에서 게임을 플레이할 때 AI는 5초마다 위치를 변경한다.

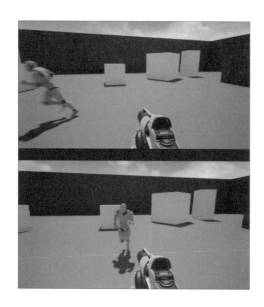

▌ 배운 내용 확장하기

지금까지 비헤이비어 트리와 블랙보드를 살펴보고 실행해봤다. 연습을 하면서 지식을 넓혀나갈 차례다. 여기에서는 배운 것에 도전할 수 있는 활동을 제안한다. 도전을 완료하려면 스스로 연구를 조금 해야 하지만 7장에서 다룬 내용 이외는 필요하지 않다. 이제 다음 작업을 시도해보자.

- 다른 시나리오(예: 공원, 쇼핑몰, 스포츠 게임 등)를 제공해 AI가 움직이는 방식을 생각해보자. 두세 가지 예제를 선택해서 AI를 생성하고 맞게 동작하는지 테스트한다. 실감 나는 AI를 원한다면 테스트는 매우 중요하다. 예를 들어 게임 속에 일상생활을 하는 사람이 있다면 어색하지 않고 자연스럽게 걸어 다닐 것이다.

▌ 요약

7장에서는 두 번째 프로젝트에서 수행하는 일을 설명했다. 그다음 비헤이비어 트리는 무엇이며 태스크, 데코레이터, 서비스 같은 구성 요소를 배우면서 좀 더 기술적인 측면을 다뤘다. 그리고 블랙보드가 무엇인지, 블랙보드를 비헤이비어 트리에 사용하는 방법, AI 컨트롤러에서 비헤이비어 트리를 만드는 방법을 살펴봤다. 7장에서는 이 책의 내용이나 프로젝트를 다루는 데 필요한 핵심 지식을 다뤄 견고한 토대를 마련했다. 알다시피 비헤이비어 트리와 블랙보드는 매우 많이 사용되며 마스터할 기회가 많을 것이다. 하지만 마스터하기 전에 알아야 하는 중요한 내용이 있으므로 8장으로 이동해보자. AI가 플레이어와 AI의 위치를 잘 활용할 수 있게 복잡한 AI 시스템을 만드는 방법과 사용자 지정 태스크, 데코레이터, 조건을 만드는 방법을 살펴보면서 AI가 플레이어에게 반응하게 한다.

08

게임플레이 업그레이드

AI를 업그레이드했으므로 이제 게임플레이를 업그레이드할 차례다. 즉 플레이어와 AI 사이의 행동에 좀 더 많은 흐름을 추가한다. 플레이어가 AI 캐릭터를 파괴하고 맵의 다른 지역에서 리스폰되도록 한다. 게임 조건도 몇 가지 추가한다. 8장에서 다루는 내용은 다음과 같다.

- 게임의 승리 또는 패배 게임 조건 설정하기
- 게임 상태(승리/패배), 즉 플레이어가 게임에서 이기거나 졌을 때의 게임플레이 시나리오 제공
- AI가 죽을 수 있게 해서 적을 파괴 가능하게 만들기
- 플레이어와 적이 죽고 난 후의 리스폰 시스템
- 플레이어가 레벨을 다시 시작할 수 있게 만들기

▌ 프로젝트 설정하기

지금까지 해온 것과 마찬가지로 파일을 질서 있게 보관하려면 약간의 설정이 필요하다.
다음 단계를 따라 해보자.

1. 콘텐츠 브라우저에서 GameplayElements라는 이름의 새로운 폴더를 생성한다.
2. 두 개의 액터 블루프린트 BP_FinalDoor, BP_CollectableItem를 생성한다.

완료했다면 이제 동작하게 해보자.

(어딘가에 있는)마지막 문

게임의 플레이를 업그레이드하려면 플레이어가 몇 가지 아이템을 수집해 마지막 문을 열
게 해야 한다. 플레이어가 다음 단계로 넘어가는 열쇠를 찾게 만들 때 유용하다. 이렇게 하
려면 Final Door 블루프린트에서 플레이어가 맵에서 수집해야 할 오브젝트의 개수를 게임
이 시작될 때 계산해야 한다. Final Door 블루프린트에 수집 가능한 아이템을 모았다는 이
벤트를 제공한다. 내부적으로 Final Door 블루프린트는 얼마나 많은 아이템이 남아 있는지
계산하며 남아 있는 개수가 없을 때 문을 열게 한다. 다음 단계를 살펴보자.

1. BP_FinalDoor를 연다.
2. DoorStaticMesh라는 이름의 스태틱 메시 컴포넌트를 추가한다. 특정 스태틱 메시
   로 설정할 수 있다. 특정 메시가 없다면 템플릿 프로젝트에 들어 있는 1M_Cube
   를 찾아서 문처럼 보이도록 크기를 조절한다. 이 경우에 x:1, y:0.1, z:2 값을 사
   용한다. 1M_Cube는 1m의 사각형이므로 문은 높이 2m, 넓이 1m, 두께 10cm
   다. 하지만 원하는 대로 조절해도 좋다. 단, 문 밑이 중앙에 위치하게 1m를 올려
   야 한다.[1] 이는 나중에 문의 위치를 잡을 때 도움이 된다. 다음 화면에서 예제를
   확인할 수 있다.

---

1 Z 위치를 100cm로 설정한다. – 옮긴이

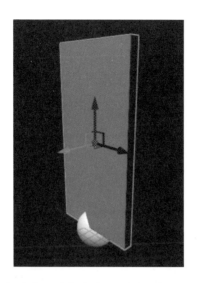

3. 한편으로는 커스텀 메시를 사용할 수도 있다. Infinity Blade Asset Pack 예제에서 제공하는 SM_Exo_Decos_Door02 애셋을 사용한다. 다음은 BP_FinalDoor의 스태틱 메시에 배치했을 때 모습이다.[2]

---

2 언리얼 마켓플레이스에서 infinity blade: grass lands 애셋팩을 검색해 프로젝트에 추가한다. 커스텀 메시로 설정하면 앞에서 했던 크기와 위치 값은 디폴트로 변경한다. – 옮긴이

4. OpenDoor 이름의 커스텀 이벤트를 추가한다. 터지는 문/슬라이딩 문 등 원하는 대로 자유롭게 구현할 수 있다. 예제에서는 파괴되는 문을 만든다. 사실 이벤트로 만드는 이유는 나중에 기능도 확장할 수 있으며(SFX, VFX 등 필요한 어떤 것이든) 관리하기 쉽게 코드를 모듈화할 수 있기 때문이다. 비록 현재 단계가 문을 파괴하는 것만큼 간단하더라도 이벤트로 만든다. 해당 이벤트로부터 드래그해 DestroyActor 노드의 실행 핀에 연결한다. Open Door가 호출됐을 때 Final Door는 파괴되면서 맵의 최종 위치에 도달할 수 있도록 열려 있는 상태로 유지된다. 다음은 이벤트 그래프에서 보이는 모습이다.

5. Integer 타입의 새로운 변수를 생성하고 이름을 RemainingCollectableItems으로 정한다. 해당 변수로 수집 가능한 아이템이 몇 개나 남았는지 확인할 수 있다.

6. Begin Play 이벤트에서 맵에 있는 수집 가능한 아이템의 개수를 계산해 방금 생성한 변수 RemainingCollectableItems에 저장한다. 마지막 문을 여는 데 필요한 아이템의 개수는 블루프린트가 자동으로 계산하므로 레벨 디자인 단계에서 수집 가능한 아이템을 추가해야 하는지 걱정하지 않아도 된다. 다음과 같이 단계를 따라하면서 구현한다.

  1. Begin Play 이벤트의 실행 핀을 드래그해 Get All Actors of Class 노드에 연결하고 Actor Class를 선택해 BP_ColletableItem로 변경한다.

  2. Out Actors에서 배열의 길이를 가져오고 해당 값을 RemainingCollectableItems 변수에 저장한다.

3. 이 시점에서 다음과 같이 보일 것이다.

7. Branch 노드를 생성하고 수집 가능한 아이템의 개수가 0이 되면 OpenDoor 이벤 트를 호출한다. Begin Play 이벤트에서 수행한다면 게임이 시작되고 수집 가능한 아이템이 하나도 없을 경우 문은 자동으로 열린다. 레벨 디자인 단계에서 실수를 하더라도 해당 레벨에서 문제를 풀 수는 있다. 다음은 이벤트 그래프다.

8. 다음으로 수집한 아이템을 블루프린트에 전달하는 방법을 제공해야 한다. ItemCollected라는 이름의 커스텀 이벤트를 만들어서 수행한다. 남아 있는 수집 가능한 아이템의 개수를 1개 감소하고 Branch 노드를 생성해서 Remaining CollectableItems 값이 0인지 확인한다. 0이면 OpenDoor 이벤트를 다시 한 번 호출한다. 작업을 완료하면 블루프린트는 다음과 같을 것이다.

9. 추가로 다음 화면과 같이 디버깅 목적을 위해 남아 있는 수집 가능한 오브젝트의 개수를 Branch 앞에 출력할 수 있다.

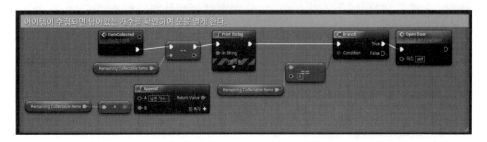

컴파일하고 저장한 후 에디터를 닫는다.

수집 가능한 아이템

마지막 문이 준비됐으니 수집 가능한 아이템을 생성할 차례다. 특히 아이템이 플레이어와 겹칠 때를 탐지해서 아이템을 수집해 Final Door에 전달한다. 이 시나리오에서는 하나의 Final Door만 있다고 가정한다.

하지만 연습 삼아 이런 메커니즘을 자유롭게 변경해도 좋다. 다음 단계를 살펴보자.

1. BP_CollectableItem을 연다.
2. ItemStaticMesh라는 이름의 Static Mesh 컴포넌트를 추가한다. 이를 선택했다면 디테일 패널에서 설정을 조절하자. 특히 수집 가능한 아이템이 월드에서 형태를 가지도록 메시를 할당한다. 원하는 대로 적합한 메시를 자유롭게 사용한다. 예제에서는 일인칭 템플릿 패키지에서 제공하는 FirstPersonProjectileMesh의 구를 사용한다. 잊지 말고 뷰포트에서 적절한 크기로 조절하자. FirstPersonProjectileMesh의 머티리얼 인스턴스도 변경할 수 있다. 여기서는 금속성의 보라색 재질로 변경했다. (곧 구축할) 게임 환경에서 예제를 볼 수 있다.

3. Collision 탭에서 Collision Presets 값을 BlockAllDynamic에서 OverlapOnlyPawn으
로 변경한다. 그 결과 플레이어는 스태틱 메시와 겹칠 수 있지만, 발사체 등 다
른 모든 것은 물리적 오브젝트로 충돌할 것이다. 다음 화면은 최종 설정값이다.

4. ItemStaticMesh 컴포넌트 디테일 패널의 이벤트 탭에서 On ComponentBegin
   Overlap Event를 추가한다.

5. 이벤트 그래프에서 방금 생성한 이벤트로부터 겹쳐진 액터가 실제 플레이어인
   지 캐스팅해 확인한다. 실제 플레이어인 경우 GetAllActorsOfClass 노드의 Actor
   Class 값을 BP_FinalDoor로 설정하고 해당 블루프린트를 검색해 Final Door(항상 해
   당 오브젝트는 맵에서 유일하다고 가정한다)에게 데이터를 전달해야 한다.

6. Final Door는 하나밖에 없기 때문에 **Out Actors** 배열의 첫 번째 값을 가져올 수 있다.

7. 해당 레퍼런스를 사용해 Final Door의 ItemCollected 함수를 호출해 아이템을 수집했다고 전달한다.

8. 마지막으로 DestroyActor 함수를 사용해 수집 가능한 아이템을 파괴한다. 이 책의 후반부에서 보겠지만, 여기서 파티클이나 사운드를 재생해 좀 더 멋진 효과를 추가할 수 있다.

9. 다음은 최종 그래프의 모습이다.

▍ 승리 조건

이제 플레이어가 해야 할 목적을 달성했는지, 즉 완벽하게 성공했는지 결정할 시간이다. 게임에서 플레이어가 마지막 문(먼저 모든 아이템을 수집해야 한다) 이후의 미로 끝에 도착했다면 성공한 것이다. 하지만 마지막 문이 열려 있더라도 플레이어가 실제로 미로의 끝에 도착했는지 확인할 수 있어야 한다. 마지막 문 뒤에 배치한 트리거 박스를 이용하면 쉽게 확인할 수 있다. 이런 트리거를 생성하려면 다음과 같은 과정을 완료해야 한다.

1. **Trigger Box** 유형의 새로운 블루프린트 클래스를 GameplayElements 폴더에 생성하고 이름은 BP_WinningTrigger으로 정한다.

2. 콜리전 컴포넌트를 선택하고 이벤트 탭에서 OnComponentBeginOverlap을 추가한다.

3. 수집 가능한 아이템에서 했던 것처럼 겹쳐진 액터가 실제로 플레이어인지 캐스팅해 확인한다. 실제 플레이어라면 승리 조건을 트리거한다.

4. 정돈된 상태를 유지하려면 Won 이름의 커스텀 이벤트를 생성하고 출력 핀을 '축하합니다! 당신은 승리했습니다'를 출력하는 Print String 노드에 연결한다. 또한 Print String 노드에 색상을 줄 수 있는데 여기서는 초록색을 사용한다. Print String 노드는 에디터에서만 동작하고 최종 빌드된 게임에서는 동작하지 않는 테스트용임을 명심한다. 일반적으로는 다음 레벨을 로드하고 UI를 통해 플레이어의 승리를 축하해야 한다. 7장에서 UI를 다뤘기 때문에 지금은 아무것도 하지 않는다. 하지만 연습 삼아 구현해봐도 좋다.

5. 마지막으로 OnComponentBeginOverlap 이벤트를 검사한 후 Won 이벤트를 호출한다. 이런 방법으로 플레이어가 트리거에 도착했을 때 Won 함수가 호출된다.

6. 앞의 단계를 완료하면 이벤트 그래프는 다음과 같다.

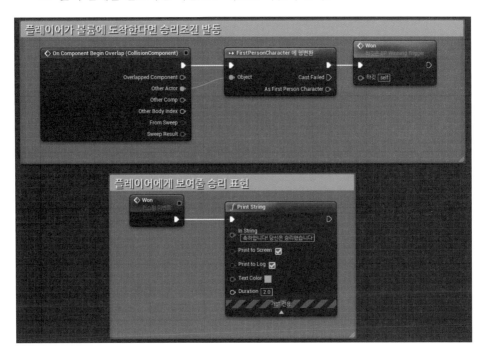

▌ AI 파괴하기

언리얼에는 매우 추상적이고 강력한 자체 데미지 시스템이 있다. 충돌 지점이나 죽음에 대한 개념이 없다는 점에서는 추상적이지만(게임 내에서 이런 엔티티를 지정할 수 있다), 다양한 데미지 유형을 빠르게 구현할 수 있고 시스템을 매우 빠르게 구축해 확장할 수 있다는 점에서 강력하다. 하지만 요구 사항보다 과하기 때문에 간단한 데미지 시스템을 구현할 것이다. 다음 단계를 따라 해보자.

1. Third-Person Character(적)를 열고 새로운 퍼블릭 변수를 추가한다. 변수 이름은 Health이고 Integer 타입이며 디폴트 값으로 100을 준다. 디폴트 값을 할당하려면 잊지말고 컴파일부터 해야 한다.

2. DieEvent 커스텀 이벤트 노드를 생성한다. 여기에서 AI 캐릭터의 멋진 죽음을 구현할 수 있다. 따라서 상상력을 자유롭게 이용해보자. 예제에서는 단순하게 AI 캐릭터를 파괴할 것이다. 나중에 이런 죽음을 부활 시스템과 연결하는 방법도 살펴본다.

3. 다음으로 ProjectileHit라는 이름의 커스텀 이벤트를 생성한다. Integer 타입의 Damage 이름으로 입력을 추가한다. 해당 이벤트는 발사체(다음 절에서 다룬다)가 적에게 입힌 데미지를 알려주는 방법이 될 것이다.

4. 입력값으로 전달받은 데미지를 Health 값에 차감하고 그 결과를 다시 Health 변수에 저장한다. 이는 사실상 적이 받은 데미지다.

5. 하지만 여전히 AI의 체력이 바닥났는지 확인해야 한다. 따라서 Health 값이 0이거나 0보다 작다면 DieEvent 이벤트를 호출한다(단순히 0인지만 체크하면 안 된다. 왜냐하면 데미지는 체력을 0 이하로 떨어뜨릴 수 있고, 이런 경우 동일한 상태인지 체크하는 결괏값은 False가 된다. 또 다른 방법으로는 체력을 확인하기 전에 Clamp할 수도 있다).[3]

---

3 Clamp(제한) 표현식은 값을 받아 최솟값과 최댓값으로 정의된 특정 범위로 제한시킨다. – 옮긴이

6. 이벤트 그래프는 다음과 같다.

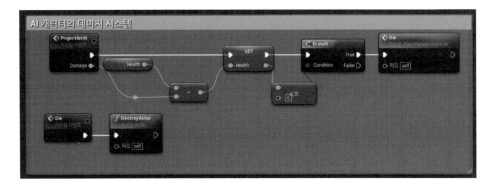

이제 AI 캐릭터가 데미지를 받을 수 있게 됐지만 게임 안에서 AI에게 데미지를 줄 수 있는 방법은 아직은 없다. 플레이어가 쏘는 발사체를 수정해 적에게 랜덤한 데미지를 가하게 해보자(물론 맞았을 경우에만!).

발사체가 적에게 입힐 수 있는 임의의 데미지 범위를 나타내는 두 개의 integer 변수를 추가해야 하기 때문에 FirstPersonProjectile(Content ➤ FirstPersonBP ➤ FirstPersonProjectile)로 이동한다.

- 하나는 MinDamage로 이름을 정하고 디폴트 값으로 3을 설정한다.
- 나머지 하나는 MaxDamage로 이름을 정하고 디폴트 값으로 15를 설정한다.

두 가지 변수가 있다는 말은 다양한 유형의 발사체를 생성할 수 있다는 의미다(예: 다양한 데미지 값).

곧 알게 되겠지만 이벤트 그래프에는 Add Physics Impulse To Any Physics Object We Hit 코멘트로 연결된 Hit 이벤트의 노드가 있다. 다음 화면에서 예제를 확인할 수 있다.

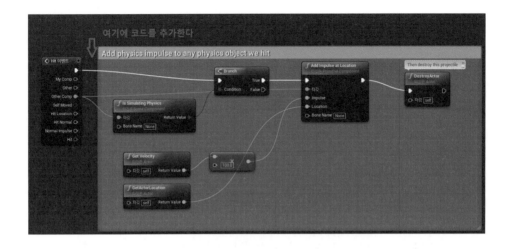

Hit 이벤트와 나머지 그래프 사이에 데미지와 관련된 코드를 추가한다. 특히 Hit 이벤트에서 AI 캐릭터를 맞췄는지 확인해야 한다.

- 캐스팅에 실패한다면 이전의 나머지 그래프 분기에 연결한다(다음 화면을 확인한다).
- 캐스팅에 성공한다면 코드를 추가한다.

특히 Random Integer in Range 노드를 생성해 Min, Max 핀의 입력값으로 데미지를 연결한다. 다음 화면은 해당 예제를 보여준다.

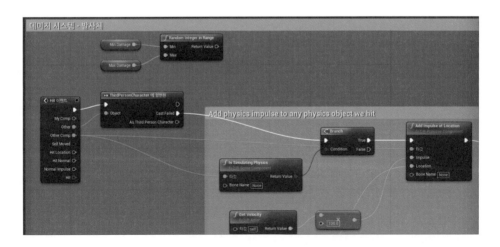

그런 다음 캐스팅 노드의 Third-Person Character의 ProjectileHit 이벤트를 호출하고 데미지값으로 Random Integer in Range 노드의 결괏값을 추가한다. 그러면 해당 발사체는 AI 적에게 데미지를 입힐 수 있다. 마지막으로 발사체가 한 번 충돌했으므로 발사체를 파괴해 사라지게 한다. 뿐만 아니라 디버깅을 위해 각 발사체가 적에게 가한 데미지가 얼마인지 Print 노드로 표시할 수 있다. 다음은 최종 그래프다.

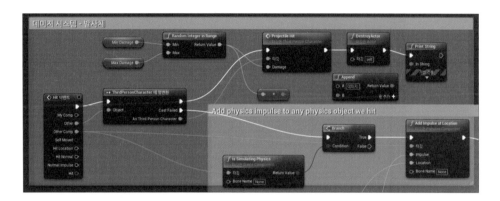

잘 동작할 테지만 현재 데미지 시스템을 테스트해보면 발사체가 데미지를 입히지 않고 적을 통과한다는 사실을 알게 될 것이다. 이것은 버그가 아니라 설정 문제다! 프로젝트의 설정된 콜리전 프리셋은 폰과 충돌 체크하지 않는다(AI 캐릭터를 포함해). 따라서 다음의 방법으로 프리셋 설정을 변경해야 한다.

1. CollisionComponent를 선택하고 Collision 탭 아래의 콜리전 프리셋을 확장한다.
2. 여기에 체크 박스의 테이블이 있다. Pawn 열의 테이블 설정을 무시에서 블록으로 설정해야 한다.

3. 디테일 패널의 설정은 다음처럼 보여야 한다.

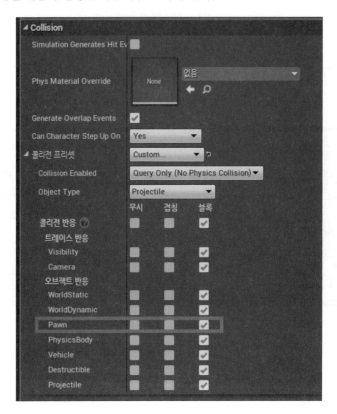

마지막으로 블루프린트를 컴파일하고 저장한 후 닫는다. **플레이** 버튼을 눌러서 의도한 대로 AI 캐릭터가 실제로 파괴되는지 테스트한다.

▌ 적의 스폰 시스템 만들기

적을 파괴하면 어떻게 될까? 적은 어딘가에서 다시 나타나야 한다. 그렇지 않은가? 아마도 이것을 싫어하겠지만 답은 예스다. 어느 정도 싸움이 없는 게임은 절대 즐겁지 않기 때문이다.

게임에서 플레이어의 목표는 미로에서 살아남고 끝까지 도착하는 것이다. 적을 죽이는 것은 단지 일시적으로 달아나기 위한 방법일 뿐이다. 왜냐하면 플레이어가 적 중 하나를 죽이자마자 또 다른 적이 미로 속의 랜덤 위치로 스폰되기 때문이다. 좀 더 정확히 말하면 맵 주위에 레벨 디자이너가 신중하게 배치한 랜덤 위치가 있을 것이며 AI는 이런 랜덤 위치 중 한곳에서 부활한다.

적을 부활시키려면 다음 단계를 따라 해보자.

1. GameElements 폴더에서 TargetPoint를 부모 클래스로 하는 새로운 블루프린트 클래스를 생성하고 이름을 BP_SpawnPoint으로 정한다.
   스폰 시스템의 시삭은 게임의 몇 가지 룰을 정의하는 Game Mode 안에서 코드를 작성해야 한다. 적어도 이 프로젝트에서는 Game Mode의 동작방식에 대해 자세하게 설명하지는 않지만 스폰 시스템을 정의하려면 Game Mode를 사용한다. 특히 프로젝트 안에 이미 FirstPersonGameMode(Content ▶ FirstPersonBP ▶ Blueprints)가 있기 때문에 이것을 열고 풀 블루프린트 에디터 열기를 클릭한다.

2. 이벤트 그래프에서 SpawnNewEnemy라는 이름의 커스텀 이벤트를 생성한다.

3. 이벤트 노드의 실행 핀을 드래그해 Get All Actor Of Class 노드를 생성하고 Actor Class 값을 BP_SpawnPoint으로 선택한다. 그 결과 맵에 추가된 모든 스폰 지점을 가져올 수 있다. 사실 이런 지점 중 랜덤한 위치에서 적을 스폰하기 위해서다.

4. Out Actor 핀에서 배열의 길이(이는 몇 개의 스폰 지점이 있는지를 의미한다)를 가져와서 Random Integer 노드에 연결한다. 이 노드는 0에서 스폰 지점 개수 사이의 랜덤한 값을 선택하도록 한다. 그 결과 랜덤 스폰 지점을 선택할 수 있다.

5. Out Actor에서 랜덤한 스폰 지점을 가져오고 여기서부터 해당 액터의 위치를 얻어올 수 있다. 기본적으로 배열 내에서 랜덤 지점을 선택해 랜덤 스폰 지점의 위치를 가져온다.

6. 이제 Get All Actors Of Class 노드로부터 실행 핀을 드래그해 Spawn AI From Class 노드를 생성한다. 그리고 Pawn Class 값은 Third-Person Character를 선택하고

랜덤 스폰 지점의 Get Actor Location 값은 Spawn AI From Class의 Location 핀에 연결한다. 지금까지 작업한 코드의 모습이다.

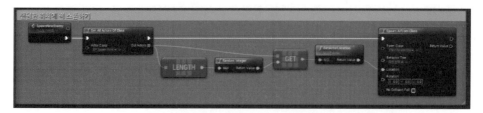

매우 간단한 스폰 시스템을 완료했다. 연습 삼아 해당 배열이 적어도 하나의 값을 가졌는지 확인하고, 그렇지 않으면 경고를 띄우고 어떠한 AI도 스폰하지 않도록 한다.

하지만 해당 스폰 시스템은 적이 죽었을 때 아무런 작업도 하지 않기 때문에 AI가 죽었을 때도 Spawn New Enemy 이벤트를 호출하도록 해야 한다. 다음 단계를 따라 해보자.

1. Third Person Character 블루프린트를 연다.
2. AI Controller Class의 디폴트 설정을 변경한다. 7장에서 한 것을 떠올려보면 이미 게임 캐릭터에 적절한 컨트롤러를 선택했다. 블루프린트의 설정을 변경하면 스폰하는 캐릭터는 모두 동일한 AI 컨트롤러를 갖는다. 이 순간의 목표는 플레이어 주변을 배회하는 AI를 만드는 것이다. 따라서 AI Controller Class 값을 BP_AIController로 변경한다. 블루프린트는 다음과 같이 보여야 한다.

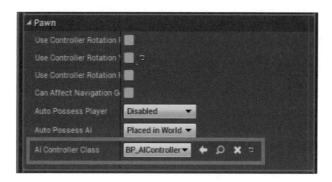

- Die 커스텀 이벤트에서 Destroy Actor 이후에 Get Game Mode 노드를 배치하고 First-Person Game Mode로 캐스팅한다. 캐스팅에 성공했다면 First-Person Game Mode의 SpawnNewEnemy 함수를 호출한다. 그러면 적이 죽고 난 후 다른 적이 스폰된다. 작업을 완료하면 코드는 다음과 같아야 한다.

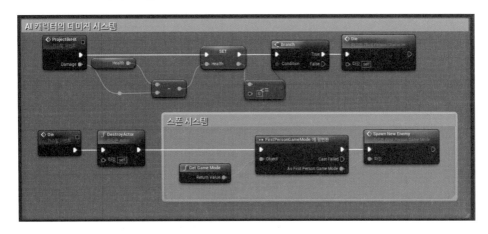

이제 컴파일하고 저장한 후 블루프린트를 닫는다.

맵에 여러 개의 AI 캐릭터와 원하는 만큼의 스폰 지점도 배치한다. 마지막으로 플레이 버튼을 누르고 게임플레이를 테스트한다. AI 적을 죽였을 때 AI가 다른 지점에서 부활하는 것을 볼 수 있다.

▌ 레벨 다시 시작하기

다음 장으로 이동하기 전에 한 가지가 더 해야 한다. 플레이어가 죽으면 레벨을 다시 시작해야 한다. 이 책의 후반부에서 해당 기능을 테스트하겠지만 순서상으로는 지금 작업하는 것이 좋다. Game Mode에 빠르게 코드를 추가해 레벨을 다시 시작하게 해보자.

1. RestartLevel이라는 이름의 커스텀 이벤트를 생성한다.

2. 게임 오버를 화려하게 만든다. 이 경우 플레이어에게 (스크린이 화염에 휩싸이는 것을 시뮬레이션하는) 불을 스폰해 붙일 수 있다.

3. 플레이어가 게임 오버의 화려한 불꽃을 즐기거나 혹은 질색하도록 몇 초간 딜레이를 준다.

4. 마지막으로 레벨을 열어서 다시 시작한다. 최종 코드의 모습은 다음과 같다.

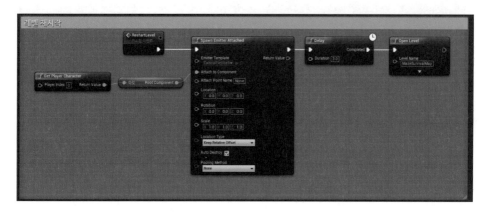

레벨의 이름은 하드코딩돼 있다(쉽게 변경할 수 있는 변숫값이 아니라 코드에 박혀 있다는 의미다. 이는 찾아서 변경하기 힘들기 때문에 일반적으로 안 좋은 습관이다). 연습 삼아 플레이어가 게임 중인 현재 레벨을 다시 시작하도록 코드를 수정해본다.

 재미있게도 Game Mode에는 이미 레벨을 재설정하는 Reset Level이라는 이름의 고유한 함수가 있다. 재정의할 수 있으므로 연습 삼아 해당 함수를 재정의해 레벨을 리셋해보자.

▌ 배운 내용 확장하기

비헤이비어 트리와 블랙보드를 함께 살펴보고 플레이도 했으니 이제 지식을 넓힐 차례다. 여기에서는 배운 것에 도전할 수 있는 활동을 제안한다. 도전을 완료하려면 스스로 연구를 조금 해야 하지만 8장에서 다룬 이외의 내용은 필요하지 않다.

- 승패를 가르는 것이 가장 전형적인 게임플레이겠지만 다른 것도 생각해볼 수 있는가? 예를 들면 플레이어와 적 모두 승리 또는 패배하거나 혹은 무승부는 어떨까?

- 지금까지 Final Door는 사라졌었다. 이전 프로젝트에서 배운 것을 토대로 문처럼 동작하도록 구현해본다. 모든 아이템을 수집했다면 문의 상태를 변경한다. (플레이어가 이런 상황을 볼 수 있도록) 플레이어가 가까이 다가가자마자 문이 천천히 열리게 한다.

- 여러 번 도전을 하면 플레이어가 간단한 메시지와 함께 보상을 받게 한다. 불을 붙이는 게 아니라 플레이어에게 보상할 다양한 방법을 시도해본다.

- 새로운 AI 적을 스폰할 때, 코드는 배열에 최소한의 스폰 지점이 있는지 체크하지 않는다. 이를 체크하도록 하고 그렇지 않다면 적을 스폰하지 않고 경고 메시지를 출력한다.

- 플레이어가 적을 죽이고 나서 적이 플레이어의 바로 뒤에 스폰되는 것은 좋지 않다. 코드를 수정해 플레이어의 옆에서 스폰하지 않도록 한다(예를 들면 해당 지점이 플레이어와 너무 가깝다면 다른 지점을 찾게 한다. 다른 방법으로는 스폰 지점을 정렬해 어떤 지점이 좋을지 결정하도록 한다).

- 현재 Restart Level 함수에는 하드코딩된 레벨의 이름이 있다. 코드를 개선하고 제약을 없애는 것이 좋다.

- 한 단계 더 나아가서 Game Mode의 특징을 탐색하려면 고유한 기능인 Reset Level을 재정의하는 방식으로 Restart Level 함수를 구현한다.[4]

---

4 Reset Level 함수를 호출하면 모든 액터의 OnReset 이벤트가 호출되고 해당 이벤트를 재정의해 레벨을 재시작했을 때 액터들이 해야 할 일을 구현할 수 있다. - 옮긴이

▌요약

8장이 끝났지만 잠시 시간을 내어서 달성했던 것을 살펴보자. 지금까지 파괴 가능한 AI 적이 있는 인게임 시나리오의 생성 방법을 배웠다. 또한 적과 아이템은 물론 플레이어를 위한 리스폰 시스템을 생성하는 방법도 배웠다. 그런 다음 플레이어의 승패를 결정하는 게임플레이의 조건을 정의했다. 마지막으로 플레이어가 승리 혹은 패배했을 때(예를 들면 죽었을 경우) 게임 상태를 만드는 방법도 배웠다. 지금까지 배운 모든 것으로 게임 환경에 더욱 몰입하게 만드는 방법을 배울 차례다.

9장에서는 AI가 플레이어와 그들의 위치에 더 잘 반응하도록 하는 복잡한 AI 시스템을 만드는 방법을 살펴본다. 또한 사용자 지정 태스크, 데코레이터 및 조건을 만들어 AI가 특정 방식으로 플레이어에게 응답할 수 있는(예: 플레이어를 향해 뛰어가기) 방법을 배운다. 마지막으로 AI가 쫓아와서 플레이어를 공격하게 하는 방법도 살펴본다(플레이어가 시야 안에 있는 한 계속해서 따라올 것이다).

09

AI 업그레이드

다시 AI로 돌아왔다. 하지만 이번에는 플레이어를 찾을 때까지 무작위로 배회하는 AI를 만들 것이다. AI가 플레이어를 찾게 되면 플레이어를 쫓아가고, 시야에서 놓친다면 마지막으로 알려진 플레이어의 위치로 이동하려고 시도할 것이다. 그래도 플레이어를 찾지 못한다면 배회하는 행동으로 되돌아간다. 여러 방법으로 이렇게 동작하도록 만들 수 있지만 여기에서는 사용자 지정 태스크, 데코레이터, 서비스가 함께 어우러져 동작하는 방법을 배워서 목표를 달성하게 할 것이다. 9장에서 다루는 내용은 다음과 같다.

- 플레이어와 플레이어의 위치에 더 잘 반응하는 복잡한 AI 시스템을 만드는 방법
- AI가 특정 방식으로 플레이어에게 반응할 수 있도록 사용자 지정 태스크, 데코레이터 및 조건 만들기(예: 플레이어를 향해 달린다)

- 플레이어가 시야에서 사라질 때까지 AI가 플레이어를 계속해서 쫓아오고 공격하게 만들기

물론 이런 것이 단순한 액션과 상호작용처럼 보일지도 모르지만 이 책뿐만 아니라 게임 개발자로서 만들어야 하는 많고 다양한 경험의 토대가 될 것이다.

다음은 AI 작성 방법의 간략한 개요다(이것이 유일한 방법은 아니며 모든 부분을 조금씩 살펴보면서 AI의 모든 것을 배울 수 있는 방법이다).

1. 언리얼에 내장된 퍼셉션(인식) 시스템을 사용하면서 시작할 것이다. 퍼셉션 시스템은 AI에 시야를 줘서 주변의 액터, 특히 플레이어를 인지할 수 있도록 한다.
2. 퍼셉션 컴포넌트가 업데이트될 때마다 Third Person Character의 변수를 몇 가지 설정해야 한다.
3. 서비스 아래에서 비헤이비어 트리가 동작해야 하며 해당 서비스는 Third Person Character의 변수를 새롭게 생성한 블랙보드에 복사한다(블랙보드는 곧 추가한다).
4. 그리고 AI가 그 순간에 플레이어를 볼 수 있는지 여부에 따라서 행동 트리를 두 개로 나눈다. AI가 플레이어를 볼 수 있다면 AI는 플레이어를 쫓아올 것이고 플레이어를 볼 수 없다면 AI는 랜덤한 위치를 배회하기 전에 마지막으로 알려진 플레이어의 위치로 이동하려고 할 것이다.

▌ 시야를 가지는 AI

원하는 것을 수행하고 명령을 받는 AI가 있으니 이제 업그레이드를 해볼 시간이다. 업그레이드란 무엇일까? 우선 AI가 특정한 방식으로 반응하도록 만든다. 또한 캐릭터에 방어적으로 대응하거나 플레이어가 범위 내에 들어오면 경고하는 행동의 의미이기도 하다. 예를 들면 환경적인 신호를 보내서 AI가 플레이어에게 반응하도록 유도할 수 있다. 이렇게 하려면 몇 가지를 설정해야 한다.

다음 단계를 따라 하자.

1. Third-Person Character를 연다.

2. AI 퍼셉션(Add Component ➤ AI Perception) 컴포넌트를 추가해 AI에게 시야를 준다. 해당 컴포넌트는 AI가 인지할 수 있는 (플레이어를 포함한)에이전트를 추적하며 많은 기능을 구현하고 있지만 여기서는 시야만 처리할 것이다. 따라서 해당 컴포넌트에 적절한 설정 값이 필요하다.

3. 방금 생성한 AIPerception 컴포넌트를 선택하고 디테일 패널에서 AI Perception 탭을 살펴본다. 여기에서 해당 컴포넌트가 구현하는 인식 시스템을 추가할 수 있다. 우리는 시야를 원하기 때문에 Senses Config에서 AI Sight Config 타입을 추가한다.

4. 메뉴를 두 번 확장하면(다음 화면을 참조한다) AI 시야 인식 설정을 볼 수 있다. 기본값으로도 충분하지만 원하는 대로 설정을 수정한다. 가장 중요한 두 가지 파라미터는 다음과 같다.

   ○ The sight radius(시야 반경): 플레이어를 인식할 수 있는 최대 거리
   ○ Lose sight radius(시야 상실 반경): 이미 본 플레이어를 시야에서 놓치는 거리

5. 다음으로 넘어가기 전에 Detection By Affiliation 플래그를 모두 선택한다. 실제로 기본값은 모든 에이전트와 폰은 서로 친화적으로 설정돼 있다. 플레이어를 적으로 인식하기 위해 플레이어를 변경할 수도 있지만 C++ 코드와 어느 정도 관련이 있다. 책을 쓰는 시점에는 블루프린트로 팀을 설정하는 것이 불가능했다. 따라서 모든 Detection By Affiliation 값을 true로 설정해 플레이어를 탐지한다. 이런 방법의 단점은 플레이어를 다른 에이전트와 구분하려면(예: AI) 인식 결과를 필터링해야 하지만 모든 것을 블루프린트에서 구현하고 있고 예제에 많은 에이전트가 없기 때문에 큰 문제가 되지는 않는다.

6. 끝으로 AI 퍼셉션 컴포넌트는 다음처럼 보여야 한다.

이제 퍼셉션 컴포넌트가 동작하므로 플레이어가 시야 안에 있는지, 시야에 없다면 어디에 있는지 확인한다. 설계에 따라 우리는 이런 정보를 Third Person Character에 저장하기만 하면 된다. 그리고 이후의 비헤이비어 트리에서 정보를 스스로 검색한다. 이런 정보를 저장하려면 다음 단계를 거쳐야 한다.

1. AI Perception 컴포넌트의 (디테일 패널 내부) 이벤트 탭 아래에서 On Target Perception Update Event를 클릭한다. 이 이벤트는 퍼셉션 컴포넌트가 무언가를 감지하려고 시작하거나 끝날 때마다 실행되는데, 우리의 요구 사항을 충족시킨다.

2. 다음 단계에서는 몇 가지 변수를 삼인칭 캐릭터에 설정한다. 이런 값은 이후의 비헤이비어 트리에서 검색할 것이다. 추가로 변수의 카테고리 값을 AI로 설정해 프로젝트를 정돈된 상태로 유지할 수는 있지만 옵션일 뿐이다. 자, 퍼블릭 변수 세개를 추가해보자.

- vector 유형: 플레이어의 마지막 위치를 저장하는 Last Player Location라는 이름의 변수
- first-person character 유형: 플레이어 오브젝트의 레퍼런스를 담는 Player Reference라는 이름의 변수
- bool 유형: AI가 플레이어를 볼 수 있는지를 검사하는 Can See Player라는 이름의 변수

3. 에디터에서 보이는 모습은 다음과 같다.

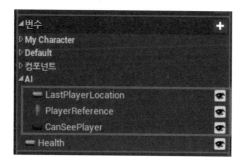

4. 세 가지 변수를 설정하려면 On Target Perception Update 이벤트의 Actor 핀을 First Person Character로 캐스팅한다. 그러면 인지한 것이 플레이어인지 체크할 수 있고, 플레이어인 경우 몇 가지 데이터를 모은다.

5. 캐스팅 결과를 Player Reference 변수에 저장한다.

6. 그다음 On Target Perception Update 노드의 Stimulus 핀을 Break AI Stimulus로 연결한다. 해당 노드는 Stimulus 정보에 접근할 수 있도록 한다. 특히 Successful Sensed 값을 Can See Player에 저장한다. 이 정보는 플레이어가 AI의 시야에서 벗어났는지 여부를 알려줄 것이다.

7. 이런 작업 후에 Can See Player 변숫값을 조건으로 가지는 Branch 노드를 생성한다. 조건이 false라면 AI가 플레이어를 놓친 것이므로 Stimulus location 값을 Last Known Player Location에 저장한다. 따라서 AI는 플레이어의 마지막 위치를 알 수 있다.

8. 최종 코드는 다음과 같다.

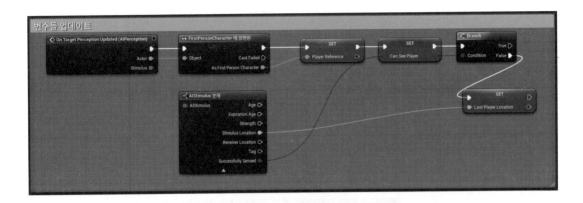

다음으로 이동하기 전에 마지막으로 한 가지 더 변경한다. 사실 AI의 기본 속도는 아주 높게 설정돼 있어서 플레이어를 매우 빠른 속도로 추적한다. Character Movement Component를 선택하고 Max Walk Speed 값을 250으로 수정해 AI의 기본 속도를 변경한다. 하지만 게임에 맞게 적절한 값으로 자유롭게 변경해도 좋다.

마지막으로 캐릭터 블루프린트를 저장하고 에디터를 닫는다.

▌ 데이터로 가득 찬 블랙보드

몇 가지 설정을 통해 AI에서 어떤 일이 일어나고 있는지, 플레이어는 어디에 있는지(그리고 플레이어를 만났을 때 무엇을 해야 하는지) 기억한다. 먼저 몇 가지 키가 있는 블랙보드를 생성한다.

1. AI 폴더에서 새로운 블랙보드를 생성하고 이름은 BB_ChaseBehaviorBlackboard로 정한다. 이 블랙보드에는 추적하기/배회하기를 만드는 데 필요한 모든 정보가 담겨 있다.

2. 다음의 키들을 추가한다.

   ○ Can See Player라는 이름의 Bool 유형 키다. 이 변수는 AI가 플레이어를 볼 수 있는지를 검사한다. 나중에 알게 되겠지만 이 변수의 값(true 또는 false)을 사용하는 것이 아니라 블랙보드에 설정된 값을 사용한다. 변숫값이 설정되지 않았을 때 AI는 플레이어를 볼 수 없다고 가정한다. 반면에 해당 값이 true로 설정돼 있으면 AI는 플레이어를 볼 수 있다. 설계에 따라서 적어도 9장에서 이 값은 false가 될 수 없을 것이다.

   ○ Random Destination라는 이름의 Vector 유형 키다. 이름에서 쉽게 알 수 있듯이 이 값은 배회하는 행동 중에 사용할 랜덤 위치를 저장한다. 나중에 알게 되겠지만 이 변수의 설정 여부를 확인해 행동 유형을 변경한다. 특히 플레이어가 보이지 않으면 AI가 마지막으로 알려진 플레이어의 위치(Random Destination 값이 설정되지 않음)로 이동할지 아니면 AI가 이미 해당 위치를 확인하고 배회하는 행동을 재개했는지(Random Destination 값이 설정됨)를 검사할 것이다.

   ○ Last Known Player Position라는 이름의 Vector 유형 키다. 이 변수는 마지막으로 알려진 플레이어의 위치를 저장한다.

   ○ Player Reference라는 이름의 Object 유형 키다(Base Class를 First Person Character로 설정한다. 이렇게 하려면 메뉴를 확장해야 한다). 이 변수에는 실제 게임 속 플레이어 오브젝트의 참조가 있어야 한다. 플레이어를 추적하는 단계에서 AI는 지속적으로 플레이어에게 가려고 시도하기 때문에 이들을 원활하게 추적하려면 플레이어의 참조가 필요하다.

3. 블랙보드를 저장한다. 다음은 최종 결과다.

▌ 추적 행동 만들기

무언가에 쫓기는 것보다 더 흥미로운 것은 무엇일까, 글쎄! 이것은 노련한 기술과 빠른 반사신경이 필요한 모든 게임의 필수 요소다. 따라서 플레이어를 숨바꼭질하게 만들어서 게임에 재미를 더해보자.

1. 새로운 비헤이비어 트리를 AI 폴더에 만들고 이름은 BT_ChaseBehaviorTree로 한다.

2. 비헤이비어 트리 에디터를 열고 블랙보드를 BB_ChaseBehaviorBlackboard로 설정한다.

3. 플레이어를 볼 수 있는지 여부에 따라서 플레이어를 추적할지 말지를 결정해야 하므로 루트 노드로부터 선택기Selector 노드를 배치한다. 하지만 트리가 실행되는 동안 계속해서 AI가 플레이어를 볼 수 있는지 업데이트해야 한다. 따라서 이는 서비스에 완벽히 부합한다. 실제로 자손 중 하나라도 비헤이비어 트리가 실행되는 한 서비스는 계속해서 실행된다.

서비스로 값 업데이트하기

이제 서비스를 이용해 값을 업데이트해야 한다. 다음을 따라 해보자.

1. 상단의 바에서 새 서비스를 클릭하고 이름을 BTService_UpdateValues로 변경한 다(콘텐츠 브라우저 내에서).[1]

2. 블루프린트 에디터에서 서비스를 연다.

3. 다음 화면에서 보이는 세 개의 퍼블릭 변수를 추가해야 한다. 변수의 모든 타입은 Blackboard Key Selector이며 이름은 다음과 같다.

    ○ Can See Player Key

    ○ Last Known Player Location Key

    ○ Player Reference Key

4. 그런 다음 이벤트 호출 내에서 모든 값을 업데이트할 수 있도록 Receiver Tick AI 이벤트 함수를 오버라이드한다(함수 옆의 오버라이드라고 불리는 드롭다운 메뉴다). 이 함수는 주기적으로 호출되기 때문에 값들을 지속해서 업데이트하는 데 제격이다.

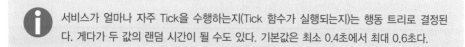

> ℹ️ 서비스가 얼마나 자주 Tick을 수행하는지(Tick 함수가 실행되는지)는 행동 트리로 결정된 다. 게다가 두 값의 랜덤 시간이 될 수도 있다. 기본값은 최소 0.4초에서 최대 0.6초다.

5. Receiver Tick AI 함수 이벤트의 실행 핀에서 Controlled Pawn 값을 Third-Person Character로 캐스팅한다. 결과적으로 앞에서 본 값에 접근할 수 있도록 참조 값을 AI 캐릭터로 사용할 수 있다.

---

1 BTService_Blueprintbase를 선택한다. - 옮긴이

6. 구체적으로는 CanSeePlayer(bool) 변수를 검색하고 해당 값에 따라 분기한다.

   ○ 해당 값이 true라면 Can See Player Key 값을 Set Blackboard Value As Bool을 통해 true로 설정한다.

   ○ 반대로 해당 값이 false라면 Can See Player Key 값에 Clear Blackboard Value를 사용한다.

   ○ 어느 쪽이든 동일한 노드로 로직의 흐름을 이어간다.

7. 지금까지 작업한 서비스의 모습이다.

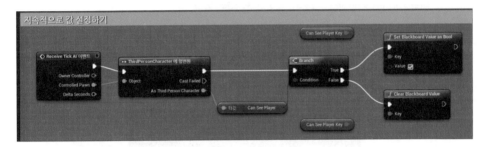

8. 이제 Last Known Player Location Key 값을 Set Blackboard Value As Vector를 통해 Third-Person Character 참조로부터 가져온 Last Known Player Location 값으로 설정한다.

9. 마지막으로 Player Reference Key 값을 Set Blackboard Value As Object를 통해 Third-Person Character로부터 캐스팅한 Player Reference 값으로 설정한다. 작업을 완료하면 다음과 같이 보일 것이다.

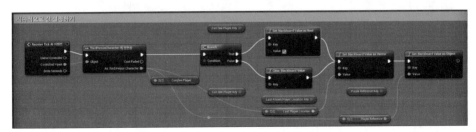

10. 다음으로 BT_ChaseBehaviorTree로 돌아간 다음 선택기^{Selector} 위에서 마우스 오른쪽 버튼을 클릭해 **서비스 추가 ➤** BTService Update Values를 선택한다.

11. 이제 서비스를 선택해 디테일 패널에서 (다음 화면에서 보여지는 것처럼) 변수들을 설정한다.

    ◦ Can See Player Key를 Can See Player로 설정

    ◦ Last Known Player Location Key를 Last Known Player Location으로 설정

    ◦ Player Reference Key는 Player Reference로 설정

12. 여기까지 트리의 모습은 다음과 같아야 한다.

데코레이터 사용하기

1. 이제 선택기의 아래쪽에 두 개의 노드를 추가한다.

    ○ 시퀀스(왼쪽)

    ○ 선택기(오른쪽)

2. 양쪽 노드에서 데코레이터를 추가해야 한다. 마우스 오른쪽 버튼을 클릭해 **데코레이터 추가 ❯ Blackboard**를 수행한다. 이런 데코레이터는 블랙보드의 특정 변수가 설정됐는지 여부를 확인한다. 이것이 앞에서 블랙보드를 만들 때 변수들이 추가 정보로 설정됐는지 아닌지를 정보로 사용하라고 말한 이유이며, 이에 따라 변수들이 서비스에서 업데이트될 때 해당 정보를 반영한다. 하지만 두 데코레이터의 요점은 트리를 두 개의 분기로 나누는 것이다. 하나는 추적하는 행동을 하는 것이고 나머지 하나는 배회하는 행동을 재개하기 전에 마지막으로 알려진 플레이어의 위치를 확인하는 것이다.

3. 다음 화면과 같이 양쪽 데코레이터의 (디테일패널에서) 관찰자 중단을 **Self**로 변경해야 한다.

이렇게 설정을 변경한 이유는 데코레이터의 상태가 변경되자마자 모든 트리를 중단해(배회하는 행동처럼 AI가 수행 중인 모든 동작을 중단) AI가 새로운 조건을 적용하기 위함이다(예를 들어 플레이어가 보이면 배회하는 것을 멈추고 플레이어를 추적하기 시작).

4. 다음으로 Blackboard Key를 Can See Player로 변경한다. 물론 AI가 플레이어를 볼 수 있는 경우 이런 조건은 Can See Player 변수의 설정 여부와 관계없이 인코딩된다.

5. 하지만 오른쪽 데코레이터(선택기 위에 있는)는 Key Query 또한 Is Not Set으로 설정해야 한다. 사실 플레이어를 보았을 때는 추적하는 행동(왼쪽에 있는)을 하고 플레이어를 볼 수 없을 때는 오른쪽의 행동을 수행하길 바라기 때문이다.

6. 이제 트리는 다음처럼 보여야 한다.

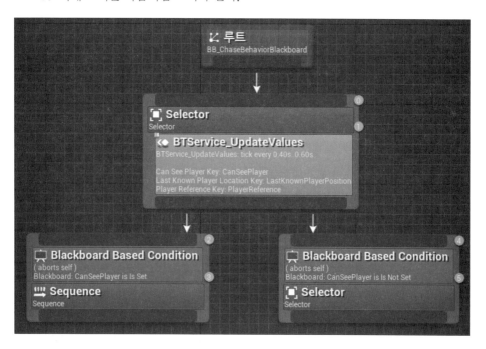

추적 태스크 만들기

이제 우리는 실제로 AI가 플레이어를 쫓아가거나, 적어도 플레이어가 AI의 시야 안에 들어오면 무엇을 해야 하는지 알려줘야 한다. 다음 단계를 따라 한다.

1. BTTask_BlueprintBase로부터 상속받는 새로운 태스크를 상단의 툴바에서 생성한다. 콘텐츠 브라우저에서 해당 태스크의 이름을 BTTask_ChasePlayer으로 변경한다.

2. 태스크를 열고 Blackboard Key Selector 유형의 세 가지의 변수를 추가한다.

    ○ Player Reference Key

    ○ Can See Player Key

    ○ Random Destination Key

3. 다음으로 Receive Execute AI 이벤트를 오버라이드한다. 그리고 Random Destination Key 값을 Clear Blackboard Value 한다. 그러면 Random Destination 설정이 취소된다. 이는 AI가 배회하는 행동을 재개하기 전에 먼저 마지막으로 알려진 플레이어의 위치에 도달하게 한다.

4. 그리고 이벤트의 실행 핀을 AI Move To 노드에 연결한다. 여기에서 이벤트의 Controlled Pawn 핀을 AI Move To 노드의 Pawn 핀에 연결한다. 컨트롤되는 폰(비헤이비어 트리에서 실행되고 있는 AI 캐릭터)을 특정 위치로 이동하게 만들 것이다.

5. 지금까지의 그래프는 다음과 같다.

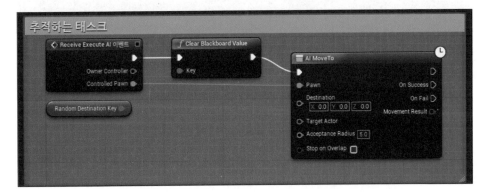

6. 이제 Player Reference Key의 Get Blackboard Value As Object를 사용해 First Player Character로 캐스팅하고(편의성을 위해 캐스팅 노드에서 마우스 오른쪽 버튼을 클릭해 '순수 형변환으로 변환'을 선택한다) 그 결과를 AI Move To 노드의 Target Actor 핀으로 연결한다. 이제 해당 태스크가 실행하는 동안 자연스럽게 플레이어를 추적할 것이다.

7. AI Move To 노드의 On Success 핀에서 게임 모드의 Restart Level을 트리거한다(이는 8장의 게임 모드에서 구현했으며 레벨 재시작을 트리거한다). 레벨이 다시 시작할 경우 태스크를 성공 여부와 함께 종료시킬 필요가 없다는 것을 알고 있다. 하지만 그렇지 않을 경우를 위해 실행 중인 태스크를 성공 여부와 함께 종료시킨다. 디버깅 목적으로 AI가 승리한 것을 로그로 출력할 수 있다.

8. AI Move To 노드의 On Fail 핀에서 태스크가 실패했다는 결과를 돌려주어야 한다. 이렇게 하는 이유는 다른 비헤이비어 트리에서 적합한 태스크를 만들고 있기 때문이다. 구체적으로 이런 경우에 플레이어가 시야 안에 있는지 확인하고, 시야에 없다면 비헤이비어 트리는 태스크를 다시 실행하려고 시도할 것이다. 예를 들면 플레이어가 절벽에서 뛰어내렸거나 일시적으로 내비게이션 메시에 있지 않았을 경우에 AI Move To는 실패할 수도 있다.

9. 다음 화면에서 예제를 확인할 수 있다.

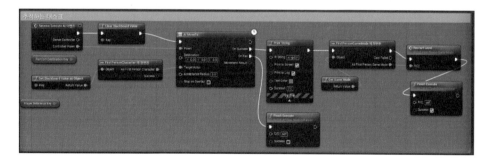

10. 태스크를 저장하고 비헤이비어 트리로 다시 돌아간다. 시퀀스의 오른쪽에 방금 생성한 태스크를 추가한다. 다음은 최종 트리의 모습이다(이 모습과 다르게 보인다면 서비스와 태스크의 변수들을 퍼블릭으로 만들어야 한다는 것을 기억하자).

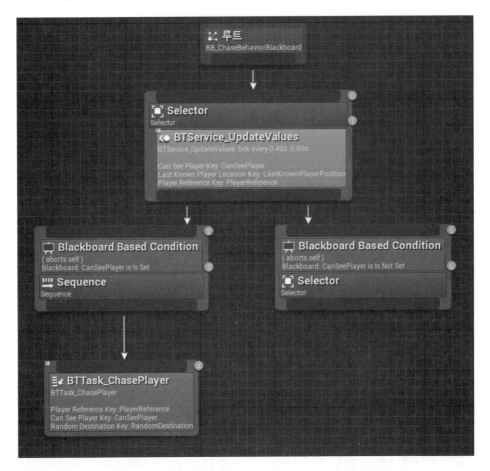

플레이어의 마지막 위치로 이동해 배회하기

여기에선 AI가 플레이어의 마지막 위치를 기록해 어디로 가야 하는지 혹은 더 이상 플레이어를 찾을 수 없다면 플레이어를 마주칠 때까지(비록 목표가 없을지라도) 주변을 배회하도록 만든다. 다음 단계는 이 작업을 수행하는 방법을 설명한다.

1. 오른쪽의 선택기로부터 두 개의 시퀀스 노드를 드래그한다. 하나는 플레이어의 마지막 위치를 가져오는 역할을 할 것이고, 나머지 하나는 배회하는 역할을 할 것이다.

2. 왼쪽의 시퀀스 노드 위에서 앞에서 한 것처럼 새로운 블랙보드 유형의 데코레이터를 추가하고 다음처럼 설정한다.

   ◦ 관찰자 중단은 Self

   ◦ Key Query는 Is Not Set

   ◦ Blackboard Key 값은 Random Destination

3. 이렇게 하면 Random Destination 변수가 설정되지 않는 한 AI는 아래의 모든 노드를 수행한다(다시 말해 플레이어의 마지막 위치를 가져온다).

4. 이제 시퀀스 노드로부터 드래그해 Move To Task를 추가하고 Blackboard Key 값을 LastKnownPlayerLocation으로 설정한다. 실제로 AI가 마지막으로 알려진 플레이어의 위치로 이동하게 만든다.

5. 그리고 동일한 시퀀스 노드로부터 드래그해 7장에서 생성한 BTTask_Random Location를 추가하고 다음처럼 설정한다.

   ◦ Location 값은 Random Destination

   ◦ Radius 값은 600

6. 사실 Last Known Player Position 값에 도달한 경우 Random Destination 키를 설정하고(AI가 해당 분기 실행을 중지시킴) 유일하게 사용 가능한 또 다른 분기(배회하기)를 만든다. 지금까지 작업한 트리의 모습이다.

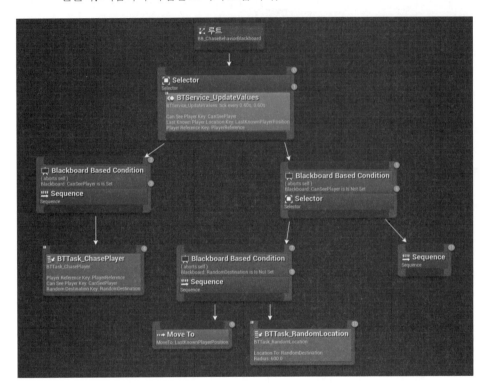

7. 마지막으로 선택기 아래의 두 번째 시퀀스 노드로부터 드래그해 이전과 같은 설정을 사용해 BTTask_Random Location을 추가한다(AI가 배회하는 것을 원하지 않는한, 맵이 큰 경우에는 radius 값을 증가시킬 수 있다).
8. Blackboard Key 값이 Random Destination으로 설정된 Move To 노드를 드래그해 추가한다.

9. 이로써 우리의 트리뿐만 아니라 배회하는 행동도 완성됐다. 다음은 전체 트리의 모습이다.

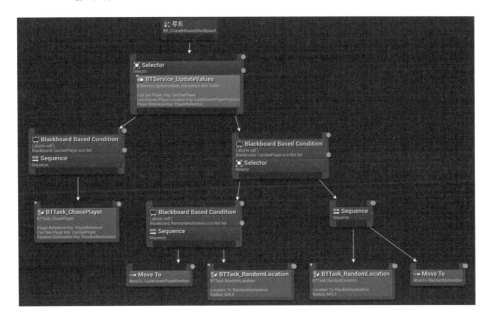

비헤이비어 트리 실행하기

계속하기 전에 비헤이비어 트리를 저장하고 에디터를 닫는다. 지금까지 플레이어를 추적하는 전체 비헤이비어 트리를 만들었다. 하지만 플레이 버튼을 눌러보면 AI가 배회하는 것 말고는 아무것도 하지 않는다. 문제는 모든 AI가 앞서 간단하게 배회하는 트리를 만든 7장의 BP_AIController를 사용한다는 것이다. 다음 단계를 따라해 수정한다.

1. BP_AIController를 열고 RunBehaviorTree 노드의 BTAsset을 BT_ChasedBehavior Tree로 변경한다.

2. 작업을 완료하면 다음과 같이 보일 것이다.

컴파일하고 저장하고 에디터를 닫는다. 기대한 대로 모든 것이 동작하는지 테스트해볼 차
례다. 잘 따라 했다면 모든 것이 잘 동작할 것이다. 이제 게임의 핵심 기능을 갖췄으니 이
것저것 즐겨보자. 사실 이것은 거의 완성된 게임이다. 계속 진행하기 전에 만든 게임을 즐
겨보자. 꽤 흥미로운 게임일 것이다.

█ 배운 내용 확장하기

9장을 끝냈으니 모든 요소를 추가하는 방법에 대해 생각해볼 수 있다. 다음은 테스트해볼
몇 가지 연습 문제다.

- AI 퍼셉션 컴포넌트를 사용해 AI의 청각 지각을 구현해본다.
- 커스텀 서비스, 태스크, 데코레이터를 사용해 자신만의 AI 행동을 만들어본다. 연
  습은 완벽하게 만들며 더 많은 연습을 할수록 더 나아질 것이다.

▌ 요약

9장에서는 많은 내용을 다뤘다. 게임 내 AI를 개선하는 방법뿐만 아니라 좀 더 인지적으로 플레이어에 응답하는 방법도 배웠다. 앞에서 배운 내용을 확장해 목표를 달성했다. AI가 플레이어를 관찰하게 만드는 방법도 배우고, 플레이어가 시야 안에 있는 한 계속해서 추적하도록 만들었다. 또한 AI가 플레이어를 시야에서 잃으면 플레이어를 찾아 주변을 탐색하도록 조금 더 많은 자율성을 부여했다.

10장에서는 언리얼에서 오디오 파일을 다루는 방법과 게임에서 오디오를 사용하는 방법을 배운다. 프로젝트의 기본 배경에 오디오를 추가하지만 기본 이상의 내용을 다룰 수 있는 능력을 갖추게 될 것이다. 잠시 휴식을 취한 후에 스피커를 켜고 다소 감성적인 모험에 빠져들 준비를 하자. 이제 볼륨을 높여 다음 장으로 이동할 차례다.

10

오디오 추가하기

사운드는 긴장감을 조성하고 감정을 전달하는 매력적이면서도 감성적인 경험을 만들어 낸다. 게임 환경의 필수 요소 중 하나이기도 하다. 우리는 물리적으로 게임 월드에 있을 수 없기 때문에(적어도 아직은) 맛을 볼 수도 냄새를 맡을 수도 없지만 대부분의 사람은 듣거나 볼 수는 있다. 따라서 게임 환경을 보는 것 외에 우리가 활용할 수 있는 유일한 감각이 청각이므로 게임을 만들 때 가장 많이 고려해야 한다.

10장에서 다루는 내용은 다음과 같다.

- 게임 경험의 일부분으로 사운드 사용하기
- 언리얼에 사운드 임포트하기
- 사운드 큐 에디터 사용하기

- 프로젝트에 오디오 추가하기
- 트리거되는 사운드 이벤트 생성하기

매우 간단해 보일지 모르지만 이런 것이 플레이어에게 더 복잡하면서 몰입감 있는 경험을 쌓는 데 꼭 필요한 기초를 제공한다. 사운드는 잘 짜인 게임플레이, 탄탄한 이야기, 매혹적인 환경과 함께 완벽한 게임 경험을 제공하는 데 도움이 된다.

게임에서 사운드 사용

게임 내에서 사운드 사용은 목적에 따라 다양해진다. 예를 들면 플레이어에게 무언가 발생한다는 경고의 의미로 경보를 울릴 때 사용할 수 있다. 게임 환경이나 심지어 UI와 상호 작용할 때도 사운드 효과를 사용할 수 있다.

이런 경우에 사운드는 원인과 결과에 대한 피드백을 제공한다. 플레이어가 동작을 실행하고 이런 동작은 소리로 확인된다. 또한 호랑이가 쫓아오는 정글을 달리거나 사람들과 색으로 가득 찬 상점가 혹은 미스터리한 폐허를 탐험하는 등 분위기를 조성하는 데 사운드를 사용할 수 있다. 중요한 점은 사운드가 게임 환경에 미치는 영향력을 과소평가하지 말라는 것이다.

다행스럽게도 언리얼에는 훌륭한 사운드 편집 시스템이 있어서 게임 안에서 임포트, 배치, 오디오 설정을 매우 간편하게 할 수 있다. 다음 절에서 이런 과정을 살펴보자. 마지막으로 프로젝트에서 사용할 모든 사운드 파일은 www.freesound.org에서 찾을 수 있다.

언리얼에서 사운드 기초

게임 안으로 오디오를 임포트하기 전에 오디오 파일이 프로젝트에서 제대로 동작하는지 확인하려면 몇 가지 고려해야 하는 사항이 있다.

현재 언리얼 4가 제안하는 오디오 파일의 권장 샘플링 레이트는 44,100 Hz에서 22,050 Hz 사이다. 게다가 .wav 파일 포맷만 임포트할 수 있기 때문에 .mp3나 .ogg 파일은 언리얼로 임포트하기 전에 .wav 포맷으로 컨버팅하거나 다시 녹음해야 한다. 오디오 비트 전송률은 16bit여야 하며 언리얼은 모노에서 7.1까지 스피커 채널을 지원한다. 따라서 실제 몰입감 있는 경험을 만들려면 별도의 채널을 활용하는 기술이 있어야 한다.

사운드 애셋 유형

다음은 몇 가지 사운드 애셋 유형이다.

- **다이얼로그 보이스 및 다이얼로그 웨이브**Dialogue Voice and Dialogue Wav: 게임 내 다이얼로그 이벤트를 생성하는 데 사용된다. 예를 들면 자막 제작과 현지화(자막과 함께 캐릭터가 대화하는 경우 언어 변경)가 있다.

- **반향 이펙트**Reverb Effects: 메아리치는 축구 경기장의 안내 방송을 생각하면 된다. 이것이 바로 반향 이펙트이다.

- **사운드 어테뉴에이션**Sound Attenuation: 감쇠 프로퍼티를 정의할 수 있다. 사운드 어테뉴에이션의 프로퍼티를 기술적으로 더 배우고 싶다면 공식 문서 https://docs.unrealengine.com/ko/Engine/Audio/DistanceModelAttenuation/index.html에서 확인하자.

- **사운드 클래스**Sound Class: 다양한 사운드 애셋에 적용 가능한 프로퍼티 모음이다.

- **사운드 큐**Sound Cue: 언리얼에서 오디오 재생 방식은 사운드 큐에서 정의된다. 따라서 사운드 에디터에서 생성된 오디오의 출력(조합된) 노드는 사운드 큐로 저장된다.

- **사운드 믹스**Sound Mix: 이퀄라이저(EQ)를 설정할 수 있다. 게다가 사운드 클래스의 볼륨과 피치 같은 속성을 변경할 수 있다.

프로젝트에 오디오 추가하기

이제 게임에서 구현하고자 하는 오디오가 있다. 사운드 파일을 언리얼로 임포트하면 언리얼은 사운드 웨이브 애셋 유형을 생성한다. 이 애셋은 레벨에 곧바로 배치하거나 사운드 큐를 생성하는 데 사용할 수 있다. 사운드 큐는 사운드 큐 에디터에서 편집할 수 있다 (다음 절에서 다룬다).

프로젝트에 오디오를 임포트하려면 다음을 따라 한다.

1. **콘텐츠 브라우저**에서 **신규 추가** 버튼을 클릭한다. 또 다른 방법으로는 콘텐츠 브라우저의 빈 곳에서 마우스 오른쪽 버튼을 클릭해 **신규 추가** 메뉴로 접근한다.

2. 애셋 임포트 메뉴 아래에서 오디오 파일을 저장할 폴더로 임포트를 클릭한다. 예제에서는 **Audio**라는 이름의 새로운 폴더를 생성한다.[1]

3. 임포트 대화상자에서 프로젝트로 임포트하려는 (.wav)파일로 이동한 다음 선택하고 열기를 클릭한다. 이 작업을 완료하면 언리얼은 오디오 파일을 사운드 큐 애셋으로 임포트한다. 해당 애셋은 사운드 큐 에디터를 사용해 편집할 수 있다.

> ℹ️ 혹은 사운드 큐 에디터 안에서 사운드를 생성하고 싶다면 콘텐츠 브라우저의 신규 추가 버튼을 클릭하고 사운드 > 사운드 큐를 선택해 빈 사운드 큐 애셋을 생성할 수 있다.

이 절에서는 언리얼 사운드 큐 에디터의 기초에 대해 알아본다. 사운드 큐 에디터는 노드 기반의 에디터라는 점에서 블루프린트와 유사하며 언리얼 내부에서 오디오와 함께 작동하는 데 사용된다. 사운드 큐 에디터에는 게임에 분위기를 더할 수 있는 광범위한 효과를 만들 수 있는 매우 다양한 옵션이 있다. 이 프로젝트와 이 책의 다음 프로젝트에서 사운드 큐 에디터를 연구해보자.

---

1 여기서는 콘텐츠 브라우저의 Audio 폴더의 빈 곳에서 마우스 오른쪽 버튼을 클릭해 /Game/Audio에 임포트를 클릭했다. - 옮긴이

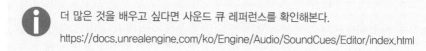

환경(앰비언트) 오디오 추가하기

어느 정도의 긴장감, 극적임, 심지어 행복감 같은 변화를 살짝 추가해보자. 예제에서는 헤일로에서 받은 영감을 만들어 본다. 프로젝트에 부드러운 환경 음악을 추가한다. looming abyss. wav 파일을 사용할 것이며 https://freesound.org/people/ProtoSounds/sounds/379020/에서 다운로드받을 수 있다.

감쇠

에디터에서 감쇠^{Attenuation}는 우리가 소리를 얼마나 멀리(반경) 들을 수 있는지, 그리고 어디에서 소리가 중복될 수 있는지를 보여준다. 매우 다양한 유형의 오브젝트(박스, 캡슐, 콘)가 사운드 감쇠에 사용된다. 다음 링크를 방문하면 더 많은 것을 알 수 있다.

https://docs.unrealengine.com/ko/Engine/Audio/DistanceModelAttenuation/index.html

(앰비언트) 오디오 작동을 위한 박스 트리거 추가하기

모험이나 탐험하는 많은 게임을 보면 맵의 다른 지역에 들어섰을 때 종종 분위기가 크게 바뀌기도 한다. 예를 들면 숲을 지나갈 때는 새가 지저귀는 소리나 늑대의 울음소리를 들을 수 있지만 호수나 폭포 가까이 다가가면 환경 사운드도 적절하게 조정된다. 폭포가 돌 위로 흘러내리며 물이 부딪히는 소리나 개구리가 연못으로 뛰어들어 물이 튀는 소리를 들을 수 있다. 환경이 달라질 때 특정 오디오가 트리거될 수 있다는 것은 매우 중요하다. 어떻게 만들 수 있는지 알아보자!

게임의 목표를 위해 좀 더 불길한 느낌의 오디오 트랙을 겹쳐서 어두운 영역을 트리거하고자 한다. 호러 게임 ambience.wav를 사용한다. 해당 오디오는 https://freesound.org/people/ofrm1/sounds/395672/에서 찾을 수 있다.

1. 언리얼에서 작동되는 오디오를 위해 .wav 파일을 임포트한다.
2. 액터 유형의 블루프린트 클래스를 추가하고 이름은 BP_AudioDangerTrigger로 정한다. 그리고 파일을 연다.
3. 구 영역에 들어갔을 때 오디오 파일을 작동시키려면 컴포넌트 추가를 클릭하고 Sphere Collision을 선택한다.
4. 오디오 컴포넌트를 추가한다.

 TIP 사운드를 실행하는 데 스태틱 메시도 사용할 수 있다는 점도 기억해둔다. 콜리전을 추가하기 전에 스태틱 메시를 추가해야 사용 가능하며, 플레이어가 실제로 트리거할 수 있을 만큼 콜리전 메시가 큰지도 확인해야 한다. 예를 들면 꽃과 같은 특정 객체가 특정 사운드 효과를 트리거하는 경우 콜리전 박스/구 등이 오브젝트보다 큰지 확인하자!

이제 플레이어가 구 콜리전 메시에 들어오자마자 오디오가 트리거될 수 있도록 블루프린트 설정을 시작해보자. 다음 단계를 수행한다.

1. 이벤트 그래프에서 마우스 오른쪽 버튼을 클릭해 On Component Begin Overlap을 선택한다.
2. 오디오 파일을 이벤트 그래프에 추가한다.
3. 오디오 파일의 출력 핀을 드래그해 Play(Audio > Components > Audio > Play)를 선택한다.
4. On Component Begin Overlap 노드의 실행 핀을 드래그해 Play 노드에 연결한다.

5. 다시 한 번 더 오디오 파일을 이벤트 그래프로 드래그한다.

6. 오디오 파일의 출력 핀을 드래그해 Stop(Audio ❯ Components ❯ Audio ❯ Stop) 노드를 선택한다.

7. Begin Play 이벤트의 실행 핀을 Stop 노드에 연결한다.

이제 다양한 청각 경험을 위해 트리거를 사용할 수 있게 됐다. 예를 들면 플레이어가 덤불이나 건초를 가득 실은 수레로 뛰어들 때 소리가 나는 것처럼 말이다. 가능성은 무궁무진하며 정말로 몰입감 있는 환경을 만들고 싶다면 사운드는 반드시 고려해야 한다.

▌ 다양한 상호작용에 오디오 효과 추가하기

플레이어가 무기를 발사하거나 아이템을 수집할 때, 게임 환경을 돌아다닐 때 트리거되는 사운드 효과를 만들어볼 시간이다.

무기 발사하기

게임을 하다 보면 이미 총소리가 있고 플레이어가 총을 쏠 때마다 총소리가된다는 사실을 알게 될 것이다. 블루프린트 코드에서 이런 동작을 수행하고 있는 곳을 찾아보고 원한다면 이 부분을 변경할 수도 있다.

발사 입력은 FirstPersonCharacter 블루프린트에서 처리하기 때문에 아마도 관련된 코드는 해당 블루프린트에 있을 것이다(그리고 우리는 복잡한 무기 시스템이 없다). 따라서 Fire 입력 액션 이벤트를 찾아서 그래프의 끝으로 스크롤하면 Play Sound at Location 노드를 찾을 수 있다.

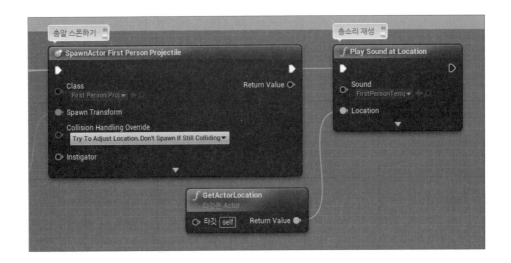

이제 다른 것으로 자유롭게 변경해본다. 파라미터가 변경된 것을 볼 수 있다.

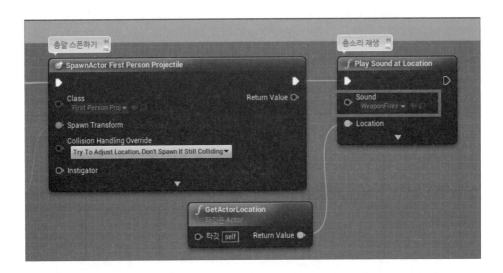

재생할 사운드는 Play Sound at Location 노드의 파라미터이기 때문에 원하는 대로 다룰 수 있다. 예를 들어 퍼블릭으로 노출되는 사운드 변수가 될 수도 있고 선택한 사운드의 전체 그래프가 될 수도 있다. 또한 큐 편집기를 사용해 하나의 Play Sound at Location 뒤에 더 정교한 시스템을 추가할 수도 있다.

아이템 수집하기

사격을 하고 그 위에서 아이템을 수집할 경우 사운드를 재생시키는 코드를 어디에 두어야 할지 스스로 이해해야 한다.

추측했다시피 BP_CollectableItem 블루프린트에서 작업을 할 것이다. 이벤트 그래프를 열면 Begin Overlap 이벤트의 끝으로 간다. BP_FinalDoor의 Item Collected를 수행하는 부분과 Destroy Actor 노드 사이에 수집 사운드 재생 노드를 배치할 수 있다. 먼저 Play Sound at Location을 사용해 다음 화면과 같이 수집 아이템의 위치 값을 해당 노드의 Location으로 선택한다.

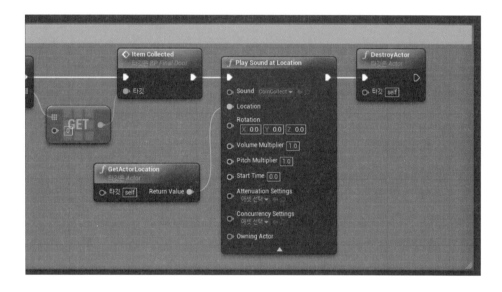

또 다른 방법으로는 사운드 재생에 관한 모든 옵션을 알 수 있게 플레이어의 위치와 관계 없이 재생되는 Play Sound 2D 노드를 배치할 수 있다. 일반적으로 2D 사운드는 UI에 사용되지만 참고를 위해 코드의 모습은 다음과 같다.

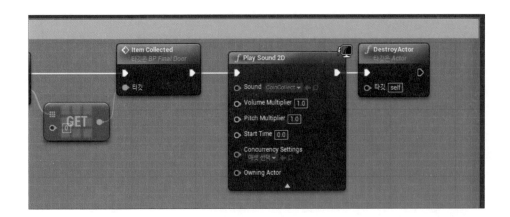

사운드 애셋 변경을 잊지 말고 다음으로 이동해보자.

▌ 배운 내용 확장하기

언리얼의 기본 오디오를 다뤘다. 다음은 지금까지 배운 내용을 발전시켜 도전할 수 있는
방법들이다.

- 다음에 비디오 게임을 플레이할 때에는 게임에서 사용하는 사운드에 주목한다.
  UI, 환경, 발자국 소리는 어떤가? 무언가 넘어뜨리면 소리가 나는가? 장르마다
  유사점과 차이점을 알 수 있는지 확인해보자.
- 게임을 플레이하는 동안 플레이어에게 제공되는 청각 피드백에 주목한다. 예를
  들어 상자를 열었을 때나 고대 유물을 발견했을 때 열쇠가 돌아가는 소리와 나무
  의 삐걱거림이 들리는가? 아마도 뱀 꼬리가 딸랑거리는 소리는 플레이어가 발견
  한 것이 중요하거나 혹은 위험하다는 것을 알려주는 보조 사운드 효과일 것이다.
- 좋아하는 게임의 사운드 트랙들을 유튜브에서 검색한다. 사운드를 들으며 눈을
  감고 어디에 있는지 상상해보자. 긴장감, 공포 또는 행복이 느껴지는가? 이제 플
  레이하지 않은 게임의 사운드 트랙을 찾아 무엇을 전달하려고 하는지 분위기를
  느껴보자.

- 언리얼 마켓플레이스의 애셋을 사용해 작은 환경을 만들고 음악을 사용해 분위기를 더한다.

- 도전해보겠는가? 계절별로 4개의 지역을 맵에 만든다(봄, 여름, 가을, 겨울). 봄의 새 지저귐, 겨울날 찬바람 소리, 쏟아지는 빗소리 등 각 계절을 나타내는 데 도움이 되는 대기 오디오를 만든다. 정말로 그럴 듯한 효과를 만들고 싶다면 트리거 박스를 만들고 플레이어가 환경 사이의 전환에 놀라지 않도록 오디오를 겹치게 하여 4계절이 부드럽게 섞이게 한다.

- 플레이어가 볼 수 없는 상황에 있다면 무슨 일이 벌어질까? 플레이어가 어디에 있는지 심지어 맵 주변을 탐색하는 방법을 사운드로 어떻게 표현할 수 있을까?

- Final Door는 어떨까? 플레이어가 모든 아이템을 모았고 최종 문이 열렸다는 것을 어떻게 알 수 있을까? 문이 열리는 사운드가 도움이 될 것이다. 사운드를 3D로 해야 할까 2D로 해야 할까? 직접 사용해보고 다양한 설정으로 실험해보자.

▌ 요약

음악은 희미하게 사라지겠지만 이 장에서만 사라질 뿐이다. 자, 10장에서 다룬 내용을 살펴보자. 언리얼 엔진 4에서 오디오를 다루는 방법과 프로젝트로 임포트하는 방법을 살펴봤다. 그다음 몇 가지 특별한 사운드 효과를 이용해 게임 환경에 분위기를 더했다.

11장에서는 다이내믹 머티리얼을 만드는 방법을 배운다. 게임 조건에 따라 바뀌는 머티리얼의 생성 방법을 살펴보며 기본적인 파티클 효과도 다룬다. 블루프린트를 활용해 미리 만들어진 파티클을 제어할 수 있는 방법의 모든 것을 배운다. 마지막으로 블루프린트를 활용해 라이트 효과를 작동시키는 방법을 살펴본다.

11

멋있게 만들기

대부분의 사람은 그들의 삶에 약간의 화려함을 추가해 평범하기보다는 어느 정도 흥미롭기를 원한다. 좋은 소식이 있다. 11장의 모든 내용이 바로 그런 것이다. 맵 주변을 돌아다닐 때 상호작용하여 반응하는 라이트처럼 변화하는 머티리얼을 만듦으로써 마법 같은 효과를 주는 다양한 방법을 살펴본다.

11장에서 다루는 내용은 다음과 같다.

- 게임 조건에 따라 바뀌는 다이내믹 머티리얼의 생성 방법
- 미리 제작된 파티클 이펙트를 블루프린트를 활용해 제어하는 방법
- 블루프린트를 이용해 라이트 효과를 트리거하는 방법

다이내믹 머티리얼

예제 환경에서 게임 내 오브젝트와 상호작용해 반응하는 머티리얼을 생성하려고 한다. 예제의 환경 내 오브젝트를 수집하는 동안 로딩하고 채워지는 머티리얼을 생성할 것이다. 모든 오브젝트를 수집하면 머티리얼은 완성된다. 이 경우 맵 중앙에 거대한 조각상이 설치될 것이고 아이템을 수집하면서 거대한 조각상의 머티리얼이 완성한다. 사실 이런 조각상을 맵 전체에 배치할 수 있도록 시스템을 설계할 것이기 때문에(그리고 원한다면 중앙의 큰 조각상을 유지할 수도 있다) 플레이어는 조각상 중 하나가 있을 때마다 진행 상황을 점검할 수 있다.

다음 화면에서 조각상 예제를 살펴보자.

다른 곳에 위치한 또 다른 예제다.

그리고 세 번째 조각상이다.

채워지는 머티리얼 생성하기

로드될 다이내믹 머티리얼을 만들어야 한다.

1. Materials 폴더 내에 새로운 머티리얼을 생성하고 이름은 M_FillingMaterial으로 정한다(Materials 폴더가 없으면 생성하자).

2. 머티리얼은 기본적으로 투명도 또는 불투명도를 지원하지 않는다. 따라서 (머티리얼 미리 보기 아래쪽)디테일 패널의 왼쪽 아래에서 Material 설정을 찾는다. 특히 Blend Mode를 Opaque에서 Masked로 변경하고 Two sided 옵션을 체크한다(체크하는 이유는 머티리얼을 안쪽에서도 볼 수 있기 때문이다. 마스크돼 숨겨진 부분으로 머티리얼의 내부를 볼 수 있다).

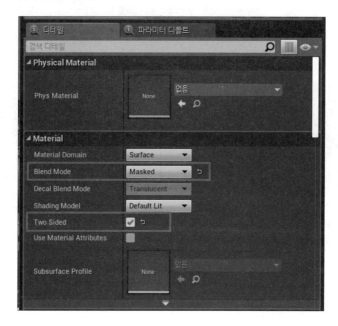

3. 머티리얼의 유연성을 위해서 베이스 컬러와 메탈릭, 러프니스를 파라미터로 만든다. 입력 핀 위에서 마우스 오른쪽 버튼을 클릭해 **파라미터로 승격**을 클릭한다.

4. 방금 생성한 세 개의 파라미터에 기본값을 설정한다. 예를 들면 메탈릭 값은 0.3, 러프니스는 0.79, 베이스 컬러값(예: 보라색)은 적절하게 설정한다. 사각형을 더블 클릭해 색상환을 열 수 있다는 것을 기억하자. 다음 화면과 비슷한 모습으로 보일 것이다.

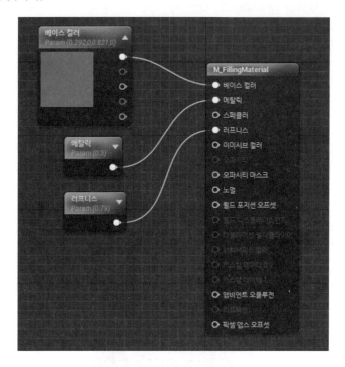

5. 머티리얼을 좀 더 복잡하게 보이게 하려고 Multiply 노드로 베이스 컬러에 텍스처를 더한다(텍스처의 픽셀과 색상 값을 곱하면 두 가지를 혼합할 수 있다). TextureSample Parameter2D 노드를 추가해 파라미터 텍스처를 추가한다. 텍스처 노드는 기본값이 필요하다는 것을 기억하자(텍스처 노드를 만들 때 기본 텍스처와 함께 생성되는 이유다). 그래프의 모습은 다음과 같다.[1]

1　기본으로 지정된 텍스처는 Engine/EngineResources/DefaultTexture이다. – 옮긴이

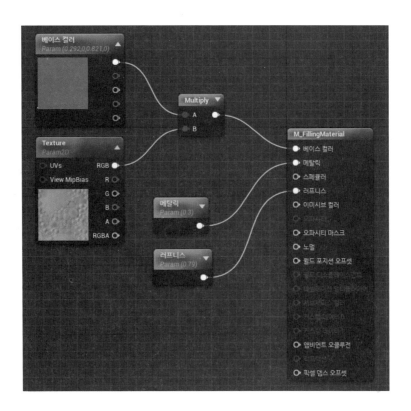

> ⓘ 노멀맵을 적용하려면 노멀맵을 저장하는 TextureSampleParameter2D를 생성해 노멀 입력
> 핀에 연결한다.

6. 해당 머티리얼의 마스크를 적용해보자. 머티리얼이 아래에서 위쪽으로 채워지길
   원하기 때문에 현재 렌더링되는 픽셀의 로컬 공간 좌푯값을 확인해야 한다. Local
   Position 노드를 이용해 수행한다.

7. SplitComponents 노드를 사용해 각각의 좌푯값을 분리할 수 있다. 머티리얼 에디
터에서 색상 값은 벡터임을 기억하자. 심지어 그 값이 색상을 표현하지 않더라도
말이다. 예제에서 해당 벡터는 좌푯값/위치 값을 나타낸다. 특히 블루 채널에 저
장된 Z축 값을 가져와야 한다.

8. 특정 높이 값의 모든 픽셀은 무시한다. SmoothStep 노드를 사용해 Min 값보다 작
은 값은 검은색(0값)으로 만들고 Max 값보다 크면 흰색(1값)으로 만든다. 노드에
부드러운 부분이 필요하지 않기 때문에 Min 위에서 클릭해 파라미터로 승격한다.
파라미터의 이름은 FillingValue로 정하고 기본값을 설정한다(예:0.5). Max 핀도 동
일한 값으로 연결한다. 알파 값으로 SplitComponents 노드의 블루 채널을 사용한
다. 글로만 보면 혼란스러울 수 있으니 다양한 노드들을 어떻게 연결해야 하는지,
무엇을 의미하는지 다음 화면을 참고한다.

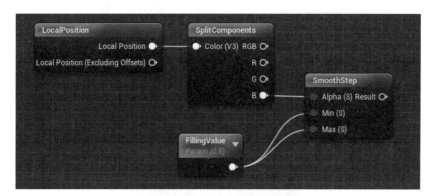

9. SmoothStep 노드의 결과를 반전시켜야 한다. 실제로 우리는 아래쪽은 마스크되지 않는 흰색(1값)을 원하기 때문이다. 반대로 머티리얼의 상단은 잘라내려고 한다. 따라서 1-x 노드를 사용해 값을 반전시킨다. 마지막으로 결괏값을 오파시티 마스크 입력값에 연결한다. 다음은 머티리얼의 최종 그래프다.

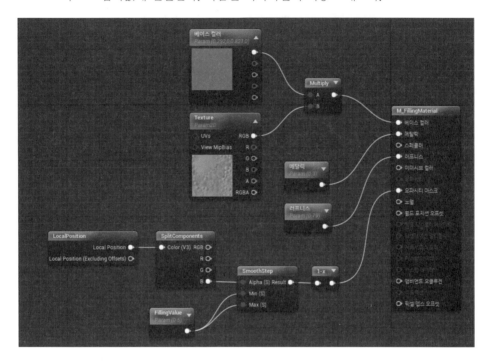

10. 프리뷰 패널에서 보이는 머티리얼의 모습이다.

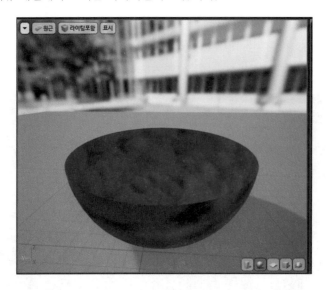

11. 머티리얼 에디터를 닫고 Filling Material에서 마우스 오른쪽 버튼을 클릭해 머티리얼 인스턴스 생성을 선택한다(이는 동일한 머티리얼이지만 다른 파라미터를 사용하게 한다. 머티리얼 인스턴스는 재사용에 매우 유용할 뿐만 아니라 오브젝트마다 다른 머티리얼을 만드는 것보다 시스템 효율을 더 높여준다). 해당 머티리얼의 이름을 MI_FillingMaterial 으로 변경하고 에디터를 열어서 프로퍼티를 변경한다. FillingValue 값은 블루프린트에서 제어할 것이기 때문에 신경 쓰지 말자.

 머티리얼 에디터가 얼마나 강력한지 이해하는 데 도움이 됐기를 바란다. 머티리얼을 좀 더 알고 싶다면 머티리얼 생성 부분을 다시 읽어보기 바란다.

머티리얼을 위한 블루프린트 생성

새로운 블루프린트를 만들 차례다. GameplayElements 폴더에 Actor 클래스로부터 상속받은 블루프린트를 생성한다. 생성한 블루프린트를 BP_FillingStatue로 이름을 변경한다. 블루프린트를 열었다면 다음 단계를 따라 한다.

1. Static Mesh 컴포넌트를 구 모양으로(또는 플레이어가 몇 개의 오브젝트를 모았는지 표시할 수 있는 아무것이나) 추가한다. 예제에서는 SM_Plains_Angel_Statue_01(이 프로젝트를 위해 사용하는 Infinity Blade 패키지 안에 있다)을 스태틱 메시로 사용한다.

2. 스태틱 메시의 머티리얼을 MI_FillingMaterial으로 변경한다. 하지만 채워지는 조각상의 다이내믹 머티리얼을 생성할 것이기 때문에 이 단계에서는 최종 결과의 대략적인 모습만 제공하면 된다.

> 머티리얼을 적용하면 조각상의 모습을 볼 수 없는데 머티리얼 인스턴스의 Filling Value를 큰 값으로 변경하면 된다. 그 결과 조각상의 모습이 나타난다. Filling Value 값이 상대적이지 않기 때문에 머티리얼이 적용된 오브젝트의 수치만큼(언리얼 단위로) 채운다. 상대적인 백분율 값으로 머티리얼에 적용되면 좋겠지만 이 책의 초점은 블루프린트이기 때문에 해당 이슈는 블루프린트에서 다룬다. 하지만 머티리얼 안에서 해당 이슈를 자유롭게 수정해도 된다(수정하는 데 성공했다면 이후의 블루프린트에서 이 부분을 수정하는 부분은 제거한다). 또한 이 내용은 11장의 마지막 절인 '배운 내용 확장하기'의 연습 목록이기도 하다.

3. 스태틱 메시의 다이내믹 머티리얼을 생성한다. BeginPlay 이벤트에서 새로운 다내이내믹 머티리얼을 Create Dynamic Material Instance(static Mesh) 노드를 활용해 생성해보자. 스태틱 메시를 타깃 핀에 연결하고 Source Material은 MI_ FillingMaterial으로 설정한다.

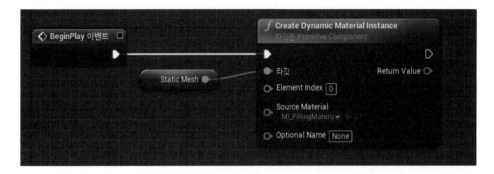

4. Return Value 위에서 마우스 오른쪽 버튼을 클릭해 **변수로 승격하기**를 선택한다. 이런 방법은 우리에게 자동으로 올바른 타입의 변수를 생성해주면서 SET 노드도 배치한다. 변수의 이름만 DynamicMaterial으로 변경하면 된다. 다음은 그래프의 모습이다.

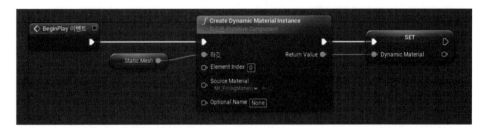

5. 다른 블루프린트에서 호출되는 Set Filling Value 이름의 커스텀 이벤트를 생성한다. 해당 이벤트에 FillingValueInPercentage 이름의 float 입력값을 추가한다(디테일 패널 입력 옆의 플러스를 클릭한다). 이 값은 0에서 1사이의 (normalized) 정규화된 값을 가진다. 이벤트의 모습은 다음과 같다.

6. 백분율 값을 다이내믹 머티리얼에 직접적으로 설정하는 것이 좋겠지만 그렇게 할 수 없다. 실제로 머리티얼에서 했던 것처럼 채우기 값은 백분율(혹은 정밀하게 정규화된) 값이 아니라 언리얼 단위로 표현되며(머티리얼을 채우길 원하는 언리얼 유닛의 값. 1언리얼 유닛 = 1센티미터), 이 값을 변경하면 마치 현재 스태틱 메시를 다른 스태틱 메시처럼 보이게 변화시킨다. 그리고 이런 백분율 입력값을 머티리얼이 올바르게 처리할 수 있는 언리얼 유닛값으로 변환해야 하며 그 과정에서 스태틱 메시가 얼마나 큰지 알아야 한다. GetActorBounds 노드를 사용해 블루프린트의 바운딩 박스(스태틱 메시를 감싸고 있는 박스이며 오브젝트가 얼마나 큰지 확인할 때 사용한다) 높이 값을 가져온다. GetActorBounds 노드의 Box Extend 벡터에서 마우스 오른쪽 버튼을 클릭하면 핀을 분할해 다른 노드로 저장할 수 있다. 따라서 바운딩 크기의 Z 좌표에 직접 접근할 수 있다. 이 값을 가져와서 FillingValueInPercentage 값과 곱한다.

하지만 Box Extend 값은 높이의 절반에 해당하므로 2배 곱해야 한다. 또 다른 문제는 블루프린트가 스케일된 경우다. 그 결과 블루프린트의 스케일은 머티리얼의 전체 채우기 값에 영향을 미친다. 따라서 곱셈의 결과를 해당 액터의 스케일된 Z 좌푯값으로 나눠야 한다. 다음은 이런 연산을 모두 수행한 그래프의 모습이다.[2]

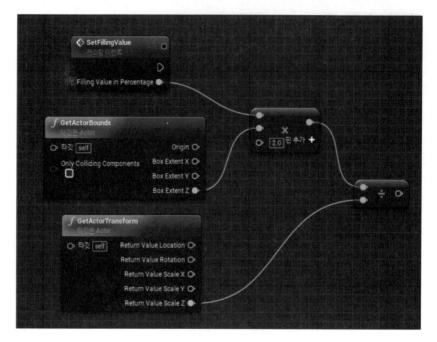

7. Set Scalar Parameter value 노드를 사용해 결괏값을 다이내믹 머티리얼에 적용한다. Parameter Name 값은 FillingValue(머티리얼의 파라미터 이름과 완벽하게 동일한)을 사용한다.

---

2 GetActorBounds, GetActorTransform 노드마다 구조체 핀분할을 사용한다. – 옮긴이

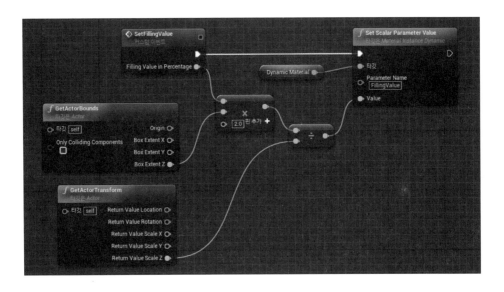

8. **BP_FillingStatue** 블루프린트를 컴파일하고 저장해 게임플레이의 나머지 부분과
   연결해보자. 플레이어가 아이템을 수집할 때 SetFillingValue 이벤트를 호출해 채
   우기 값이 올바르게 설정되도록 한다. 그렇게 하기에 가장 좋은 곳이 **BP_FinalDoor**
   이다. 사실 이 블루프린트는 수집 가능한 모든 오브젝트에 접근하기 때문에 얼마
   나 많은 아이템을 수집했는지 알고 있으며 물체가 수집될 때마다 호출된다. 그럼
   BP_FinalDoor 블루프린트를 열어보자.

9. 예제에서는 맵에 오직 하나의 **BP_FillingStatue**가 있다고 가정할 수 있으므로 코드
   를 통해서 동적으로 이 값을 쉽게 참조할 수 있다. 하지만 이번에는 다른 방식으
   로 할 것이며 전체 조각상을 배열에 저장해 개수가 하나 이상이면 모든 조각상을
   업데이트한다. 이로 인해 조각상을 하나 이상 배치할 수 있고 플레이어는 맵에 위
   치한 다양한 조각상으로 진행 상황을 체크할 수 있다.

10. 두 개의 변수가 필요하다. 하나는 Integer 유형의 TotalNumberOfItems이고 이 값은 시작할 때 전체 오브젝트의 개수를 저장한다(이로 인해 채우기 값을 백분율로 표현할 수 있다). 또 다른 하나는 FillingStatues라는 이름의 BP_FillingStatue 유형을 저장하는 배열이다(변수 유형 옆의 작은 파란 라인을 마우스 오른쪽 버튼을 클릭해 배열 타입의 변수로 만든다).

11. Total Number Of Items variable 값을 설정한다. BeginPlay 이벤트를 변경해 RemainingCollectableItems의 SET 노드와 Branch 노드 사이에 Total Number Of Items variable의 SET 노드를 추가한다. Total Number Of Items 값을 Branch 노드의 Condition 값으로 사용해 그래프를 깔끔하게 유지하자.

12. BeginPlay 이벤트 노드에서 모든 Filling Statues를 설정한다. 이벤트의 첫 번째 명령으로 Get All Actor Of Class 노드를 배치해 Out Actor 값을 Filling Statues 변수에 설정한다. 그리고 계속해서 이전의 흐름을 이어간다.[3]

---

3 방금 배치한 Get All Actor Of Class 노드의 Actor Class 값을 BP_FillingStatue으로 설정해야 Filling Statues 변수에 저장할 수 있다. – 옮긴이

13. 그래프를 깔끔하게 유지하려면(곧 왜 그래프를 깔끔하게 유지해야 하는지 알게 된다) 조
각상을 업데이트하는 Update Filling Statues라는 이름의 새로운 함수를 추가해야
한다. 함수를 생성했다면 그래프를 열어서 FillingStatues 배열 변수의 ForEachLoop
를 사용해보자.

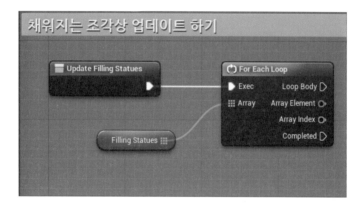

14. Loop Body에서 각 조각상에 정확한 채우기 값을 설정한다. 이 값을 계산하기 위
해 RemainingColletableItems와 TotalNumberOfItems를 float로 변환한다. 그리고 변
환된 각각의 값으로 첫 번째를 두 번째로 나눈다. 그 결과 아직 수집해야 할 아이
템의 백분율을 가지게 되지만 우리가 원하는 것은 수집된 아이템의 백분율이다.
원하는 값을 얻으려면 1에서 해당 값을 뺀다. Array Element가 타깃으로 사용된
Set Filling Value(BP_FillingStatue 이벤트)노드에 결괏값을 연결한다.

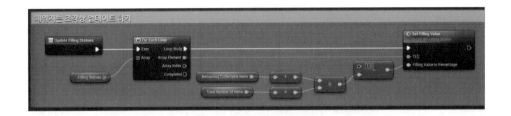

15. 이 함수를 정확한 순간에 배치해야 한다. 먼저 첫 번째로 게임의 모든 조각상이
    비어 있는지 확인한다. BeginPlay 이벤트의 끝쪽으로 이동해 Branch 노드 직전에
    방금 생성한 함수를 호출해 모든 조각상을 업데이트한다.

16. 아이템을 수집할 때마다 해당 함수를 호출해야 한다. 다음 코드에서 보는 것처럼
    ItemCollected의 아이템 개수 감소 이후 Branch 노드 이전에 이 함수를 호출한다
    (개수 감소 이후에 함수를 호출하는 것이 매우 중요하다. 그렇지 않으면 Update Filling Statues
    함수는 변수의 예전 값으로 업데이트할 것이다).

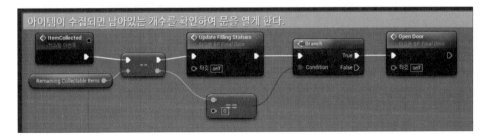

17. BP_FinalDoor 블루프린트를 컴파일하고 저장한다.

이제 원하는 만큼 Filling Statues를 레벨에 배치할 수 있으며, 조각상은 실제 아이템 개수에 관계없이 자동으로 올바른 백분율로 채워진다.

LIT 시작하기

마지막으로 블루프린트를 활용한 다이내믹 라이팅 생성을 살펴보려고 한다. 1장에서 환경을 밝혀주는 간단한 라이트를 생성했다. 이제는 플레이어의 위치에 반응하는 라이트를 생성한다. 이 의미는 플레이어가 라이트에 가까이 다가갈수록 색상이 빠르게 변화한다는 뜻이다. 예제에서 라이트는 플레이어가 멀어질수록 빨간색에서 파란색으로 차츰 바뀌고 그 반대도 마찬가지다.

라이트 모빌리티

실시간으로 생성되고 많은 매개변수를 변경하는 다이내믹 라이트를 생성하기 전에 라이트 모빌리티부터 이해해야 한다.

게임에서 아무 조명이나 선택하면(라이트가 하나도 없다면 만든다) Transform 카테고리에서 모빌리티라고하는 파라미터를 볼 수 있다.

모빌리티 파라미터는 게임 환경을 상황에 맞게 비추고 싶을 때 매우 중요하다. 세 가지 가능성을 간략하게 설명하겠다.

- **스태틱**Static: 라이트 맵에 구워졌기 때문에 (렌더링 퍼포먼스에 관해) 매우 저렴한 비용의 라이트다. 다이내믹 그림자를 드리울 수 없다.
- **스테이셔너리**Stationary: 라이트 맵에 구워지긴 했지만 다이내믹 오브젝트의 실시간 그림자를 지원하는 추가 정보도 저장하기 때문에 스태틱보다는 조금 더 비싸다. 하지만 많은 제약이 따르는데 이를 테면 움직일 수 없다는 것이다.
- **무버블**Movable: 세 가지 옵션 중에서 가장 유연하지만 가장 비싸다. 실시간 그림자를 드리울 수 있고 이동 가능하며 색상과 강도intensity를 변경할 수 있다.

블루프린트 에디터에서 라이트를 만들고 있다면 블루프린트 에디터는 모든 종류의 라이트를 어떻게 제어할 수 있는지 확인하는 데 매우 유용하다. 하지만 이 책에서는 게임플레이 도중에 블루프린트에서 라이트를 처리한다. 따라서 라이트를 생성하거나 변경하고 싶다면 Movable은 필수다.

 라이트에 대해 더 많은 것을 배우고 싶다면, 특히 라이트와 레벨 디자인 관련 책을 읽어보길 바란다.

블루프린트에서 다이내믹 라이트 생성하기

기대한 대로 플레이어와의 거리에 따라 색상이 변하는 실시간 라이트를 생성하려고 한다. 게다가 플레이어가 너무 많이 멀어질 경우 라이트는 꺼진다. 다음과 같이 라이트를 생성해보자.

1. 액터로부터 파생된 새로운 블루프린트를 생성하고 이름은 BP_DynamicLight로 정한다.

2. BeginPlay 이벤트에서 Point Light Component 추가 노드를 사용한다. Return Value 위에서 마우스 오른쪽 버튼을 클릭해 **변수로 승격**을 선택하고 변수 이름을 PointLight으로 변경한다.

ℹ️ 물론 포인트 라이트 컴포넌트를 직접 추가할 수도 있지만(이 경우 라이트 모빌리티를 Movable로 설정하는 것을 잊지 말자) 핵심은 라이트를 게임플레이 내에서 생성하는 방법을 보여주는 것이다.

3. 플레이어와의 거리를 계산한다. 플레이어의 참조를 가져오는 Get Player Character (특정 함수를 호출하는 것이 아니라 위치만 가져올 것이기 때문에 캐스팅은 필요 없다)를 사용해 Get Distance To로 거리를 계산한다.

4. float 유형의 세 가지 변수를 생성해 필요에 맞게 수정한다. 변수의 이름은 DistanceForActivation, DistanceBeginChangeColor, DistanceEndChangeColor이다. 변수들 이름 옆의 눈 모양을 뜨게 하여 모든 변수를 퍼블릭으로 만들고(이로 인해 디테일 패널에서 인스턴스별로 값을 변경할 수 있다) 원하는 디폴트 값으로 할

당한다. 물론 DistanceForActivation 값은 DistanceBeginChangeColor와 Distance EndChangeColor 값보다 크거나 같아야 한다(앞으로 작업할 코드는 이런 가정하에 동작한다).[4]

5. 이번에는 LinearColor 유형의 두 개의 또 다른 변수 BeginColor, EndColor를 추가한다. 이 값들은 색상의 시작과 끝을 저장한다.

6. Tick 이벤트에서 Distance from the Player 거리 변수를 확인하고 로직을 구현한다. Distance from the Player 값이 DistanceForActivation보다 큰지 확인한다. 만약 크다면 PointLight 변수의 Set Visibility 노드를 사용한다(New Visibility 파라미터를 체크하지 않은 상태로 둔다).

---

4 정상적으로 동작하는지 확인하려면 생성한 변수의 디폴트값을 할당한다. 예제에서는 DistanceForActivation(1,000), DistanceBeginChangeColor(800), DistanceEndChangeColor(200)로 설정했다. – 옮긴이

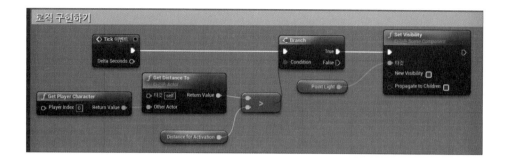

> Tick 함수는 매우 비싸기 때문에 꼭 필요한 경우가 아닌 한 사용을 자제해야 한다. 예제에 서는 간단하게 라이트를 관리하는 방법을 살펴봤다. 일반적으로는 프레임마다 갱신이 필요 하지 않은 오브젝트에는 타이머를 사용해야 하며 심지어 1초에 세 번 동작하는 갱신 주기 도 무리 없이 동작할 것이다(플레이어는 딜레이를 눈치채지 못할 것이다).

7. False인 경우 또 다른 Set Visibility 노드를 사용해 라이트를 켠다(이번에는 New Visibility를 체크한다). 하지만 여기에서 끝나지 않고 Set Light Color 노드를 통해 라 이트의 색상을 변경한다. New Light Color에는 각각 BeginColor, EndColor를 A에 서 B로 설정한 Lerp(선형 보간) 노드를 사용한다. Lerp 노드의 Alpha 값을 결정하려 면 플레이어와의 거리를 가져와서 DistanceBeginChangeColor 값을 뺀다. 여기에 서 양수 값이 나온다면 플레이어는 DistanceBeginChangeColor보다 멀기 때문에 이런 경우는 무시한다. 뺄셈 값과 0 사이의 MIN 노드 결괏값을 사용하고 음수일 때만 값을 가져온다. 그러나 결괏값이 음수이기 때문에 ABS 노드를 사용해 양수 로 변환한다. 마지막으로 DistanceEndChangeColor 값에 상대적인 거리가 있기 때 문에 결괏값을 DistanceEndChangeColor로 나누면 우리가 찾는 정확한 Alpha 값 을 얻을 수 있다(값이 0보다 크다면 문제되지 않는다).

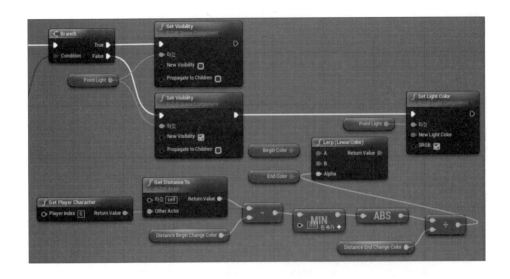

8. 블루프린트를 컴파일하고 저장한다.

그리고 이것으로 다이내믹 라이트 부분도 마무리한다. 변수에 값을 할당하고 게임 안에서 테스트하는 것을 잊지 말자.

블루프린트를 통해 게임플레이에서 파티클 매개변수 다루기

게임 환경에 생동감을 더하는 일반적인 파티클 이펙트를 몇 가지 추가해 원하는 대로 만들면서 확장할 수 있는 기반을 만들자. 파티클 이펙트는 전체 장(심지어 책 전체)에서 사용하기 때문에 이 절에서는 블루프린트를 활용해 파티클 시스템을 제어하는 방법에 집중한다. 자신만의 파티클 시스템이 있다면 자유롭게 사용해도 좋고 그렇지 않다면 프로젝트 파일에 있는 파티클을 사용한다. 파티클 이펙트 생성을 좀 더 자세히 알고 싶다면 다음 링크를 방문해보자.

https://docs.unrealengine.com/ko/Resources/Showcases/Effects/index.html

한 가지 기억해야 할 점은 언리얼은 앞서 캐스케이드(Cascade)라 불리는 시스템을 사용했다는 것이다. 애셋팩이 있다면 아마도 캐스케이드 시스템을 사용할 것이다. 사실 최근에 소개된 새로운 파티클 시스템인 나이아가라(Niagara)는 곧 캐스케이드를 대체할 것이다(아직은 아니다). 단순히 호기심으로 이들의 차이점에 대해 알고 싶다면 파티클 시스템을 열어본다(심지어 머티리얼 학습을 찾을 때에도). 우리는 양쪽 모두를 살펴볼 테지만 변수들을 제외하고는 블루프린트 레벨에서 많은 것이 바뀌지 않았으며 함수는 거의 동일하다.

파티클 시스템의 동적 생성과 관련해서 두 가지 선택지가 있다. 특정 위치에 스폰하거나 컴포넌트 또는 액터에 붙여서 스폰하는 경우다. 캐스케이드 파티클 시스템에서 다음 두 가지 함수를 사용할 수 있다.

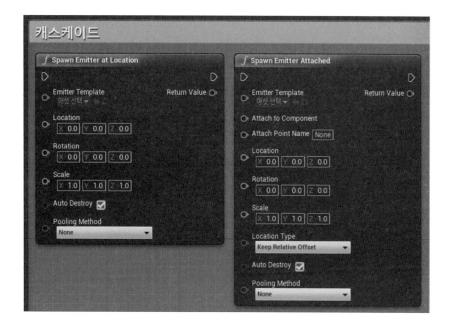

그 대신에 나이아가라에서는 다음 두 가지를 사용한다.[5]

---

5   나이아가라용 함수를 보고 싶다면 몇 가지 설정을 해야 한다. 메인 메뉴 편집 > 플러그인을 선택해 플러그인 메뉴를 열고 FX 항목에서 Niagara(나이아가라) 및 Niagara Extras(나이아가라 추가)를 활성화하고 에디터를 다시 시작한다. – 옮긴이

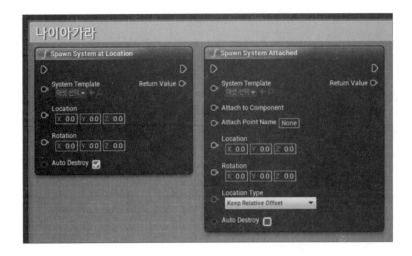

4개의 함수에서 블루프린트로 제어할 수 있는 파티클 시스템의 참조를 가져올 수 있다. 파티클 이펙트를 드래그해 Particle을 입력하기만 해도 많은 함수를 찾을 수 있으며 게임플레이 데이터로 행동을 제어한다는 측면에서 가장 중요한 것은 파티클 시스템의 파라미터를 설정하는 함수들이다.

캐스케이드는 다음과 같다.

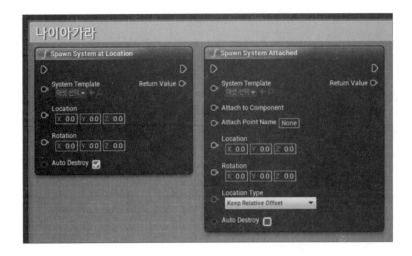

나이아가라는 다음과 같다.

공식 문서를 확인하고 위 화면의 블루프린트와 함수들을 이용해 파라미터의 제어 방법을 학습해서 파티클 시스템을 더 깊이 이해할 것을 추천한다. 다음 링크에서 더 많은 정보를 얻을 수 있다.

https://docs.unrealengine.com/ko/Engine/Niagara/index.html

▌ 배운 내용 확장하기

다음은 기술을 시험하고 능력에 도전할 수 있는 몇 가지 연습 문제다.

- 다른 유형의 이펙트를 머티리얼과 함께 생성할 수 있는지 살펴본다. 예를 들면 작업한 머티리얼을 로드하고 채우는 방법을 변경할 수 있겠는가?
- 채워지는 머티리얼은 FillingValue 값을 언리얼 유닛 단위로 처리한다. 머티리얼 데이터에서 값 대신 백분율로 입력받을 수 있도록 변환해본다.

- 채워지지 않은 부분이 외곽선을 가지도록 머티리얼을 변경해본다(이런 외곽선은 플레이어가 수집해야 할 아이템이 몇 개나 남았는지를 이해하는 데 도움이 된다).

- 라이트 효과 또는 라이트 유형을 실험해본다. 라이트의 색상이 바뀌는 것 대신 깜빡거리도록 만들 수 있겠는가?

- 우리가 생성한 다이내믹 라이트는 멋있지만 꾸밈용일 뿐이다. 그 위에 조명이 있는 적을 구현해보고 플레이어가 조명을 발견한다면 적이 가까이 있을 때이다. 또는 플레이어에게 조명을 붙일 수 있게 코드를 수정한다. 플레이어와의 거리를 계산하는 것 대신에 가장 가까운 적이 누구인지 먼저 계산하고 적과의 거리를 계산하는 나머지 연산을 한다. 이런 방법으로 플레이어는 적이 근처에 있을 때 알 수 있는 제6의 감각을 갖게 될 것이다.

▌ 요약

두 번째 프로젝트의 중반부를 마쳤다. 게임은 앞 장에서 했던 것보다 훨씬 보기 좋을 것이다. AI에서 분위기 개선까지 게임에 더 몰입하도록 만드는 다양한 기술을 다뤘다. 11장에서 게임을 더 멋있게 만드는 핵심요소를 다뤘다. 게임 내의 상호작용에 따라 변화하는 다이내믹 머티리얼을 생성하는 부분을 살펴봤다. 그리고 블루프린트를 사용해 파티클 이펙트에 영향을 미치는 방법을 분석했다. 마지막으로 블루프린트를 사용해 언리얼 엔진 4 라이트를 조작하는 방법도 살펴봤다.

12장에서는 게임 분석과 관련된 주제인 블루프린트 분석 도구를 사용하는 방법과 게임 내에서 분석을 실행하는 방법도 다룬다. 또한 블루프린트 디버깅, 함수 테스트, 레벨 디자인도 살펴본다. 12장이 끝날 때에는 보기에도 예쁠 뿐만 아니라 플레이 레벨도 쾌적해질 것이다.

12

게임 분석과 디버깅, 펑셔널 테스팅

12장에서는 게임 분석game analytics이 무엇이며 왜 유용한지, 그리고 블루프린트를 활용해 구현하는 방법을 알아본다. 그리고 나서 언제든지 유용하게 사용할 수 있는 블루프린트 디버깅 툴을 몇 가지 살펴본다. 펑셔널 테스트를 탐구해 동작 방식과 게임에서 구현하는 방식을 이해한다. 마지막으로 프로젝트를 위해 만든 예제 맵을 제공하면서 프로젝트를 마무리하며 주로 맵을 창의적으로 구현하는 아이디어를 제공하겠다.

12장에서 다루는 다음 주제부터 시작해보자.

- 게임 분석
- 블루프린트 분석 라이브러리
- 게임에서 분석 구현하기
- 블루프린트 디버깅

- 펑셔널 테스팅
- 레벨 디자인
- 배운 내용 확장하기

게임 분석

게임에서 데이터를 수집하는 일은 매우 중요하다. 특히 유저를 더 이해하고 더 나은 경험을 만들어주고 싶다면 말이다. 데이터를 수집하는 과정을 게임 분석이라고 한다. 게임 분석은 특정한 시간대에 특정 값을 저장하는 방법으로 생각할 수 있다. 예를 들면 플레이어는 어디에 있는지, 돈은 얼마나 가졌는지, 보스와의 전투 후 플레이어의 체력은 얼마나 남았는지 등이다. 하지만 게임을 출시하고 나면 플레이어들은 전 세계에 있을 것이다. 따라서 인터넷으로 이런 정보를 수집하는 시스템이 필요하다. 이런 시스템을 직접 만들어서 광고 서버를 설정하거나(이 분야의 전문가가 아니라면 매우 어렵다) 또는 제공자provider를 이용한다(기존 시스템에 요금을 제공하며 일반적으로 데이터 사용량에 따라 다르다). 그러므로 데이터 사용량이 적은 경우, 일부 제공자들은 테스트할 수 있는 무료 요금제를 제공하기도 하지만 플레이어 수가 증가하면 데이터 사용량도 증가한다.

블루프린트 분석 플러그인

언리얼에는 매우 견고한 분석 시스템이 있는데, 선택한 제공자와 (혹은 자신만의 시스템을 만들기로 한 경우) 독립적으로 동작한다. 실제로 언리얼은 편리한 인터페이스를 통해 수집하고자 하는 데이터를 모아주는 방법을 제공한다. 따라서 UClass에 종속성(블루프린트가 조작할 수 있는 오브젝트에 의존성이 없다는 의미)이 없기 때문에 블루프린트용 인터페이스를 제공하는 플러그인이 필요하다. 이것은 엔진 내장형 플러그인이며 다음과 같은 방법으로 활성화할 수 있다.

- **설정 > 플러그인**으로 이동한다. Analytics 섹션에서 Analytics Blueprint Library 플러그인을 찾는다.
- 다음 화면과 같이 활성화한다.
- 그런 다음 엔진을 다시 시작한다.

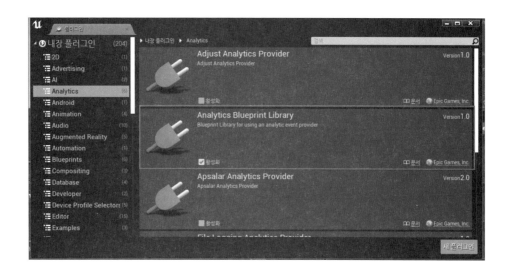

> ℹ️ 위 화면은 이미 활성화된 플러그인을 보여준다. 비활성화된 경우 언리얼은 플러그인 창의 아래쪽에서 엔진을 즉시 재시작할지 물어볼 것이다.

이 플러그인만 사용해도 기본 이벤트로부터 플레이어 게임 통계에 이르기까지 게임 내 데이터를 추적하는 데 사용할 수 있는 20개 이상의 블루프린트 노드가 있다는 것을 기억하자. 플레이 세션에서부터 게임 콘텐츠 구매에 이르기까지 게임 전반에 걸쳐 수집할 수 있는 다양한 정보를 살펴본다. 따라서 어떤 블루프린트 노드를 사용할 수 있는지를 알아야 한다. 가장 많이 사용되는 블루프린트 노드는 다음과 같다.

- **Start session 노드:** 플레이 세션의 정보를 수집할 때 각 플레이 세션마다 고유한 세션으로 취급되는지 확인한다. 이렇게 하는 데는 다양한 이유가 있는데 예를 들면 플레이어가 게임을 얼마나 자주, 얼마나 오랫동안 플레이하는지 알 수 있기 때문이다.

- **End session 노드:** 분석 플러그인(서드파티 소스의 플러그인 포함)의 현재 세션에 대한 이벤트 기록을 중지한다. 일부 제공자는 데이터 수집기에 데이터를 플러시(제거)할 것이다.

- **Record event 노드:** 현재 연결된 특성이 없는 이벤트를 기록하는 데 사용되며 **Record Event Node**를 사용한다. 예를 들면 인벤토리에 접근하거나 특정 NPC와 상호작용하는 등 특정 옵션을 수행하는 횟수를 세고 싶을 때 사용한다. 기록된 이벤트에는 다음과 같이 단일 또는 다중 속성이 포함된다는 것도 이해하는 것이 중요하다.

  - **단일 속성:** 한 개의 특성을 가진 이벤트를 이름으로 기록한다. 그러면 개별 속성들 중에서 특정 이벤트의 발생을 비교할 수 있다. 예를 들어 플레이어가 다양한 자원을 수집한다면 어떤 자원이(체력, 무기 탄약, 그 외) 가장 인기 있는지 확인할 수 있다.

  - **다중 속성:** 발생하는 이벤트에 컨텍스트를 제공하는 여러 가지 특성이 포함된 이벤트를 기록한다. 이 노드는 게임의 밸런스를 향상시키기 위해 플레이어가 하는 일을 분석하는 데 사용하기에 아주 좋다. 예를 들면 플레이어가 다른 무기들보다 더 강력한 무기(획득하기 어려울 수도 있는)를 만들기 위해 업그레이드하는가?

- **Record item purchased 노드:** 게임 아이템의 구매 내역(게임 내 화폐로)을 기록한다. 하지만 현실에서 구매를 기록하지 않는다(예: 다운로드 가능한 콘텐츠(DLC), 소액결제 등). 실제 구매 내역은 **Record currency purchase** 노드로 추적된다.

- **Record currency given 노드**: 게임플레이 중에 플레이어가 게임 화폐를 획득할 때를 기록한다. 예를 들어 보스와의 전투 후 게임 화폐를 받거나 아이템을 거래할 때다. 이런 방법으로 잠재적으로 문제가 될 수 있는 영역의 정보를 제공하고 플레이어가 사용하는 게임 내 화폐의 효율성을 결정할 수 있다. 다시 말하면, 이 노드와 다른 노드를 통해 게임의 균형을 맞추고 플레이어들 간의 자원을 배분하는 데 도움이 된다.

- **Record currency purchase 노드**: 실제 금전으로 게임 내 화폐를 구매한 것을 기록한다. DLC 또는 소액 결제도 포함된다. 무료 플레이가 가능한 게임에서 수익이 가장 많이 발생하는 기능을 확인하는 데 특히 유용하다.

 타사 분석 서드파티를 사용하는 경우 이런 노드들을 볼 수 없다. 에디터에서 해당 제공자의 플러그인을 활성화했는지 다시 한 번 확인한다.

게임 내 분석 기능 구현하기

이제 게임 분석 기능을 충분히 살펴봤으므로 예제를 몇 가지 구현해보자.

첫 번째로 데이터를 수집할 제공자가 필요하다. 그렇지 않으면 시스템은 작동하지 않을 것이다. 다행스럽게도 언리얼에는 테스트 목적의 로컬 분석 제공자를 구현하는 플러그인이 있다. 이 플러그인은 온라인 제공자를 사용하는 대신에 수집된 데이터를 로그 파일로 출력한다.

플러그인 메뉴를 다시 한 번 더 열고 Analytics 카테고리 아래에서 다음 화면과 같은 File Logging Analytics Provider 플러그인을 찾는다.

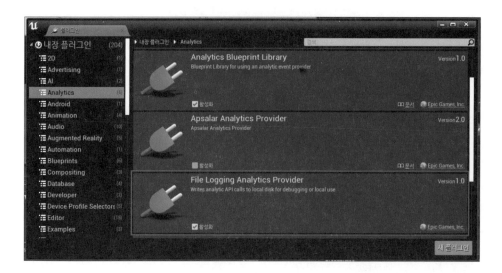

Analytics Blueprint Library 플러그인을 활성화하지 않았다면 플러그인을 활성화하고 엔진을 닫는다. 사실 한 단계가 더 필요한데 이 단계는 엔진이 실행되고 있지 않을 때 해야 한다.

프로젝트 폴더를 열면 Config라는 이름의 폴더를 찾을 수 있다. 폴더 안에서 DefaultEngine.ini 파일을 찾는다. 이 파일에는 게임의 많은 설정이 담겨 있다. 파일을 텍스트 편집기로 열고 제일 아래쪽에 다음 설정을 추가한다.

```
[Analytics]
ProviderModuleName=FileLogging
SendInterval=5
```

기본적으로 (방금 활성화했던) 값들이 의미하는 것은 FileLogging을 분석 제공자로서 사용하며 이들에 대한 설정값이다. 예제에서 해당 매개변수는 모든 데이터를 제공자에게 플러시하는 빈도를 나타낸다. 이 값은 5초다(보통 60초처럼 큰 값이 설정되지만, 시연을 위해 5초로 고정한다). 파일을 저장하고 프로젝트를 다시 연다.

 하나 이상의 제공자를 사용하고 싶으면 Multicast Provider 플러그인을 활성화해 사용할 수 있다(다른 두 플러그인과 동일한 방식으로). 설정 파일에서 디폴트 제공자를 설정한다. 그런 다음 ProviderModuleNames 매개 변수를 함께 사용하려는 다른 제공자로 지정하고 콤마로 구분한다.

이제 게임에서 몇 가지 분석을 테스트할 준비가 되었다.

무엇을 분석해야 하는지 결정해야 한다. 예를 들어 플레이어가 아이템을 수집할 때마다 그리고 AI를 죽일 때마다 기록한다. 이런 이벤트와 함께 타임 스탬프를 기록하고 싶으므로 Time 특성을 가질 것이며 현재 플레이 시간을 입력한다.

또한, 게임이 시작될 때 새로운 세션을 시작하고 플레이어가 죽을 때마다 세션을 닫는다. 그 결과 플레이하는 동안 세션이 달라질 것이다(시연을 위한 것으로 원한다면 플레이어의 시작부터 게임이 끝날 때까지 하나의 세션을 가질 수도 있다).

세션 시작하기

레벨이 로드되자마자 세션을 시작해야 한다. 간단하게 하려면 레벨 블루프린트를 사용한다(뷰포트 상단의 툴바에서 **블루프린트 ➤ 레벨 블루프린트** 열기에서 접근할 수 있다). 특히 **Begin Play** 이벤트를 사용해 세션 기록을 시작한다. 호출해야 하는 함수는 다음 화면에서 보이는 것처럼 속성이 없는 **Start Session**(Analytic ➤ Start Session)이다(해당 세션이 시작할 때 특정 속성을 추가하지 않을 것이기 때문이다).

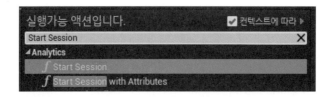

BeginPlay 이벤트 노드에 Start Session 노드를 연결하면 다음과 같이 보일 것이다.

세션 끝내기

세션을 끝내기 가장 좋은 곳은 레벨 블루프린트 내부다. 이번에는 다음과 같이 End Play 이벤트가 필요하다.

1. 다음 화면에서 보이는 것과 같이 왼쪽의 **내 블루프린트** 탭에서 **오버라이드**를 클릭 하고 End Play를 선택한다.

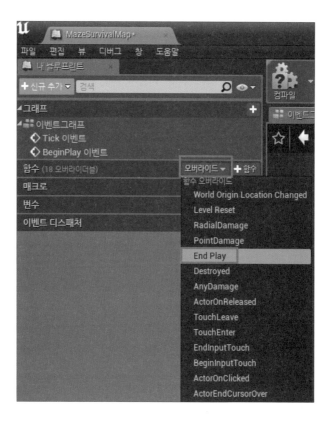

그 결과 이벤트가 그래프 내에 생성될 것이다.

2. 세션을 끝내기 전에 세션이 끝나는 이유를 기록한다. End Play 이벤트에는 이런 정보가 있다. 따라서 다음과 같이 Record Event with Attribute(Analytic ❯ Record Event with Attribute) 노드를 생성한다.

3. Record Event with Attribute 노드에는 세 개의 문자열 파라미터가 있다. Event Name 파라미터는 End Session 값으로 할당한다. 두 번째 Attribute Name 파라미터는 End Play Reason 값으로 지정한다. 마지막으로 Attribute Value 파라미터는 End Play 이벤트의 End Play Reason 값을 연결한다(연결 시 자동으로 문자열 타입으로 변환해준다). 그래프는 다음과 같다.

4. 마지막 단계는 End Session(Analytic ➤ End Session) 노드로 세션을 종료한다. 다음 화면은 최종 코드의 모습이다.

이제 속성이 있는 이벤트를 생성하는 방법을 배웠다. 다음 절에서 플레이어가 아이템을 수집할 때와 플레이어가 게임에서 죽었는지 승리했는지를 분석할 때 동일한 노드를 사용한다.

플레이어가 아이템을 수집할 때 이벤트 기록하기

이전과 동일한 방식으로 플레이어의 수집을 기록한다. 플레이어가 아이템을 수집했다는 이벤트를 기록하며 특성으로 아이템을 수집한 시간을 사용한다.

BP_CollectableItem 블루프린트를 연다. Begin Overlap 이벤트의 끝부분에, 즉 Destroy Actor 노드 다음에 Item Collected 이름과 Time 속성을 가진 Record Event with Attribute 노드를 추가한다. 다음 화면에서 보이는 것과 같이 특성의 값은 Get Time Seconds 노드를 사용한다.

> ⓘ 더 쉬운 방법이기 때문에 Get Time Seconds 노드를 사용했지만 게임에 시간 지연 또는 성능 문제가 있으면 시간 지연에 영향을 받지 않는 Get Real Time Seconds 같은 노드를 사용해 시간을 추적해야 한다(사실 분석을 저장할 때에는 실제 시간을 저장한다).

이제 플레이어가 아이템을 수집하는 것을 추적할 수 있게 되었다.

킬과 승리와 패배 기록하기

플레이어가 적을 죽였을 때도 분석 목적으로 기록하기를 원한다.

Third Person Character 블루프린트(또는 적을 포함하고 있는 블루프린트)를 연다. Projectile Hit
이벤트의 끝부분에 설명이 따로 필요 없는 다음과 같은 코드를 추가한다.

그 결과 플레이어가 적을 죽였을 때도 추적할 수 있다.

이제 승리는 어떻게 기록하는지 살펴보자. 승리를 기록하는 방법은 매우 간단하며, 지금까
지 등록한 이벤트와 동일한 로직을 사용한다. BP_WinningTrigger 블루프린트를 열고 Won
이벤트의 끝부분에 다음 코드를 추가한다(플레이어가 승리했을 때 약간의 딜레이 후 게임을 종료
하는 Quit 노드가 있지만 분석 부분은 다음과 같이 Record Event with Attribute 노드뿐이다).

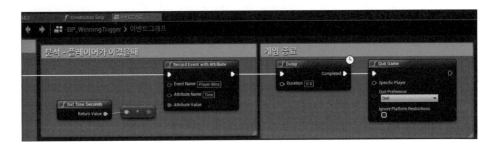

학습을 위해 하나의 특성 대신에 두 개의 파라미터를 사용해 패배도 기록한다. 이제 분석을 위해 다수의 특성을 다룰 것이다.

특히 이벤트가 발생한 시간(Get Time Seconds 노드를 사용할 것이기 때문에 특별할 것은 없다)과 플레이어의 위치(플레이어 폰을 얻어와서 위치를 가져와야 한다)를 기록한다. 하지만 하나 이상의 특성을 분석 노드에 전달하려면 배열을 사용해야 한다.

플레이어의 패배 이벤트를 다루는 First Person Game Mode를 열어서 시작해보자. Restart 이벤트 이후, 그리고 Spawn Emitter 이벤트 이전에 몇 가지 코드를 추가해야 한다. 특히 파라미터로 하나의 특성을 받는 게 아니라 특성 배열을 받는 Record Event with Attributes 노드를 추가한다. Make Array 노드를 사용해 배열을 만들 수 있으며 이 경우 배열 수를 결정할 수도 있다. 마지막으로 Make Attribute 노드를 이용해 하나의 특성을 만들 수 있다.

따로 설명이 필요 없는 코드이며, 코드는 다음 화면과 같다.

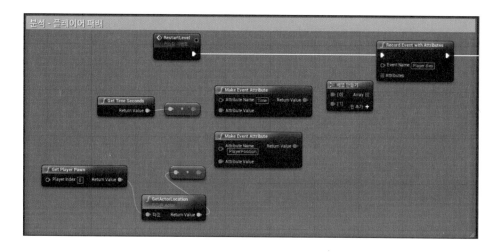

드디어 분석 시스템이 완성됐다. 이제 결과를 모아볼 시간이다.

결과 살펴보기

플레이 버튼을 누르고 생성한 레벨을 테스트해본다. 몇 분 후에 플레이를 멈추고 결과들을 살펴보자. FileLogging 제공자를 사용했기 때문에 모든 분석 결과는 프로젝트의 Saved 폴더 내부 Analytics 폴더에서 찾을 수 있다. 파일은 JSON 포맷으로 되어 있으며(프로그램 또는 사람들 모두 읽기 쉽기 때문에 데이터 포맷으로 가장 많이 사용되는 파일이다) 텍스트 편집기로 읽을 수 있다(그러므로 텍스트 에디터로 파일을 열어본다).

예상되는 예시를 보여주자면 다음은 플레이를 통한 분석 결과다(이 예시는 매우 짧은 테스트 결과이며, 그렇지 않을 경우 분석 결과가 훨씬 길 것이다).

```
{
  "sessionId" : "713f65814c5a27b5d938ca98ce90b492-2018.11.10-17.21.11",
  "userId" : "713f65814c5a27b5d938ca98ce90b492",
  "events" : [
    {
      "eventName" : "Item Collected"
, "attributes" : [
      {
        "name" : "Time",
        "value" : "4.762388"
      }
      ]
    }
,
    {
      "eventName" : "Item Collected"
, "attributes" : [
      {
        "name" : "Time",
        "value" : "5.612642"
      }
      ]
    }
,
    {
```

```
          "eventName" : "Enemy Dies"
, "attributes" : [
        {
          "name" : "Time",
          "value" : "7.813114"
        }
        ]
      }
,
        {
          "eventName" : "Item Collected"
, "attributes" : [
        {
          "name" : "Time",
          "value" : "10.940619"
        }
        ]
      }
,
        {
          "eventName" : "Item Collected"
, "attributes" : [
        {
          "name" : "Time",
          "value" : "20.673523"
        }
        ]
      }
,
        {
          "eventName" : "Enemy Dies"
, "attributes" : [
        {
          "name" : "Time",
          "value" : "23.274094"
        }
        ]
      }
,
        {
```

```
      "eventName" : "Item Collected"
, "attributes" : [
      {
        "name" : "Time",
        "value" : "30.445747"
      }
      ]
    }
  ,
    {
      "eventName" : "End Session"
, "attributes" : [
      {
        "name" : "End Play Reason",
        "value" : "End Play in Editor"
      }
      ]
    }
  ]
}
```

내가 적에게 죽임을 당했을 경우 로그의 끝은 다음과 같이 보인다(다시 말하지만, 이것은 짧은 플레이 시간의 로그다).

```
{
  "sessionId" : "713f65814c5a27b5d938ca98ce90b492-2018.11.10-17.20.58",
  "userId" : "713f65814c5a27b5d938ca98ce90b492",
  "events" : [
    {
      "eventName" : "Item Collected"
, "attributes" : [
      {
        "name" : "Time",
        "value" : "4.549634"
      }
      ]
    }
  ,
```

```
    {
        "eventName" : "Player dies"
, "attributes" : [
        {
          "name" : "Time",
          "value" : "9.939913"
        }
        ,
        {
          "name" : "Player Position",
          "value" : "X=606.313 Y=-400.577 Z=98.796"
        }
        ]
    }
,
    {
        "eventName" : "End Session"
, "attributes" : [
        {
          "name" : "End Play Reason",
          "value" : "Level Transition"
        }
        ]
    }
 ]
}
```

블루프린트 디버깅

혹시 예상했던 대로 작동하지 않는 것을 사용하거나 접근 또는 작업해본 적이 있는가? 이것은 게임 개발에 있어 귀찮은 과정이기는 하지만 매우 흔한 일이다. 그리고 이쯤 되면 블루프린트의 사용 방법을 잘 알고 있어야 한다. 따라서 블루프린트 디버깅 툴을 살펴보려고 한다. 디버깅은 간단히 말해서 코드(또는 블루프린트)를 체크하고, 문제를 확인하며, 어디에서 문제가 발생하고, 왜 그런지 찾아내는 과정이다. 디버깅은 문제가 무엇이고 어떻게 해결하는지 알아내기 위해 종종 반복해서 접근해야 한다. 특히 블루프린트 디버깅은 언리얼 엔진 4에서 매우 가치가 높고 강력한 기능이다. 디버깅이 중요한 특징인 이유는 많은 일을 할 수 있게 해주기 때 문이다. 예를 들어 Play In Editor나 Simulate In Editor 모드는 게임의 예외가 발생하면 게임에서 일시 정지하게 할 수 있다. 중단점을 사용해 블루프린트 그래 프 또는 레벨 블루프린트를 탐색할 수 있다(중단점은 다음 절에서 다룬다).

기본 블루프린트 디버깅으로 스텝인, 스텝 아웃, 스텝 오버 또는 실행 재개를 할 수 있으 며, 콜스택(해당 함수를 불렀던 함수의 목록)을 살펴볼 수 있다. 이로 인해 블루프린트의 관점 에서 실행 순서와 어떻게 현재 위치에 도달했는지 알 수 있다. 디버깅에 관해서는 할 말이 매우 많지만 이 책의 범위를 벗어난다. 이 절에서는 블루프린트 디버깅 시스템이 할 수 있 는 것과 블루프린트 작업 시 가장 흔하게 접할 수 있는 문제만 짧게 살펴보겠다.

중단점

중단점Breakpoint은 블루프린트 내의 문제들을 확인하는 데 매우 유용하다. 어떤 변수가 설 정됐는지, 노드 실행 순서를 따라서 어떤 일이 일어나고 있는지, 설정돼야 할 값들이 설정 되지 않았는지 확인할 수 있다. 이런 방법으로 중단점을 통해 노드를 분리할 수 있으며(F9 키 또는 마우스 오른쪽 버튼을 클릭 메뉴를 사용해) 해당 노드로 초점을 맞춰서 블루프린트의 중 단점마다 단계를 진행할 수 있다.

노드의 상단 코너 부분에 빨간 점이 보이는 것처럼 다음 화면에서 중단점 예제를 볼 수 있 다(이 경우 11장에서 생성한 Start Session 분석 노드에 중단점이 붙어 있다).

> ℹ️ 블루프린트 에디터 내부의 유효하지 않은 지점에 중단점이 위치할 경우 노란색으로 표시
> 되면서 느낌표가 나타난다. 때에 따라 블루프린트를 컴파일하면 이 문제를 해결할 수 있다.
> 에러가 발생한 이유를 보려면 중단점 아이콘 위에 마우스 커서를 올려본다.

게임을 플레이하면 이 노드에서 실행이 멈출 것이며 변수를 확인할 수 있고, 해당 시간의
프레임을 계속 진행할 수 있다. 멋지지 않은가?

디버그 탭

블루프린트를 디버깅하는 다양한 종류의 툴이 있다. 디버깅 중인 블루프린트에 따라 디버
깅 컨트롤이 나타나며, 디버깅 세션의 현재 상태에 따라서 디버깅 컨트롤이 나타날 수도
있다. 디버깅 툴에는 다음 내용이 포함돼 있다.

- **감시 창**Watch window: 이 창은 감시하고자 하는 변수와 노드들이 여러 블루프린트에
  나뉘어 있어도 변수와 노드에 접근할 수 있게 해 디버깅 속도를 높이도록 설계됐
  다. 문제되는 영역을 분리하고 집중하는 데 큰 도움이 된다.
- **콜 스택**Call stack: 블루프린트와 C++ 코드 사이의 실행 흐름을 표시하는 간단한 창
  이다. 현재 실행 중인 블루프린트 함수를 리스트 또는 스택의 상단에 함께 표시
  한다.

- **실행 추적**Execution trace : 가장 최근에 실행된 모든 노드의 스택 목록을 제공한다.
- **문자열 출력**Print to string : 이벤트가 발생했을 때를 확인하는 매우 기본적인 방법이다. 단순하게 개발자 전용으로 콘솔 창에 문자열을 출력한다. 문자열 출력은 게임 개발자의 좋은 습관이다. 앞의 예제에서 문자열 출력을 사용한 적 있다.

일반적인 블루프린트 문제들

디버깅의 목적은 제대로 동작하지 않는 문제를 해결하는 것이지만, 다음은 가장 일반적인 몇 가지 문제의 간략한 목록이다.

- **네이밍 일관성**: 책의 앞부분에서 네이밍 컨벤션의 중요성에 대해 다뤘던 것을 기억하는가? 철자가 틀린 변수들, 오브젝트 또는 파일 이름은 나중에 혼란을 일으킬 가능성이 있다.
- **콜리전/트리거**: 트리거와 충돌 메시는 어디에 있어야 할까? 종종 트리거/콜리전 박스가 잘못된 곳에 위치하는 일이 일어나거나 블루프린트의 루트로부터 큰 오프셋에 위치해 있는 일이 실제로 일어나기도 한다. 따라서 캐릭터가 트리거되지 않는다면 콜리전/트리거 박스를 확인해본다.
- **오브젝트 복사**: 때때로 오브젝트가 사라져야 하는데 그렇지 않을 때가 있다. 복사된 오브젝트가 있으면 실제로 첫 번째 오브젝트가 대신 사라지는 일이 발생하기도 한다. 따라서 나타나야 할(또는 사라지거나) 오브젝트가 하나의 오브젝트 인스턴스인지 확인한다.
- **잘못된 참조**: 이름을 잘못 붙이면 참조 역시 잘못 될 수 있기 때문에 진행 과정에 있어 골칫거리가 될 수 있다. 올바른 오브젝트, 파일, 변수 등을 참조하는지 (변수들이 잘못된 오브젝트가 아니라 포함하고 있어야 하는 오브젝트를 가지는지) 확인한다.
- **참**true**과 거짓**false : 파일이 올바른 상태로 설정/활성화/비활성화돼 있는가? 혹시 반대로 되어 있지는 않는가? 이것이 많은 부분을 설명하고 있을 수도 있다.

게임 밸런스

게임은 밸런스가 잡혀야 한다. 플레이어가 도전하게 하려면 적당히 어려워야 하며 그렇지 않으면 플레이어는 무언가를 박살 내고 싶어 할 것이다(예: 다크소울). 따라서 게임에서 밸런스가 필요한 부분을 알아내는 것은 중요하다. 게임 밸런스는 디버깅하는 동안 중요한 과정이다. 왜냐하면 잘못된 게임 밸런스는 몇 가지 문제를 초래할 수 있음으로 나머지를 잘 설계하더라도 결과적으로 안 좋은 게임이 된다. 처음부터 게임을 자주 테스트해 밸런스를 유지하도록 노력하자.

▌ 펑셔널 테스트

모든 것이 제대로 작동하는지 확인하는 데 펑셔널 테스트만큼 좋은 것은 없다. 기본적으로 펑셔널 테스트는 게임 레벨 테스트용으로 설계됐으며 하나 또는 여러 개의 자동화된 테스트를 수행해 동작한다. 게임 개발을 하는 동안 일어날 것 같은 일들을 테스트하는 것이 펑셔널 테스트다. 작성되는 테스트는 로우 레벨low-level 또는 에디터 테스트로 자동화 시스템Automation Framework system을 사용해 작성해야 한다. 다음 공식 링크를 방문하면 자동화 시스템에 대해 더 많은 것을 알 수 있다.

https://api.unrealengine.com/KOR/Programming/Automation/index.html

다음 노드들이 (오버라이드할 수 있는 이벤트들과 마찬가지로) 블루프린트 펑셔널 테스트를 설계하는 데 도움이 될 것이다.

- Add rerun: 특정 이름의 이유로 테스트를 재실행하게 한다.
- Finish test: 테스트가 성공했는지 실패했는지를 지정할 수 있다.
- Get current rerun reason: 이름이 지정된 재실행일 경우 현재 재실행의 이유를 반환한다.

- **Is enabled**: 펑셔널 테스트 타깃 핀의 활성화 여부를 반환한다.
- **Is running**: 펑셔널 테스트 타깃 핀의 현재 실행 여부를 반환한다.
- **Log message**: 펑셔널 테스트를 위한 로그 메시지다.
- **Run all functional tests**: 레벨에 기초한 모든 펑셔널 테스트를 순차적으로 트리거한다. 타깃 핀은 Functional Testing Manager 블루프린트다.
- **Set time limit**: 펑셔널 테스트를 완료하는 데 필요한 시간 제한을 설정한다.

 노드 위의 모든 Target 변수/핀(펑셔널 테스트 노드를 위한 실행을 제외하고)은 펑셔널 테스트 블루프린트를 참조한다.

게임의 펑셔널 테스트

펑셔널 테스트의 동작 방식을 알아보기 위해 플레이어가 절벽에서 떨어졌을 때 죽을 수 있는 임계 값을 가지는 간단한 예제를 생성할 것이다. 월드는 플레이어가 특정 Z 값에 도달했을 때 플레이어를 죽인다. 물론 내장형 기능이므로 테스트가 실패하는 경우는 거의 없지만 펑셔널 테스트가 어떻게 동작하는지 알 수 있는 좋은 기초를 제공한다.

다음과 같이 펑셔널 테스트를 설정할 수 있다.

1. 새로운 레벨(맵)을 생성한다.
2. 맵 이름을 굵게 표시한 FTEST_yourFileName 접두사를 포함한다. 그렇지 않으면 자동화 툴에서 해당 맵이 선택되지 않을 것이다! 예제에서는 맵 이름을 FTEST_FallingOff라고 정했다.

3. (모든 클래스 분류 아래에서) Functional Test라는 이름의 클래스를 부모로 하는 새로운 블루프린트 클래스를 생성한다.

4. 블루프린트 클래스를 BP_functionalTest_playerFalling으로 이름 짓는다. 예제에서는 원하는 대로 블루프린트 이름을 지을 수 있으며 특정 접두사를 사용할 필요는 없다.

5. 다음 화면과 같이 블루프린트를 뷰포트로 (아무곳에나) 드래그한다.

이제 테스트 조건을 설정한다. BP_functionalTest_playerFalling을 더블클릭해 테스트 조건을 편집한다.

그런 다음에는 펑셔널 테스트를 블루프린트 내부에 설정한다. 테스트가 준비됐을 때를 정의해보자. 특히 테스트를 시작하려면 플레이어 폰이 유효해야 한다.

1. **함수** 메뉴 아래에서 **오버라이드**를 선택하고 Is Ready를 선택한다. 다음 화면이 도움이 될 것이다.

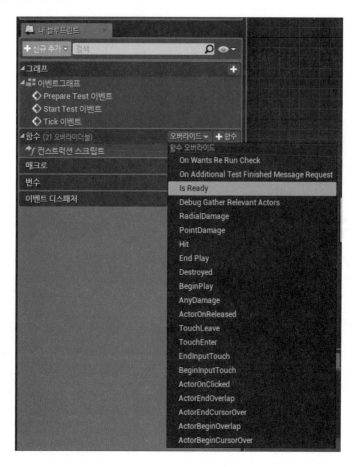

2. GetPlayer Pawn(Game ➤ GetPlayer Pawn)을 추가한다.
3. 이제 Valid (Utilities ➤ Is Valid) 함수를 추가한다.
4. Return Value 핀을 Return Value 노드에 연결한다.
5. Return 노드의 Return Value 핀을 활성화한다.

결과는 다음과 같아야 한다.

다음으로 플레이 공간 밖에 있으면 플레이어가 실제로 죽는지는 검사한다. 이벤트 그래프로 다시 돌아가서 다음을 수행한다.

1. Get Player Pawn(Games ➤ Get Player Pawn) 노드를 생성한다.
2. Return Value 핀을 Is Valid(Utilities ➤ Is Valid) 함수 노드에 연결한다.
3. 그리고 Get Player Pawn 노드의 Return Value 핀을 Is Valid 노드의 Input Object 핀에 연결한다.
4. On Event에서 Is Valid 노드로 연결한다.
5. Is Valid 노드의 Is Not Valid 핀을 드래그해 Finish Test (Functional Testing ➤ Finish Test)를 선택한다.
6. 마지막으로 플레이어가 죽었다는 테스트 결과를 전달하고 Test Result 함수를 Succeed로 변경한다.

이는 틱마다(틱은 Is Ready 함수가 true로 반환된 후에 시작한다는 것을 기억한다) 플레이어 폰이 유효한지 확인한다. 사실 플레이어가 특정 Z 값(이 값을 곧 변경할 것이다)에 도달한다면 레벨은 파괴될 것이다.

따라서 플레이어 폰이 유효하지 않을 때(다시 말해 플레이 공간 밖으로 떨어졌을 때) 테스트는 성공한다. 이런 작업을 모두 완료했다면 그래프는 다음 화면초롬 보일 것이다.

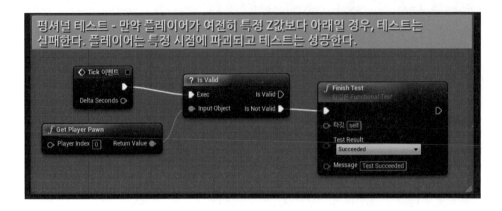

이 시점에 플레이어가 파괴되지 않았다면 플레이어가 특정 Z 값 아래로 떨어졌는지 알아야 한다. 실제로 플레이어가 Z 값 아래인 경우 테스트는 실패했다는 것을 뜻한다. 이를 위해 다음 작업을 수행해야 한다.

1. Get Player Pawn 노드의 Return Value 핀을 드래그해 Get Actor Location (Utilities ➤ Transformation ➤ Get Actor Location)을 선택한다.

> ⓘ 다음 완성된 화면에서 보는 바와 같이 Get Player Pawn 노드를 생성해 블루프린트를 좀 더 명확하게 수정할 수 있다.

2. Get Actor Location 노드의 Return Value 핀을 드래그해 Break Vector를 선택한다.

> ⓘ 대안으로 Get Actor Location 노드의 Return 핀에서 마우스 오른쪽 버튼을 클릭해 다음 예제처럼 구조체 핀 분할을 선택할 수 있다.

3. 이제 플레이어의 위치 값이 특정 Z 값 아래인지 확인할 수 있도록 Z 핀을 드래그해 **Float > Float** (Math > Float > Float > Float)을 선택한다.

4. 이 값을 −600으로 설정한다.

5. Result 핀을 드래그해 Branch 노드의 Condition 핀에 연결한다.

6. Branch 노드의 True 핀을 드래그해 Finish Test 노드에 연결한다. 이번에는 Test Result 핀을 Failed로 설정한다.

7. 마지막으로 Finish Test 노드를 Quit 노드에 연결해 레벨이 자동으로 닫히게 한다.

작업을 완료하면 다음 화면과 같이 설정된 노드를 가지게 될 것이다.

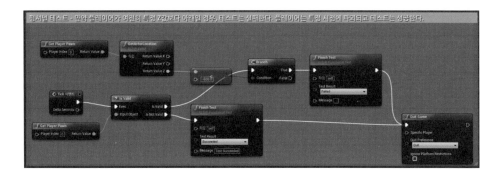

월드 세팅 탭에서 Kill Z 값을 Float 노드에 설정했던 값과 약간 다른 값으로 설정한다. 예를 들어 Float 노드에서 Z 값을 −600을 설정했다면 Kill Z 값은 −500으로 설정한다. 이런 방법으로 임계 값에 문제가 있는지, 플레이어가 특정 임계 값에 도달했을 때 죽는지 알 수 있다. 다음 화면에서 이런 변수의 예제를 볼 수 있다(언리얼 메인 창에서 **월드 세팅** 탭을 열어야 한다. 블루프린트를 닫고 오른쪽에서 월드 세팅 탭을 찾을 수 있을 것이다).[1]

---

1 월드 세팅이 보이지 않는다면 레벨 에디터로 돌아와서 상단의 창 > 월드 세팅 메뉴를 선택해 월드 세팅 창을 활성화한다. – 옮긴이

테스트하기 전에 마지막으로 해야 하는 일은 플레이어를 실제로 떨어트리는 것이다. 실제로 플랫폼을 제거하거나 플랫폼의 콜리전을 비활성화해야 한다. 작업을 완료하면 펑셔널 테스트는 자동으로 준비된다.

펑셔널 테스트를 위한 세션 프론트엔드

이제 기능을 테스트를 할 차례다. 기능을 테스트하는 방법은 다음과 같다.

1. 세션 프론트엔드 창(창 > 개발자 툴 > 세션 프론트엔드)을 연다.
2. **자동화** 탭에서 BP_functionalTest_playerFalling가 목록에 있는지 확인한다. Project 카테고리를 확장하고 (현재 테스트하고 있는) 맵을 확장한다. 다음 화면처럼 예제를 볼 수 있다.

 몇 가지 이유로 테스트 목록이 보이지 않는다면 테스트 새로 고침을 클릭한다.[2]

---

2   그래도 리스트가 보이지 않는다면 메인 창에서 모두 저장을 클릭 후 다시 세션 프론트엔드 창을 연다. – 옮긴이

3. BP_functionalTest_playerFalling가 보인다면 선택하고(이름 옆의 체크 박스를 클릭) **테스트 시작**을 클릭한다. 테스트가 시작되면 다음 화면과 같이 초록색으로 표시될 것이다. 이는 설정한 조건들이 테스트에 성공했다는 의미다.

축하한다! 방금 펑셔널 테스트를 처음으로 수행해봤다. 동일한 방법으로 설정하면 게임플레이의 모든 부분을 테스트할 수 있다. 새로운 기능들을 테스트할 수 있고 예전 기능을 망가트리지 않는지도 테스트할 수 있다.

세션 프론트엔드: 프로파일링 툴

실시간 게임을 만드는 데 있어 퍼포먼스는 항상 끊임없는 주제이며 인터렉티브 게임을 개발한다면 항상 명심해야 할 필수 사항이다. 12장은 디버깅을 설명하는 장이고 이미 세션 프론트엔드 창을 열었기 때문에 퍼포먼스를 짚어보기에 알맞은 장이다. 물론 세부 사항을 살펴보진 않겠지만 프로파일링 툴이 필요할 때 올바른 방향으로 갈 수 있도록 할 것이다.

언리얼의 세션 프론트엔드 또는 프로파일링 툴은 개발자들이 리소스가 유출되는 위치를 계속 주시하거나 파악할 수 있게 한다. 언리얼 엔진 4에서는 퍼포먼스를 많이 다루고 있으며 다음 화면에 보이는 것처럼 **세션 프론트엔드의 프로파일러** 탭을 열어서 세션이 진행되는 동안 게임의 성능을 확인할 수 있다.

이후에 이 부분을 다루지는 않지만 더 많은 것을 배우고 싶다면 다음 공식 문서를 참고한다.

http://api.unrealengine.com/KOR/Engine/Performance/Profiler/

▌레벨 디자인

지금까지 배운 내용을 정리할 수 있도록 기본 레벨을 종합해보자. 사실 두 번째 프로젝트를 위해 지금까지 해온 것을 테스트하는 가장 좋은 방법은 레벨을 제작하면서 프로젝트를 마무리 짓는 것이다.

예제를 위해 미로를 따라 적을 스폰하고 추적하도록 만들 것이며, 11장에서 했던 것처럼 보라색 조각상을 완성하려면 구체를 수집해야 한다. 마켓플레이스의 Infinity Blade Grassland 무료 팩을 사용한다.

레벨을 생성할 때는 종이 위에 맵의 형태를 대략 그려본다. 그런 다음 맵의 나머지 부분의 참조 점이 되는 위치를 생성한다. 다음 화면에 보이는 예제는 플레이어가 스폰되는 위치의 바로 바깥 공간이다.

다양한 환경물로 레벨을 다양하게 만들면서도 애셋을 일관되게 유지하려고 노력해야 한다. 다음 화면에서 프로젝트를 위해 생성한 몇 가지 레벨을 볼 수 있다.

녹색 동굴을 다르게 보이도록 할 수 있다.

보라색 통로다.

지도의 또 다른 부분이다.

물 위에 다리가 있다.

걸을 수 있는 지역의 경계면에 가깝게 올라오는 물이 있다.

물론 다음 화면에 보이는 것처럼 마지막 문을 배치하는 것도 잊지 말자.

다음 화면은 맵의 전체 모습이다.

다음 화면은 동일한 전체 모습을 반대편에서 바라본 모습이다.

자신만의 판타지 요소를 사용해 독특한 것을 만들어본다. 해당 프로젝트의 예제 프로젝트 파일을 다운로드할 수 있으며 레벨을 플레이하면서 레벨이 어떻게 구성돼 있는지 살펴볼 수 있다. 역으로 엔지니어링 관점에서 더 많은 것을 배울 수 있겠지만 자신만의 레벨로 연습하는 것을 잊지 말자. 마지막으로 작업물을 다른 사람과 공유하고 피드백을 받는다. 다양한 작업물을 볼 수 있길 기대해본다.

▌ 배운 내용 확장하기

레벨 디자인에 대해 매우 많은 내용을 살펴봤으니 생각해낸 것을 스스로 도전해보는 것은 어떨까. 예를 들어보자.

- 게임 내에서 수집하고자 하는 분석이 있을까? 다른 분석에는 무엇이 있을까? 이런 정보가 왜 필요한지, 그리고 게임을 개선하는 데 유용한지 스스로 질문해본다.

- 분석을 사용해 개선할 수 있는 게임의 지역은 무엇일까? 플레이어가 가장 힘든 부분(예: 죽음)을 맞이하는 지점이 어디인지 찾길 원하는가? 플레이어가 다른 지역보다 많은 시간을 소비하는지 지역을 보고 싶지 않은가?
- 게임을 분석할 때 타임 스탬프만 로그로 기록했다. 기록하고 싶은 순간의 흥미로운 데이터를 생각해보자. 예를 들어 플레이어 또는 적이 어디에 있는지, 둘의 거리는 얼마나 되는지 또는 지금까지 총알을 얼마나 사용했는지다(블루프린트에 카운터를 추가해야 한다).
- 어떤 종류의 펑셔널 테스트를 생각하고 있는가? 자동화 방법으로 지속해서 테스트하고 싶은 메커닉이 있는가? 펑셔널 테스트를 작성해보고 작업 흐름에 도움이 되는지 살펴본다.

▌ 요약

두 번째 프로젝트를 설명하는 마지막 장이다. 지금까지 블루프린트를 활용한 게임 분석과 디버깅의 기초적인 내용을 많이 살펴봤다. 분석은 무엇이며 언리얼의 다양한 분석 방법과 분석을 통해 게임을 개선하는 방법을 다뤘다. 그다음 디버깅으로 블루프린트의 문제를 확인하고 수정하는 방법도 살펴봤다. 그리고 펑셔널 테스트와 세션 프론트엔드, 이것을 모두 종합하는 레벨 디자인을 살펴보면서 두 번째 프로젝트를 마무리했다.

13장에서는 레벨 스트리밍을 사용해 게임을 최적화하는 방법을 살펴본다. 또한 플레이어가 월드의 다른 지역으로 이동하는 동안 플레이어의 경험을 최대한 자연스럽게 느끼도록 만드는 방법도 살펴본다.

13

레벨 스트리밍과
월드 컴포지션

일반적으로 게임을 하나의 레벨로 만들지는 않는다. 다양한 종류의 어드벤처 시리즈나 심지어 온라인 게임들도 다른 월드나 레벨로 이동할 수 있다. 여기에서 말하는 레벨은 플레이어의 레벨(예: 스태이터스, 진행 상황 등)이 아니라 맵을 지칭한다. 따라서 레벨 스트리밍 기능은 게임플레이 도중에 다른 맵 파일을 메모리에 로드, 언로드할 수 있도록 만들어서 맵이 보이도록 토글할 수 있게 한다. 이런 방법으로 게임플레이 도중에 다른 레벨을 보이게 하거나 숨길 수 있고, 언제 어떻게 다른 레벨을 로드할지 선택할 수 있다. 레벨 스트리밍은 월드를 작은 레벨로 분할할 수 있게해 월드와 관련된 리소스의 일부만 사용할 수 있게 한다. 따라서 제대로만 만든다면 매우 큰 심리스 게임을 만들어서 플레이어가 마치 레벨 안에서 끝없는 탐험이 가능한 것처럼 느끼도록 할 수 있다. 엘더스크롤 시리즈는 다양한 레벨 스트리밍 기술의 매우 좋은 예제이며 비록 언리얼로 만들지는 않았지만 원리는 비슷하다.

물론 이 책에 나오는 다른 것과 마찬가지로 레벨 스트리밍을 하는 방법에는 여러 가지가 있다.

13장에서는 다음의 주제들을 다룬다.

- 레벨 스트리밍을 사용해 게임 최적화하는 방법
- 월드의 다른 지역으로 이동하는 동안 플레이어의 느낌을 좋게 만드는 방법
- 월드 컴포지션을 사용해 거대한 월드를 만드는 방법

마지막 프로젝트를 시작하기 전에 자세한 내용을 다루기보다는 간단한 예제를 만들면서 레벨 스트리밍과 월드 컴포지션을 시작하자. 마지막 프로젝트에서는 언리얼의 멀티플레이어 프레임워크를 사용해 게임을 만드는 방법을 배운다.

레벨 스트리밍과 월드 컴포지션 두 주제에 하나 이상의 장을 할애할 수 없기 때문에 짧게 훑고 지나갈 것이다. 따라서 13장에서 레벨 스트리밍과 월드 컴포지션에 대해 더 많이 배우고 싶어지는 영감을 받기 바란다.

▎레벨 스트리밍

레벨 스트리밍을 사용할 가장 적절한 장소가 어디인지 생각해보자. 특히 게임의 흐름을 깨트리고 싶지 않을 경우, 즉 로딩 화면을 통해 다른 레벨을 로딩하는 것이 아니라 부드럽게 넘어가는 느낌을 주어서 플레이어가 레벨을 떠나지 않았다고 믿게 하고 싶은 경우다. (다음 화면에서 보여지는) 포탈 게임은 다른 레벨로 데려다주는 리프트가 있다. 플레이어가 리프트 안에 있는 동안 새로운 레벨이 로드된다. 물론 언리얼 엔진 4에서는 리프트를 통해 플레이어가 이동하는 것이 아니라 레벨을 실시간으로 로드할 수 있는 유연하고 복잡한 스트리밍 시스템을 만들 수 있다.

밸브의 포털 게임 화면

가장 좋은 건 (거대한 레벨처럼) 리소스가 많은 게임 영역을 구분하는 것이다. 예를 들어 (숲과 성 같은) 내부와 외부 환경 물로 구성된 레벨이 있다면, 플레이어가 랙이 없는 최적의 느낌을 가질 수 있게 스트리밍으로 숲과 성안에 있는 경우를 분리해야 한다.

분명한 것은 다른 레벨을 로드하기 전에 사용하지 않는 레벨을 언로드해 다른 레벨로 부드럽게 전환하는 리소스를 확보해야 한다. 포털 게임에서 봤듯이 플레이어가 리프트 안에 있는 동안 다음 레벨을 로딩하기 전에 이전 레벨은 언로드된다. 부드러운 게임플레이 경험을 가지도록 로드 또는 언로드하는 동작 모두 플레이어에게 보이지 않는다. 이 절에서는 언리얼에서 레벨을 로딩하고 언로딩하는 동작 방법을 알아본다.

물론 C++ 코드로도 레벨을 로드/언로드할 수 있다. 이와 관련해 더 많은 것을 알고 싶다면 다음 공식 문서를 방문해 참고하자.

https://docs.unrealengine.com/ko/Engine/LevelStreaming/HowTo/StreamWithCPP/index.html

블루프린트로 레벨 로딩하기

블루프린트를 사용해 레벨을 스트리밍하는 방법에 대해 알아보자. 플레이어가 박스 콜리전 컴포넌트와 겹쳤을 때 다른 레벨을 로딩하고자 한다. 시작하려면 먼저 다음을 수행해야 한다.

1. **콘텐츠 브라우저** 탭을 열고 Actor 타입의 **블루프린트 클래스**를 생성한다.

2. 다음으로 새로운 블루프린트 클래스를 BP_LevelStream으로 이름 짓고 파일을 연다.

3. Box Collision 컴포넌트를 생성해 레벨을 트리거해야 한다. **컴포넌트** 탭의 **컴포넌트 추가** 버튼을 클릭해 Box Collision을 선택한다.

4. 블루프린트의 명확성을 위해 Box Collision 컴포넌트의 이름을 LevelStream BoxCollider으로 변경한다.

5. 원한다면 (레벨 스트림의 배치할 위치에 따라) Box Collision 컴포넌트의 크기를 변경할 수 있다. 크기 변경은 블루프린트의 **뷰포트** 창에서 가능하다. 하지만 해당 블루프린트의 인스턴스를 게임에서 여러 개 배치할 경우 각각의 크기는 레벨에 맞게 개별적으로 수정하는 게 더 좋을 수 있다.

6. 이제 **내 블루프린트** 패널에서 LevelStreamBoxCollider를 선택하고 디테일 패널의 이벤트 탭 아래에서 OnComponentBeginOverlap을 추가한다. 버튼을 클릭하면 **이벤트 그래프** 탭에 이벤트가 생성될 것이다.

7. 다음으로 마우스 오른쪽 버튼을 클릭해 Get Player Character 노드를 추가한다.

8. 그리고 OnComponentBeginOverlap 이벤트의 Other Actor 핀을 클릭하고 드래그해 컨텍스트 메뉴의 검색에서 = 타입을 입력한다. Equal (Object)를 선택하고 노드를 추가한다. Equal (Enum)과 같은 다른 버전이 아니라 Equal (Object)를 선택하는 것이 중요하다.

블루프린트에서 마우스 오른쪽 버튼을 클릭했을 때 열리는 컨텍스트 메뉴의 상단에 '컨텍스트에 따라'라는 이름의 체크 박스가 있다. 해당 박스를 체크하면 주어진 조건과 가장 연관된 함수들만 보여주기 때문에 (적어도 대부분의) 이런 이슈를 피할 수 있다.[1] 하지만 이것은 완벽하지 않으므로 필요한 것을 찾을 수 없다면 모든 옵션을 볼 수 있게 체크를 해제해야 한다.

9. 이제 OnComponentBeginOverlap 이벤트의 Other Actor 핀을 Equal (Object) 노드의 첫 번째에 연결한다.

10. 그리고 Get Player Character의 Return Value 핀을 Equal (Object)의 두 번째에 연결한다. 다음 화면에서 예제를 볼 수 있다.

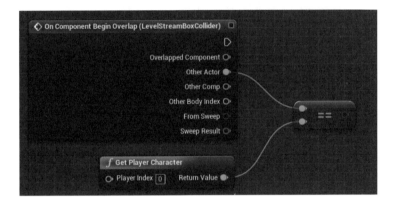

11. 다음으로 Equal (Object) 노드의 빨간 핀을 드래그해 Branch 노드를 선택해 생성한다.

12. OnComponentBeginOverlap 노드의 실행 핀을 Branch 노드의 실행 핀에 연결한다.

13. 그리고 Branch 노드의 True 핀을 드래그해 Load Stream Level 노드를 선택하고 생성한다.

---

1 '컨텍스트에 따라' 박스를 체크하면 Equal (Object) 함수만 보이기 때문에 잘못된 Equal 함수를 선택하는 실수를 피할 수 있다. — 옮긴이

14. Level Name 핀 위에서 마우스 오른쪽 버튼을 클릭해 변수로 승격하고 변수의 이름은 LevelStream으로 하여 디테일 패널에서 인스턴스 편집 가능하게 만든다. 이로 인해 블루프린트의 인스턴스마다 변숫값을 수정할 수 있다. 다음 화면에서 예제를 볼 수 있다.

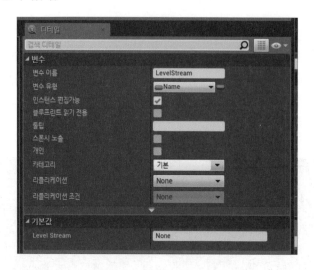

15. 마지막으로 Load Stream Level 노드 위에서 Make Visible After Load과 Should Block on Load 모두 True로 설정한다. 레벨이 로드되면 즉시 플레이어에게 보일 것이다. 끝으로 다음 화면은 생성한 그래프의 최종 모습이다.

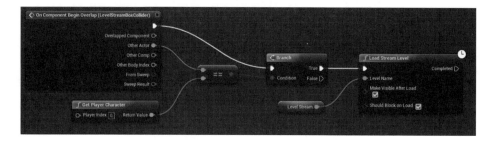

Branch 노드에서 OnComponentBeginOverlap 이벤트의 Other Actor 핀을 드래그해 캐스트 노드에 대신 연결할 수 있다. 캐스팅에 성공한다면 계속해서 레벨을 로딩하면 된다. 양쪽 방법 모두 같은 결과를 보여줄 것이다. 캐스팅 노드를 사용하는 것이 더 빠르며 플레이어를 특정 캐릭터 유형으로 확신할 수 있다. 반면에 Equal (Object) 노드와 Get Player Character 노드는 더 많은 노드를 사용하지만 어떤 캐릭터인지 관계없이 플레이어가 제어하는 어떠한 캐릭터라도 받아들일 수 있다. 이 그래프는 (플레이어 캐릭터가 ThirdPersonCharacter라는 가정하에) 캐스트 노드로 할 수 있는 또 다른 방법이다.

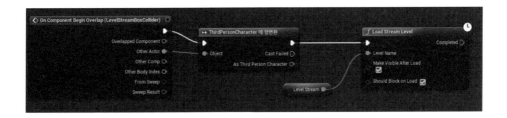

이것으로 레벨을 로드하기 위한 블루프린트를 마무리한다. 물론 해당 블루프린트가 레벨에 배치된다면 디테일 패널에서 LevelStream 변수를 설정해야 한다. 블루프린트가 동작 방식을 파악하기 좋은 예제를 만들어보자.

예제: 성 스트리밍

이 절에서는 13장 초반부터 성 예제를 만들어서 (핵심을 위해 매우 단순화된 성 버전을 사용) 연습해보려고 한다.

AWholeNewWorld 이름의 새로운 레벨을 생성한다. 예제와 같은 전형적인 성 입구를 상상해보자. 문 사이에 (필요하다면 스케일을 조절한) BP_LevelStream을 배치한다. 결과가 다음 화면과 비슷해야 한다.

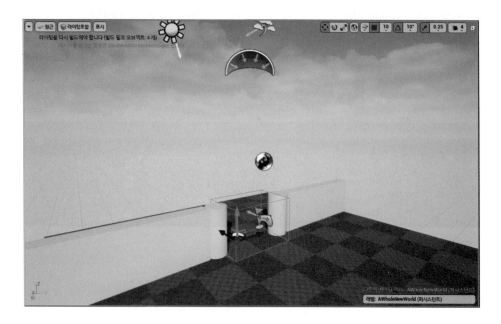

매우 단순하지만 레벨 스트리밍 블루프린트를 배치하기 좋은 곳을 시연하려고 빠르게 만든 성 입구의 레벨 모형이다.

다음 단계로 Castle이라는 이름의 레벨을 생성한다. 해당 레벨에 성의 모든 내부를 배치할 수 있으며 플레이어가 성안으로 들어가면 모든 내부가 로드된다. 다음 화면은 (AWholeNewWorld 첫 번째 레벨이 로드되지 않은) 새로 만든 레벨의 모습만 보여준다.

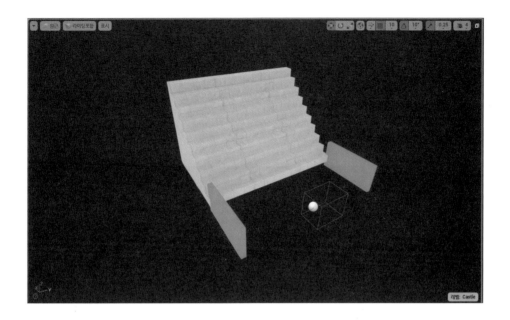

모든 라이트는 AWholeNewWorld 레벨에 있기 때문에 해당 레벨에는 라이트가 없다. 물론 성 내부에 라이트가 필요하다면 추가할 수 있다.

알아두면 유용한 것은 **레벨** 메뉴(창 〉 레벨)를 사용해 새로 만든 레벨을 현재 레벨 안에 드래그한다면 다음 화면에서 보는 것처럼 두 레벨이 로드됐을 때 어떻게 보이는지 볼 수 있다(또한 스트리밍 방식도 결정할 수 있다). 따라서 로드됐을 때와 완벽하게 일치하는 레벨을 제작할 때 훨씬 더 수월하게 만들 수 있다.

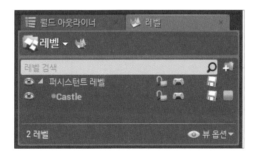

게다가 레벨을 선택해 어떤 액터를 포함시킬지를 결정할 수 있다. 레벨 패널은 13장의 월드 컴포지션에서 좀 더 많이 다룬다.

그런 다음 방금 생성한 블루프린트의 Level Stream 변수의 레벨 이름을 설정한다. 뷰포트에서 스트림할 레벨을 선택하고 (예제에서는 모든 레벨이 로드됐기 때문에 첫 번째 레벨을 선택했는지 확인한다) 다음 화면에서 보는 것처럼 디테일 패널의 변숫값을 Castle로 설정한다.

마지막으로 시스템을 테스트한다. Box Collision 컴포넌트로 걸어 들어가면 다음 화면에서 레벨이 나타나는 것처럼 Castle 레벨을 현재 레벨 위에 로드할 것이다(Castle 레벨이 레벨 탭에 추가되지 않으면 동작하지 않는다는 것을 기억하자).

이것으로 예제를 마무리하고 다음 단계로 레벨을 언로딩해보자.

블루프린트로 레벨 언로드하기

더는 필요하지 않은 레벨을 언로드하는 방법은 무엇일까? 고맙게도 12장에서 레벨을 로딩하는 것과 완전히 동일한 과정을 따른다. 레벨을 언로드하고 진행 과정이 완료되면 알려주는 노드가 블루프린트에 있다. 계속해서 BP_LevelStream 블루프린트를 사용하며 기능을 추가하면서 알아보자. 특히 플레이어가 Box Collision 컴포넌트를 벗어났을 때 레벨을 언로드해보자.

항상 사용했던 Box Collision 컴포넌트의 On Component Begin Overlap 대신에 On
Component End Overlap 이벤트를 생성한다. 여기에서 Get Player Character를 사용하
고 On Component End Overlap 이벤트의 Other Actor 핀과 비교한다. Branch 노드 이후에
True 실행 핀을 Load Stream Level 대신 Unload Stream Level에 연결한다. 다음 화면에서
예제를 볼 수 있다.

앞서서 했던 것처럼 캐스팅 노드를 이곳에서도 사용할 수 있다. 다음은 그 예제다.

결과적으로 동일한 레벨을 스트림 인/아웃 할 수 있는 블루프린트를 가지게 됐으며, 이
는 레벨 스트리밍의 기본 기능을 보여준다. 물론 시스템을 어떻게 구현할지는 자신에게
달렸다.

이제 예제의 마지막 부분이다. BP_LevelStream 블루프린트를 성 입구에 배치했으나 플레
이어가 입구를 통과하자마자 성 레벨은 언로드된다. 이 문제를 해결하려면 요구에 맞게
블루프린트를 수정하거나 Castle Level 전체를 감싸도록 BP_LevelStream의 Box Collision
컴포넌트를 직접 확장해야 한다.

그러면 플레이어가 박스 안에 있는 동안 Castle 레벨은 로드된다. 다음 화면은 Box Collision 컴포넌트를 단순한 성의 계단 모두를 포함하는 방법을 보여준다.

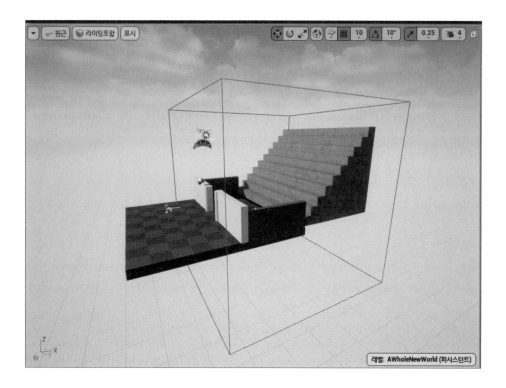

▌ 월드 컴포지션

'길드워 2'와 같이 RPG에서 찾을 수 있는 환경과 비슷한 거대한 환경이 있다고 상상해보자. 하지만 더 중요한 것은 그러한 레벨을 만드는 것을 상상하는 것이다. 이런 작업을 하나 또는 두 개의 팀에서 한다면 쉽겠지만 대규모의 팀이 같은 레벨을 동시에 작업하는 경우에는 그렇지 않다. 마지막으로 플레이어의 컴퓨터 메모리에서 거대한 월드를 한 번에 처리한다고 상상해보라! 결국 월드 컴포지션을 가장 쉽게 이해하는 방법은 게임을 위해 무엇을 할 수 있는지 설명하는 것이다. 사실 월드 컴포지션은 레벨 디자이너들이 팀으로 작업하게 할 수 있게 만드는 훌륭한 도구이며 또한 다양한 랜드스케이프와 거대한 레벨의 로드와 언로드를 메모리상에서 관리할 수 있게 한다. 월드 컴포지션의 개념은 거대한 월드가 있는 경우 레벨 스트리밍의 작업 흐름을 간소화하는 것이다(월드 컴포지션은 레벨 스트리밍의 대부분을 다루는 고급 버전으로 간주하며 특히 거대한 환경을 위해 설계됐다). 따라서 월드 컴포지션은 특정 폴더를 스캔해 모든 레벨을 스트리밍 레벨로 처리하기 때문에 스트리밍 정보를 저장하는 데 퍼시스턴트 레벨을 사용하지 않아도 된다. 사실 이것은 월드 컴포지션이 레벨을 메모리에 로드하지 않고도 읽을 수 있는 저장된 정보가 각 레벨의 헤더에 있기 때문에 가능하다.

처음에는 퍼시스턴트 레벨을 제외한 모든 레벨이 언로드된다. 거대한 월드도 모든 것을 수동으로 로드/언로드할 수 있으며 자동으로 거리 기반의 레벨 스트리밍도 할 수 있다.

월드 컴포지션에는 월드 중심 이동 기능이 있어서 하드 코딩된 WORLD_MAX (월드의 최대 크기를 정의하는 변수) 값에 얽매이지 않는 월드를 생성할 수 있다. 따라서 월드가 WORLD_MAX 값보다 크다면 월드 컴포지션은 최고의 친구가 될 것이며 내장형 기능만으로도 가능하다.

월드 컴포지션 활성화하기

월드 컴포지션의 활성화를 위해 **월드 세팅** 창으로 이동한다. 그런 다음 화면과 같이 Enable World Composition을 선택한다. 월드 컴포지션 활성화는 클릭만큼 간단하다.[2]

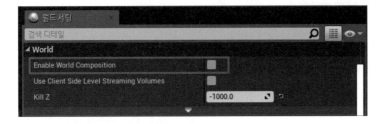

---

2   예제를 따라하는 중이었다면 서브레벨을 제거하라는 메시지 박스가 나타난다. 월드 컴포지션 활성화는 이후에 설명하는 BaseLevel의 새로운 레벨을 생성한 후 활성화하기 바란다. - 옮긴이

월드 세팅 창이 보이지 않는다면 다음 화면과 같이 상단 메뉴의 내비게이션 바에서 **창 〉 월드 세팅**을 선택해 활성화할 수 있다.

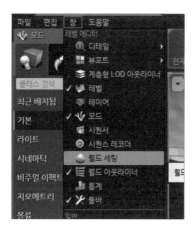

이 창은 파일을 저장하라는 메시지가 표시될 수도 있다. 레벨을 저장하지 않아 메시지가 표시되면 레벨의 저장 위치를 지정해야 한다. 작업을 완료하면 다음 화면과 같이 퍼시스턴트 레벨 옵션이 나타난다.

레벨 탭 이해하기

다음과 같이 **레벨** 탭 메뉴에서 레벨 드롭다운 메뉴를 선택하면 빈 레벨을 생성하거나 생성한 레벨 파일을 추가할 수 있다.

그 외에도 (월드 아웃라이너 패널의) 씬 내에 있는 사물을 선택할 때 새로운 레벨을 만들 수 있다는 점은 매우 유용하다. 이 방법은 레벨 창에 자동으로 레벨을 추가한다. 마지막으로 **레벨** 패널 메뉴에서 레벨을 마음대로 토글할 수 있다. 이것은 다음 화면을 참조해 설명하겠다.

다음은 레벨 메뉴의 각 부분을 간략하게 설명하는 내용이다.

1. **레벨 가시성**: 레벨에 있는 콘텐츠를 숨기거나 보이게 할 수 있다.
2. **잠금**: 레벨이 수정되는 것을 방지할 수 있다.
3. **레벨 블루프린트 열기**: 레벨 블루프린트에 접근할 수 있다.
4. **레벨 저장**: 현재 레벨을 저장한다.

레벨이 파란색으로 하이라이트되면 해당 레벨은 로드됐으며 현재 레벨로 설정됐다는 의미다. 반대로 흰색일 경우 레벨은 로드됐지만 현재 레벨로 지정되지 않았음을 의미하고, 회색은 로드되지 않은 것이다. 레벨 위에서 마우스 오른쪽 버튼을 클릭한 후 메뉴를 선택해 언로드, 로드, 현재로 만들기 등 레벨의 상태를 변경할 수 있다.

월드 컴포지션 예제

이미 추측했겠지만 예제를 만들어보면 월드 컴포지션의 동작 방식을 확실하게 이해할 수 있다. 새로운 폴더(예: WorldComposition)를 생성해 BaseLevel이라는 이름의 새로운 레벨을 생성하면서 시작해보자.

콘텐츠 브라우저에서 마우스 오른쪽 버튼을 클릭해 디폴트 플랫폼이 아닌 레벨을 생성했다면 해당 레벨은 완벽하게 빈 레벨로 생성된다는 사실을 기억한다. **파일 ❯ 새 레벨** 메뉴로 레벨을 생성하면 옵션이 있는 메뉴가 열린다.[3]

아주 큰 월드 컴포지션이(예: 20km의 정사각형) 동작하려면 10m 길이의 디폴트 플랫폼 레벨은 너무 작다. 월드 컴포지션을 사용하려면 거대한 월드가 있어야 한다(다시 한 번 더 말하면 거대한 월드인 경우에만 월드 컴포지션이 필요하다). BaseLevel, AdditionalLevel1, AdditionalLevel2라는 이름의 세 가지 레벨이 포함된 폴더를 만들고 BaseLevel을 열어서 스케일을 20km로 증가시킨다. **레벨** 탭은 다음 화면과 같이 보일 것이다(월드 컴포지션을 활성화하기 전).

---

3 옵션이 있는 레벨 생성 창을 통해 디폴트 레벨을 선택해 BaseLevel을 생성한다. – 옮긴이

월드 컴포지션을 활성화하면 다음 화면과 같이 언리얼은 같은 폴더 내에 있는 다른 레벨을 모두 임포트해도 좋은지 물어볼 것이다. 물론 **확인**을 클릭한다.

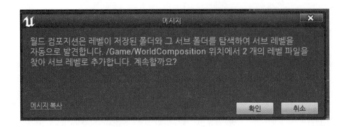

이런 메시지는 폴더 내에 다른 레벨이 있을 때만 나타나며 그렇지 않으면 월드 컴포지션은 그냥 활성화된다.

레벨 탭은 다음 화면처럼 보일 것이며 자동으로 변경된 레벨을 강조 표시했다.

레벨 드롭다운 메뉴 옆(그리고 레벨 디테일 버튼 옆)의 **월드 컴포지션** 버튼을 클릭하면 다음 화면과 같이 **월드 컴포지션** 탭에 접근할 수 있다.

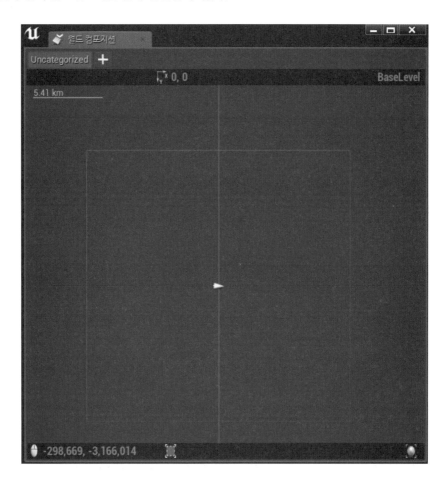

레벨 탭에서 레벨을 더블클릭하면 다음 화면과 같이 해당 레벨을 월드 컴포지션 탭에 로드할 수 있다.

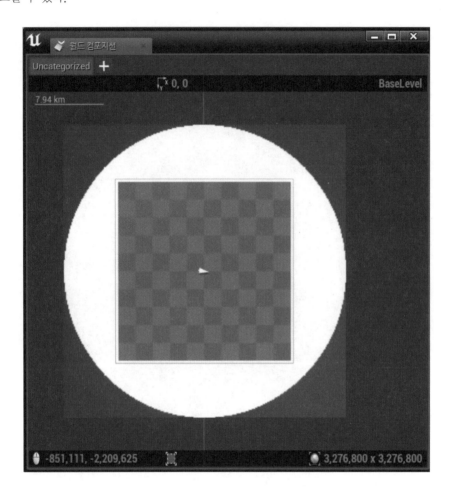

처음에는 동일해 보이지 않기 때문에 마우스 휠을 사용해 축소한다.

또한 다른 레벨을 로드하면 다음 화면과 같이 레벨을 다른 지역으로 쉽게 이동할 수 있다.

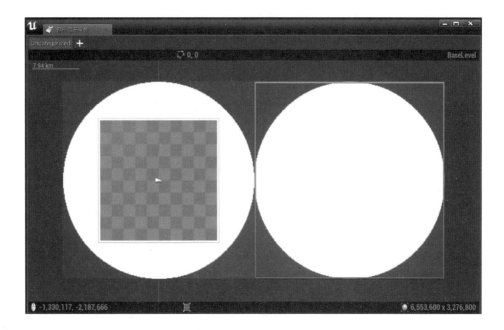

월드 컴포지션을 간략하게 살펴봤다. 다음 화면은 언리얼에서 실제로 월드 컴포지션이 어떻게 보이는지 예제로 보여주려고 공식 문서에서 가져왔다(https://docs.unrealengine.com/ko/Engine/LevelStreaming/WorldBrowser/index.html). 더 많은 것을 배우고 싶다면 링크된 공식 문서는 시작하기에 매우 좋은 자료다. 물론 우리는 월드 컴포지션의 맛만 살짝 봤지만 13장의 요점은 이런 툴의 잠재력을 알려주는 것이었다.

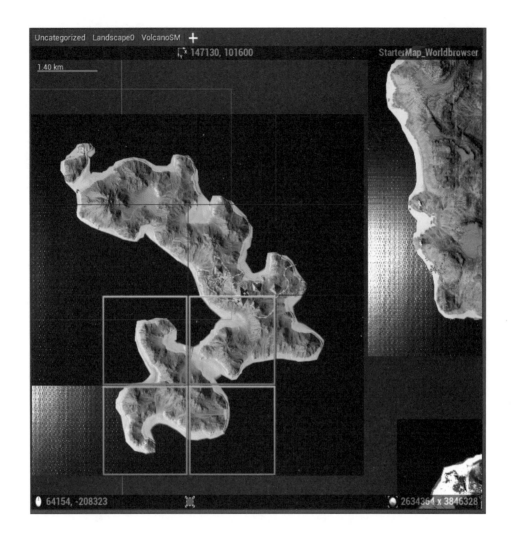

원점 이동

13장을 마무리하기 전에 알아야 할 한 가지는 원점 이동^{Origin Rebasing}이다. 이름에서 완벽하게 말하고 있듯이 원점을 해제하는 것이며 이 경우 레벨의 원점이다. 왜 이렇게 해야 하는지는 많은 이유가 있는데, 숫자가 작을수록 엔진 내부의 정밀도가 높아진다는 사실부터 시작해야 한다. 좌표에 기반하는 애니메이션, 물리, 스폰, 그리고 모든 것의 좌표 값이 작을 때 훨씬 더 부드럽게 동작한다. 거대한 월드가 있다면 플레이어가 월드 전 지역을 문제 없이 탐험할 수 있기를 바랄 것이다. 따라서 플레이어가 원래의 원점에서 멀어졌을 때 재설정은 원점 변경을 의미하며 플레이어를 원점에 가깝게 만들어서 플레이어 주변의 모든 것이(지금은 원점에 가까운) 작은 좌표계를 갖게 된다.

현재 단계에서 원점 이동은 월드 컴포지션의 기능이며 WORLD_MAX 제한을 넘어서는 가상의 무한한 월드를 만들 수 있게 한다.

▌ 요약

13장에서는 레벨 스트리밍과 월드 컴포지션을 살펴봤다. 간단한 예제를 만들어 블루프린트로 레벨 스트리밍 트리거가 가능한지를 살펴봤다. 블루프린트를 통해 역으로 레벨을 언로드하는 방법도 살펴봤다. 또한 월드 컴포지션이 무엇인지, 어떻게 사용하는지 간단히 언급하였으며 작은 예제도 만들었다. 13장이 영감을 줘서 흥미로운 주제를 더 많이 알게 되기를 바란다. 공식 문서부터 시작하는 것을 제안하며 13장을 읽고 나면 쉽게 따라 할 수 있을 것이며 추가 스킬도 배울 수 있다.

14장에서는 세 번째이자 마지막 프로젝트를 시작한다. 사냥개를 애니메이션하는 방법을 배우면서 애니메이션 블루프린트를 살펴본다. 멀티플레이어 게임의 기초도 알아본다.

Sci-Fi FPS 게임

3부에서는 네트워크상에서 다른 플레이어들과 플레이 가능한 슈팅 게임을 만드는 방법에 대해 알아본다.

3부는 다음과 같이 구성된다.

- 14장: 사냥개 애니메이션하기
- 15장: 데이터 주도형 게임플레이
- 16장: 멀티플레이어 기초
- 17장: 멀티플레이어 설정 확장하기
- 18장: 추가 기능 더하기
- 19장: 빌드와 퍼블리싱

14

사냥개 애니메이션하기

14장에 온 것을 환영한다. 마지막 프로젝트의 첫 번째 장이다.

세 번째이자 마지막 프로젝트에서는 유전자 조작된 사냥개들이 침략하는 디스토피아적 미래의 SF 슈팅 게임을 만든다. 장엄한 모험을 위해 조금은 복잡한 언리얼의 주제들로 시작한다. 실제로 멀티플레이 게임의 기초를 분석해 복잡한 내용을 여러 번 거쳐 최종적으로는 (두 개의 프로젝트에서 했던 것과 같이) 플레이할 수 있게 만든다.

14장에서 살펴보는 내용은 다음과 같다.

- **애니메이션 블루프린트**: 블렌드 스페이스와 스켈레탈 메시와 함께 캐릭터 애니메이션을 구동할 수 있는 막강한 애셋이다.

▌ 세 번째 프로젝트 설정 및 계획

모험을 떠나기 전에 먼저 계획을 세우는 것이 중요하다.

프로젝트 설정

우선 새로운 프로젝트를 생성해야 한다. 언리얼 런처에서 앞서 두 개의 프로젝트를 생성한 것처럼 새로운 프로젝트를 생성한다.

이 책의 목적을 위해 프로젝트의 이름은 간단하게 Multiplayer Game이라고 부른다. 물론 자신만의 판타지하면서 상상력 있는 멋진 이름을 사용해도 좋다.

템플릿은 **블루프린트** 탭 아래 있는 **삼인칭** 옵션(이 책의 첫 번째 프로젝트에서 선택했던)을 선택한다. 하지만 곧 일인칭 캐릭터도 사용할 것이기 때문에 고민할 필요는 없다. 마지막으로 시작용 콘텐츠를 포함할지 말지 결정해야 한다. 안타깝게도 1, 2장에서 했던 레벨 디자인 과정을 반복할 만큼 분량이 충분하지도 않고, 이 책의 초점은 레벨 디자인이 아니라 블루프린트이기 때문에 프로젝트에서는 자신만의 환경을 자유롭게 만들어 본다. 14장에서는 게임의 전체 로직을 만드는 방법과 환경을 만들 때 사용할 팁을 몇 가지 살펴본다.

프로젝트 생성 화면으로 돌아가보면 다음 화면과 비슷할 것이다.

게임

무서운 사냥개가 침략하고 있으며 사냥개를 막는 건 우리에게 달려있다. 사냥개는 지능적이며 우리를 쫓아와서 사나운 발톱으로 공격한다. 여러분과 친구들은 사냥개를 물리칠 수 있을까? 다음 화면에서 사냥개가 얼마나 무서운지 확인해보자.

기본 2인용 협력 게임을 만들 것이다. 매우 큰 사냥개가 침략하는 웨이브에서 죽지 않고 살아 남아야 한다.

이런 아이디어를 실현하려면 무엇을 해야 할까? 사냥개를 애니메이션하는 것부터 시작해서 찾아보자.

다음 화면은 사냥개의 또 다른 모습이다.

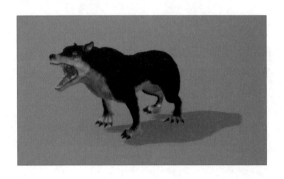

이제 시작할 수 있을 만큼 동기가 충분히 부여됐을 것이다.

▌ 사냥개 메시 임포트 및 설정

첫 번째로 사냥개를 나타내는 애셋이 있어야 한다. 게다가 이런 애셋은 리깅돼 있어야 하고(또한 적절한 스키닝도) 애니메이션도 괜찮아야 한다. 이런 모델을 찾기는 힘들고 처음부터 제작하고 싶지 않다면 많은 돈을 지불해야 한다.

고맙게도 언리얼 마켓에서 우리가 언급했던 모든 요구 사항에 적합한 팩을 찾을 수 있으며 무료다. PROTOFACTOR INC 제작자의 Quadruped Fantasy Creatures 애셋이며 해당 링크에 있다.

https://www.unrealengine.com/marketplace/7f7775996f7442b187f6fa510ec9d289.

해당 팩에 네 개의 크리처가 있는데 Barghest 크리처와 몇 가지 애니메이션만 사용한다. 다운로드했다면 프로젝트에 추가해 QuadrupedCreature 폴더를 연다. 그리고 네 개의 폴더 중 Barghest 크리처를 제외한 것을 모두 제거한다(이 방법으로 필요하지 않은 파일이 프로젝트의 용량을 차지하지 않게 하며 게임을 확장하고 싶다면 언제든지 추가할 수 있다).

모든 애셋 간의 종속성을 모으는 데 시간이 조금 걸릴 수 있다. 그 후에 다음 화면과 같이 애셋 삭제를 확인하는 창이 나타난다.

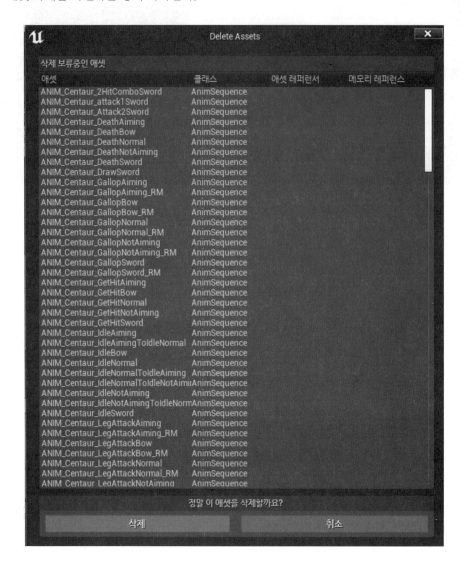

다음 화면과 같이 언리얼이 모든 애셋을 언로드/삭제할 때까지 잠시 기다리면 작업을 계속 진행할 준비가 될 것이다.

/Game/QuadrapedCreatures/Centaur/Animations/ANIM_Centaur_Turn90LeftBow_RM 언로드중... 24%

이제 모든 애셋이 갖춰졌으니 적에게 네이밍 컨벤션을 유지하는 적절한 이름을 붙여야 할 시간이다. 임포트한 애셋 파일의 이름은 Barghest이지만 그 대신에 Hound라는 이름을 붙여준다. 따라서 앞으로 생성하는 모든 블루프린트를 Hound라고 부를 것이며, 이는 우리가 생성한 것과 임포트한 것을 구분 짓는데 유용할 것이다.

 호기심으로 알아보면 Barghest는 중세 시대의 인기 있는 신화적 크리처이며 '발톱이 큰 검은 개'다. 위키피디아 https://en.wikipedia.org/wiki/Barghest에서 더 많이 찾아볼 수 있다. 하지만 우리가 만든 내용과 이 책을 읽기 쉽게 'Hound'라고 부른다.

다음 단계에서는 콘텐츠 폴더 내에 Hound라는 이름의 폴더를 생성한다.

 이 장에서 생성한 게임 속에서 Hound는 유일한 적이다. 하지만 더 많은 적을 추가할 계획이 있다면 콘텐츠 폴더 내에 Enemies 폴더를 생성하고 Hound 폴더를 Enemies 폴더에 배치하는 것이 더 깔끔한 해결책이다. 그 결과 프로젝트는 더 정돈되면서 체계화될 것이다.

해당 폴더 내에 다음 하위 폴더를 생성한다.

- AI: 게임 속 적의 모든 AI 로직이 포함돼 있다.
- Animations: 14장에서 생성하는 모든 애니메이션과 애니메이션 블루프린트를 포함한다.
- Sounds: 사용할 모든 사운드를 포함한다.
- Blueprint: 사냥개와 관련된 모든 블루프린트를 포함한다.

▌ 블렌드스페이스 1D

애니메이션과 관련해서 두 개 혹은 그 이상의 애니메이션을 병합하고 싶은 경우가 있다. 다양한 방법이 있는데 블루프린트 애니메이션을 직접 작업할 수도 있고 블렌드 스페이스나 다른 슬롯을 사용할 수도 있다. 블렌드 스페이스는 한 개의 차원이다(그래서 1D라고 한다). 기본적으로 하나의 변수를 바탕으로 애니메이션을 병합한다. 예를 들어 쉬고 있는 애니메이션과 달리는 애니메이션 사이를 캐릭터의 속력에 따라 혼합해야 하는 경우다. 이것이 바로 우리가 만들려고 하는 것이다.

Hound 폴더 내 Animation 폴더를 열어서 **One Dimensional Blend Space**을 생성한다. 콘텐츠 브라우저에서 마우스 오른쪽 버튼을 클릭해 다음 화면과 같이 Animation **블렌드 스페이스 1D**를 선택한다.

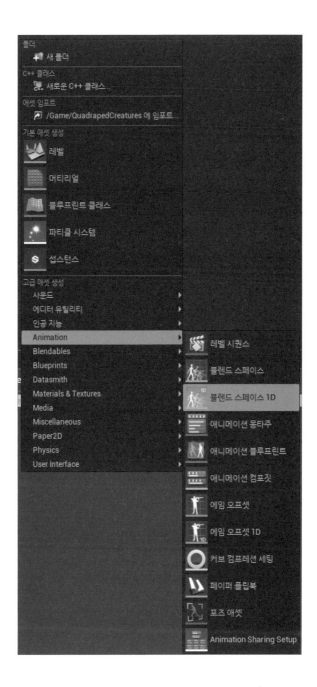

그리고 다음 화면에 보이는 것처럼 해당 블렌드 스페이스가 동작하도록 스켈레톤을 선택
해야 한다.

스켈레톤은 스켈레탈 메시의 다양한 본이 캐릭터 내에 (계층적으로 구성돼) 배치되는 방법
을 설명하는 애셋이다. 본의 트리 리스트처럼 생각할 수 있는데 어떤 애니메이션이 어떤 캐
릭터와 호환되는지 알려고 할 때 사용된다. 하나 이상의 캐릭터가 동일한 스켈레톤을 공유
할 수 있다. 실제로 인간형의 Mannequin Skeleton과 네 발 짐승의 Hound Skeleton을 가
진다. 애니메이션도 스켈레톤의 다양한 본이 시간에 따라 어떻게 움직이는지에 대한 정보
이기 때문에 스켈레톤과 연관돼 있다. 어쨌든 이 책에서는 이 정도만 알면 되지만 공식 문
서에서 좀 더 자세히 알아보는 것이 좋다. 스켈레탈 메시는 스태틱 메시에 비해 더 많은 정
보가 담겨 있는 실제 캐릭터 메시다. 실제로 스켈레탈 메시는 어떤 스켈레톤인지 그리고 캐
릭터를 적절하게 애니메이션하는 가중치(스키닝), 모프 타깃(그리고 이들의 가중치) 등 많은
정보가 들어 있다. 이 책에서는 스켈레탈 메시가 애니메이션의 모든 정보가 있는 실제 캐릭
터 메시라는 것을 알고 있어야 하며 모든 스켈레탈 메시는 특정 스켈레톤과 관련돼 있다.

Bargehest Skeleton을 선택하면 콘텐츠 브라우저에 1D 블렌드 스페이스 애셋이 생성된다. 그리고 다음 화면과 같이 Hound_IdleRun_1D 이름으로 변경한다.

애셋 위에서 더블클릭해 다음 화면과 같은 블렌드 스페이스 에디터를 연다.

예상대로 해당 에디터는 (블렌드 스페이스가 1D이기 때문에) 한 개의 파라미터에 기반하여 다른 애니메이션을 혼합할 수 있게 한다. 따라서 화면의 중앙에서 애니메이션이 어떻게 보이는지 미리 볼 수 있다. 에디터의 하단에는 블렌드 영역을 찾을 수 있으며 해당 라인에 다른 애니메이션을 배치하면 라인에 설정된 파라미터에 따라 애니메이션이 혼합된다. 초록색 다이아몬드는 파라미터의 미리 보기 값이다. 오른쪽 하단에서 사냥개와 관련된 모든 애니메이션을 볼 수 있다(애니메이션 슬롯과 함께 사용하지만 지금은 사용하지 않는다).

오른쪽의 디테일 패널은 특정 본의 위치를 체크하는 데 유용하며 씬 프리뷰 패널은 미리 보기에서 어떻게 보이는지 수정할 수 있다. 왼쪽의 스켈레탈 트리는 스켈레톤의 구조를 볼 수 있으며 애셋 디테일 패널은 블랜드 스페이스를 위한 패널이다.

애셋 디테일 패널의(스켈레탈 트리 탭 옆에 있으며 오른쪽의 디테일 패널과 쉽게 혼동할 수 있다) **Axis Setting**을 수정해 요구 사항에 맞게 수정하자(이 경우 가로축 설정만 해당). 첫 번째로 (프로젝트가 깔끔하도록) 애니메이션을 블렌드할 파라미터의 이름을 정하고자 한다. 특히 캐릭터의 속력에 따라 혼합할 것이기 때문에 **Speed**로 부르겠다. 몇 번의 시행착오를 토대로 **Maximum Axis Value** 값을 180으로 찾아냈으며(자유롭게 시도하면서 캐릭터에게 적절한 값을 찾는다) 나머지는 디폴트값으로 한다. 다음 화면은 현재 어떻게 보여야 하는지를 알려준다.

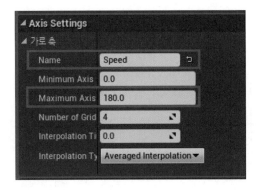

다음 단계는 블렌드스페이스에 애니메이션을 가져오는 것이다. 첫 번째로 속력이 0일 경우 애니메이션 핀은 가장 왼쪽에 있어야 한다. 애니메이션 메뉴에서 이용 가능한 Idle 애니메이션 트리 세 개 중에서 아무것이나 선택한다. 프로젝트에서는 다음 화면과 같이 BARGHEST_idleBreathe를 사용한다.

그리고 BARGHEST_walk 애니메이션을 드래그해 (스피드 매개변숫값이) 90인 곳에 배치한다 (루트 모션을 위한 RM이 붙은 애니메이션이 아니다).

 이 책에서는 루트 모션을 직접 다루지 않는다. 왜냐하면 동일한 애니메이션 중에서 루트모션이 아닌 버전들을 사용하기 때문이다. 그러나 루트 모션은 게임 개발에 있어 매우 중요하며 자세한 내용은 여기에서 읽어볼 수 있다.
https://api.unrealengine.com/KOR/Engine/Animation/RootMotion/index.html

마지막으로 오른쪽 마지막에 **BARGHEST_run** 애니메이션(다시 한 번 더 루트모션이 아닌 버전)을 배치한다.

초록색 다이아몬드를 왼쪽에서 오른쪽으로 드래그하면 세 개의 애니메이션이 블렌딩된 모습을 볼 수 있다.

이것으로 블렌드 스페이스를 마무리한다. 안타깝게도 설명만으로 애니메이션을 보여주는 것은(불가능하지는 않더라도) 정말 어렵다. 하지만 잘 따라 했다면 지금까지 작업한 것이 자랑스러울 것이다. 다음 화면은 작업이 막혔을 경우 도움을 주는 블렌드 스페이스의 요약이다(값과 애니메이션이 어떻게 돼야 하는지 보여주는 서로 다른 초록색 다이아몬드가 있다. 화면은 보기 편하게 수정했는데 언리얼에는 오직 하나의 초록색 다이아몬드만 있다).

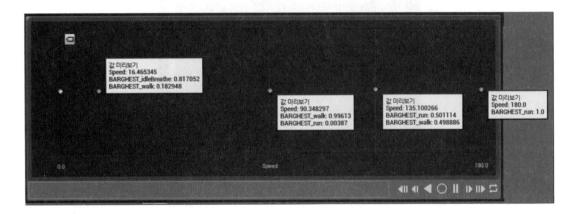

다음은 애니메이션 블루프린트다.

▌ 애니메이션 블루프린트

이 절에서는 사냥개의 애니메이션 블루프린트를 생성하는 방법을 알아본다.

애니메이션 블루프린트란 무엇인가

애니메이션 블루프린트는 지금까지 사용했던 전형적인 블루프린트가 아니라는 것부터 알아두어야 한다. 실제로 애니메이션 블루프린트는 액터로부터 상속되지 않았다는 사실 때문에 게임 월드에 배치할 수 없다. 애니메이션 블루프린트는 종류가 다른 애셋이다. 이 장에서만 블루프린트 애니메이션을 다룰 것이며 더 많은 것을 살펴보고 싶다면 비디오 튜토리얼을 보거나 책을 읽어야 할 것이다.

하지만 애니메이션 블루프린트는 다양한 상황에서 매우 편리하다. 실제로 애니메이션 블루프린트는 애니메이션 로직 과정을 특정 캐릭터에 묶인 나머지 로직들과 분리해 준다. 예를 들어 비헤이비어 트리가 동작 중이고 이후 추적을 위한 도착지점을 설정했다고 가정해보자. 캐릭터가 걸어서 갈지, 빈둥(idle)거릴지 혹은 공격할지 신경 쓰고 싶지 않다. 실제로 비헤이비어 트리를 프로그래밍할 때 AI 로직만 생각하고 싶어 하고 반대로 애니메이션 블루프린트를 작업할 때는 AI를 신경 쓰고 싶지 않다.

결론적으로 애니메이션 블루프린트에는 몇 가지 변수만 있고 그 값을 어디에서 사용할지는 알지만 어떻게 설정되는지는 신경 쓰지 않는다. 예를 들어 공격할지 말지를 결정하는 부울 변숫값이 있는 경우 캐릭터가 특정 조건에 따라 언제 공격할지 신경 쓰지 않는다. 하지만 해당 변숫값이 true일 경우 공격 애니메이션을 재생해야 한다.

애니메이션 블루프린트 생성하기

늘 그렇듯 사냥개의 Animation 폴더 안에 애니메이션 블루프린트를 생성한다. 이 과정은 블렌드 스페이스를 제작하는 방법과 유사하다. **콘텐츠 브라우저** 메뉴에서 마우스 오른쪽 버튼을 클릭해 다음 화면과 같이 Animation을 선택하고 애니메이션 블루프린트를(Animation > 애니메이션 블루프린트) 선택한다.

그러면 언리얼은 스켈레톤이 동작할 수 있는 애니메이션 블루프린트의 부모를 어떤 것으로 할지 물어볼 것이다. 모든 것을 처음부터 생성할 것이기 때문에 부모를 선택하지 않는다. 그리고 스켈레톤은 다음 화면에 보이는 것처럼 BARGHEST으로 선택한다.

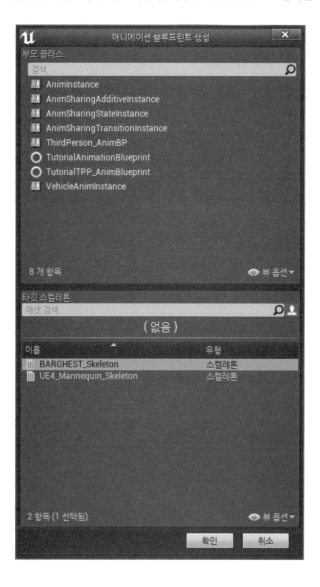

그 후 다음 화면과 같이 방금 생성한 애니메이션 블루프린트를 Hound_AnimBP로 이름을 변경한다.

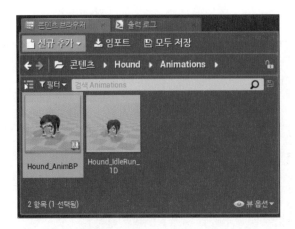

더블클릭해 애니메이션 블루프린트 에디터를 열면 다음 화면과 비슷한 모습을 볼 수 있다.

애니메이션 블루프린트는 주로 두 개의 그래프로 구성된다. **이벤트 그래프**는 지금까지 작업했던 액터 블루프린트와 매우 비슷하며 **애님 그래프**에서 애니메이션 스테이트 머신을 만들어야 한다. 왼쪽 아래 메뉴(내 블루프린트 패널)에서 이런 두 가지 옵션에 접근할 수 있다. **이벤트 그래프**는 월드의 나머지 부분(예: 캐릭터 블루프린트)과 통신하고 변수들을 설정하는 역할을 하지만 **애님 그래프**는 (이벤트 그래프에서 설정한) 지역 변숫값에 발생하는 일에만 신경 써야 한다.

이벤트 그래프

기본적으로 새롭게 생성한 애니메이션 블루프린트를 처음으로 열면 뷰는 **이벤트 그래프**로 설정된다.

순서대로 시작하자면 이런 애니메이션 블루프린트가 어떤 종류의 정보를 가져야 하는지 생각해보자. 사냥개는 Idle(빈둥거리는) 상태와 Run(달리는) 상태 사이를 혼합하는 데 사용할 캐릭터의 현재 속력 값이 필요하다. 그리고 사냥개가 현재 공격 중인지 맞아서 죽었는지 알아야 할 것이다. 따라서 왼쪽 아래의 **내 블루프린트** 패널에서 세 개의 변수를 생성한다. 다음 화면과 같이 (float 유형의) Speed, (Boolean 유형의) bShouldAttack, (Boolean 유형의) bIsDead이다.

다음 단계에서는 애니메이션 블루프린트의 이벤트 그래프에서 세 개의 변수들을 프레임마다 할당한다. 이벤트 그래프가 준비돼 있지 않다면 **내 블루프린트** 패널(앞선 화면에서 참조했던)에서 **이벤트 그래프**를 더블클릭한다. 그리고 이미 그래프에 두 개의 노드가 있는데 그 이유는 그래프에서 사용할 가능성이 높기 때문이다(실제로도 사용할 것이다).

다음 화면 속의 Blueprint Update Animation 이벤트 노드는 애니메이션의 현재 상태를 갱신하는 이벤트이며 해당 이벤트를 변숫값들을 할당하는 데 사용한다. 그리고 Try Get Pawn Owner 노드는 해당 애니메이션 블루프린트가 애니메이션하는 폰을 반환한다.

Try Get Pawn Owner를 드래그해 **? Is Valid** 노드를 생성한다. 이벤트 노드의 핀을 새로 생성한 노드에 연결한다. 이 작업은 Try Get PawnOwner로 주어진 참조가 유효한지 확인하는 단계이며 유효하지 않다면 내부의 정보에 접근하는 것은 무의미하다. 지금까지의 그래프는 다음과 같다.

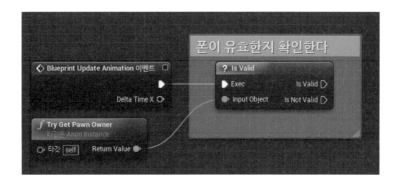

항상 Try Get Pawn Owner에서 Get Velocity 노드를 드래그한다. 이 노드는 애니메이션 되는 폰의 속도를 Vector 형태로 반환한다. 그러나 벡터의 길이만 필요하므로 벡터의 길이를 가져오는 Vector Length 노드를 생성한다. 마지막으로 다음 화면과 같이 ? Is Valid 핀을 드래그해 Speed 변숫값에 벡터의 Length를 드래그한다.

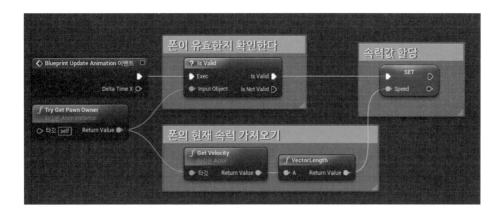

마지막 단계에서는 두 개의 부울 변수들을 할당한다. 그러나 사냥개의 (여전히 만들어야 하는) 특정 블루프린트에서 접근해야 하기 때문에 이후의 단계에서 여기로 다시 돌아온다. 이 부분을 상기하기 위해 다음 화면과 같이 두 개의 SET 함수를 배치한다. 하지만 지금은 애니메이션 블루프린트에 있는 세 가지 변숫값 모두 올바른 값이라고 가정한다. 이후에 그래프를 마무리해야 한다는 것을 기억하자.

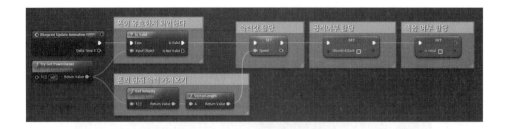

다음 두 개의 장에서 사냥개의 블루프린트를 실제로 생성하고 이벤트 그래프를 마무리 지을 것이다. 다음 단계에서는 애니메이션 머신을 알맞게 설정한다.

애니메이션 그래프

이제 **애님 그래프** 내에서 할 수 있는 애니메이션 스테이트 머신을 구축할 차례다. **내 블루프 린트** 패널의 **애님 그래프** 위에서 더블클릭하면 다음과 같은 것을 볼 수 있다.

애님 그래프는 노드로 연결된 주요 정보가 애니메이션 데이터인 특별한 종류의 그래프다. 현재 단계에서는 기본 기능만 사용한다. 특히 단일 스테이트 머신만 사용하는데 이는 현재 변숫값에 기반해 사냥개의 어떤 애니메이션이 플레이돼야 하는지 알려주며 또한 현재 재생 중인 애니메이션도 알려준다. 새로운 스테이트 머신을 생성하기 위해 아무 곳에서 마우스 오른쪽 버튼을 클릭해 다음 화면과 같이 State Machines ❯ 스테이트 머신 새로 추가를 선택한다.

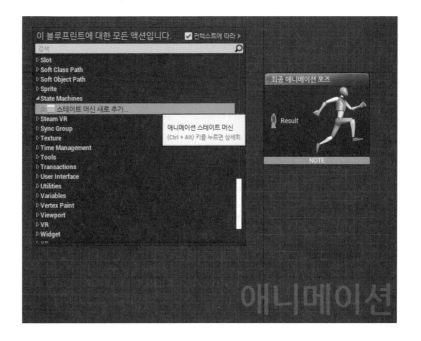

선택하는 동안 스테이트 머신의 이름을 변경할 수 있다(스테이트 머신을 선택하면 오른쪽의 디테일 패널에서 이름을 포함한 속성들을 변경할 수 있다). 예를 들면 이름을 Hound Main State Machine으로 변경할 수 있다. 해당 스테이트 머신의 출력을 최종 애니메이션 포즈 노드의 Input 핀으로 연결한다. 모든 애니메이션이 스테이트 머신에서만 구동된다는 의미다. 그래프는 다음과 같다.

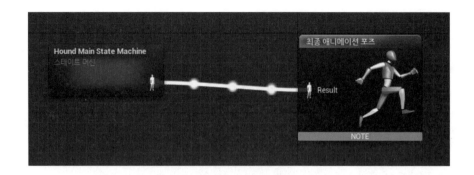

스테이트 머신 위에서 더블클릭하면 해당 그래프에 접근할 수 있다. 현재는 Entry라고 불리는 노드 하나만 있다. 아무 곳에서 마우스 오른쪽 버튼을 클릭해 새로운 스테이트를 생성한다. Idle/Run으로 이름을 변경하고 Entry 노드를 연결한다. 그 결과로 스테이트 머신이 구동하자마자 Idle/Run 상태로 보이면서 시작될 것이다.

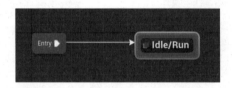

하지만 현재 Idle/Run 스테이트는 비어 있다. 따라서 Idle/Run 스테이트 위에서 더블클릭해 또 다른 연결된 그래프를 연다.

 애니메이션 블루프린트는 중첩된 그래프들이 많이 있으므로 상단의 바를 확인하면 현재 그래프가 중첩된 그래프의 어떤 부분인지 알 수 있다. 상단 바는 탐색하는 데 사용할 수 있으며, 중첩된 그래프 중 하나를 클릭하면 에디터는 해당 부분에 포커스를 둘 것이다. 중첩 그래프의 개념에 빨리 익숙해질수록 애니메이션 블루프린트를 더 쉽게 관리할 수 있다.

하위 그래프의 오른쪽 하단 코너에 있는 애셋 브라우저 패널에서 앞서 생성한 블렌드 스페이스를 드래그할 수 있다. 그래프로 드래그했다면 (왼쪽 하단 코너 부분의 내 블루프린트 패널에서) Speed 변수를 그래프로 드래그해 블렌드 스페이스의 입력값으로 사용한다. 마지막으로 다음 화면과 같이 블렌드 스페이스의 결과를 스테이트의 출력 애니메이션 포즈에 연결한다.

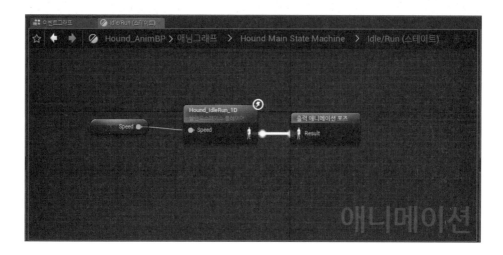

그런 다음 스테이트 머신으로 다시 돌아가서 새로운 스테이트를 추가한다. 이번에는 새로운 머신의 이름을 Attack라고 한다. 그리고 첫 번째 스테이트를 두 번째 스테이트로 드래그해 Idle/Run 스테이트를 Attack 스테이트와 연결한다. 요령은 약간 더 밝은 테두리 경계에서 드래그하는 것이다. 중간에서 드래그한다면 스테이트가 그래프 위에서 움직일 것이다.

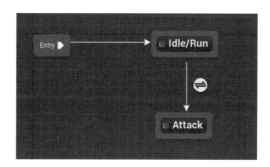

다시 한 번 Attack 스테이트를 몇 가지 애니메이션으로 채워야 한다. 하위 그래프에 접근하려면 Attack 스테이트 위에서 더블클릭한다. 이곳에서 애셋 브라우저 패널의 BARGHEST_jumpBiteAggressive 애니메이션을 드래그해 출력 노드에 연결한다.

스테이트 머신으로 돌아오면 Idle/Run 스테이트와 Attack 스테이트가 연결된다. 하지만 트랜지션 룰을 정의해야 한다.[1]

 컴파일 결과 탭이 하단에 있다는 것을 알려주고 싶다. 현시점에 애니메이션 블루프린트를 컴파일하고 저장한다면 Idle/Run에서 Attack으로 절대 변경되지 않는다는 경고를 볼 수 있다. 해당 경고는 바로 이어서 수정할 것이다. 컴파일러의 결과를 항상 주의 깊게 관찰하는 것은 좋은 습관이다.

트랜지션 룰은 조건처럼 생각할 수 있으며 해당 조건이 만족했을 때(값이 true) 두 스테이트 간에 전이가 발생한다. 트랜지션에 마우스를 가져다 대면 룰을 미리 보기할 수 있다. 예제에서는 아직 아무것도 정의하지 않았으므로 다음 화면과 같이 비어 있는 상태다.

---

1 Transition Rules(트랜지션 룰)은 State Machine(스테이트 머신) 안에서 흐름을 제어하는 메서드로 스테이트 간의 전이를 체크하는 조건이다. - 옮긴이

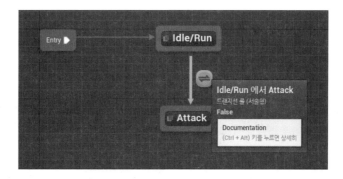

트랜지션 모양 위에서 더블클릭하면 조건을 정의하는 트랜지션의 하위 그래프에 접근할 수 있다. 예제에서 조건은 bShouldAttack 변수를 그래프로 드래그해 결과에 연결만 하므로 매우 단순하다. 그 결과 다음 화면과 같이 bShouldAttack 값이 true로 설정되면 전이가 일어날 것이다.

다음으로 Attack 스테이트에서 Idle/Run 스테이트로 다시 돌아오는 새로운 트랜지션을 스테이트 머신에 추가한다. 실제로 사냥개는 다음 화면에서 보이는 것처럼 빈둥(Idle) 상태나 달리는(Run) 상태로 다시 돌아가기 위해 공격을 멈출 수 있다.

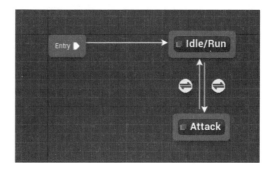

트랜지션 그래프를 열고 이번에는 만족해야 할 조건이 반대이다. 즉 트랜지션을 위해 bShouldAttack 값이 false가 돼야 한다. 따라서 해당 값의 NOT 노드를 사용해 값을 역으로 반전시키고 다음과 같이 결과 노드에 연결한다.

마지막으로 사냥개가 죽었을 때를 위한 추가 스테이트가 스테이트 머신에 필요하다. 따라서 스테이트를 추가하고 추가된 스테이트를 Dead라고 한다. Attack과 Idle/Run 스테이트 양쪽 모두에서 Dead 스테이트를 향한 새로운 트랜지션을 생성한다. 하지만 되돌아가는 트랜지션은 추가하지 않는다. 실제로 사냥개는 한 번 죽으면 다시 달리거나 공격하는 상태로 돌아갈 수 없다. 따라서 애니메이션 블루프린트의 관점에서 본다면 Dead 스테이트에 도달하면 그 걸로 끝이다. 사냥개 블루프린트의 로직에서 나머지 부분을 수행할 것이다(예: 사냥개 액터를 일정 시간 이후에 파괴한다). 다음 화면은 지금까지 작업한 스테이트 머신의 모습이다(스테이트와 트랜지션을 추가해 마무리했다).

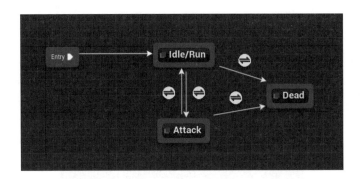

하지만 여전히 Dead 스테이트와 두 개의 트랜지션을 정의하고 마무리 지어야 한다. 두 개의 트랜지션 중 하나를 더블클릭하고 bIsDead 값을 트랜지션을 위한 트리거로 사용한다. 다른 트랜지션도 이 과정을 반복한다(하위 그래프는 동일해야 한다). 다음 화면은 양쪽 트랜지션의 모습이다.

Dead 스테이트를 더블클릭해 다음 화면에서 보이는것처럼 BARGHEST_deathAggressive 애니메이션을 추가하고 출력 애니메이션 포즈에 연결한다.

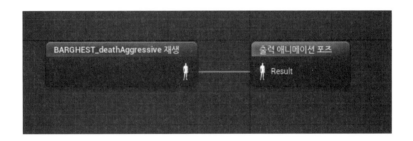

기본적으로 모든 애니메이션이 루프로 재생된다는 것을 아는 것이 중요하다. Death 애니메이션은 반복 재생하는 루프가 아니라 한 번만 재생되면서 애니메이션의 마지막 프레임에서 멈춰 있기를 원한다. 그러므로 BARGHEST_deathAggressive 애니메이션을 선택해 오른쪽 디테일 패널에서 선택할 수 있는 몇 가지 종류의 옵션을 살펴볼 수 있다.

 각 옵션 앞에는 (As Pin)이라는 체크 박스가 있는데 이는 각 애니메이션이 다른 것에 종속된 경우 그래프의 핀으로써 애니메이션을 노출한다. 예제에서는 필요하지 않지만, 자신의 애니메이션 블루프린트를 만들 때는 이 내용을 기억하자.

다음 화면에 보이는 것과 같이 **Loop** 옵션을 체크 해제한다.

애니메이션 블루프린트의 제작은 이것으로 마무리 짓는다. 컴파일하고(모든 것이 올바르게 동작하는지 확인하기 위해) 애셋을 저장한다.

▌ 배운 내용 확장하기

14장에서 애니메이션, 블렌드 스페이스, 스켈레톤과 스켈레탈 메시까지 많은 것을 배웠다. 다음은 배운 내용을 확장하는 몇 가지 연습 문제다. 구체적으로는 사냥개 애니메이션 설정을 확장하거나 새 캐릭터를 구현하는 것이다. 두 가지 경우 모두 15장에서 더 자세하게 다룰 것임을 기억하자. 세 번째 프로젝트의 첫 단계를 마무리하기 위해 각 장의 절로 돌아가서 게임을 더 풍부하게 만들려고 배운 내용을 확장해보자. 다음은 시도해볼 만한 몇 가지 연습 문제다.

- **다른 적들 생성하기**: 언리얼 마켓플레이스의 무료 팩은 4개의 애셋과 함께 나온다. 이들 중 하나를 사용해왔고 나머지 세 개는 지웠다. 새로운 프로젝트를 열고 **Quadruped** 팩을 다시 임포트한다. 그리고 애니메이션하려는 크리처가 포함된 폴더 중 하나를 선택한다(한 번에 하나의 캐릭터 생성에만 집중한다). 폴더 위에서 마우스 오른쪽 버튼을 클릭해 애셋 액션 아래에서 해당 애셋을 Multiplayer 게임 프로젝트로 옮길 수 있다. 이제 원하는 애셋이 생겼으니 적의 크리처를 만드는 데 집중해야 한다. 이들은 모두 리깅돼 있고 애니메이션이 충분하다. 이용 가능한 다양한 애니메이션을 살펴보고 빈둥(Idle)/걷기(Walk)/달리기(Run)의 블렌드 스페이스를 만들어보자. Hound로 작업한 것을 재현하는 것이지만 다른 캐릭터다.
- **사냥개 확장하기**: 사냥개의 애니메이션을 살펴보면 애니메이션 블루프린트(그리고 사냥개의 행동을 제어하는 모든 애셋) 안에서 충분히 구현할 수 있는 흥미로운 것이 많다. 이들을 살펴보고 사냥개의 행동을 확장하는 방법을 선택한다. 예를 들면 'hit' 애니메이션이 있다. 사냥개가 맞았을 때(혹은 머리를 맞았을 때) 재생하기에 좋은 애니메이션이다. 물론 어떤 수정이든 새로운 기능을 구현하려면 좀 더 노력해야 하는데 학습 결과는 노력할 가치가 있다.
- **사냥개 커스터마이징 또는 다른 버전으로 만들기**: Barghest 폴더를 살펴보면 커스터마이징할 수 있는 많은 것을 찾을 수 있다. 실제로 꼬리나 갈기가 있어서 사냥개를 다양한 모습으로 보이도록 만드는 데 사용할 수 있다. 게다가 동일한 적의 다양한 모습을 만들어 게임플레이를 다양하게 할 수 있다. 또는 각자 다른 스탯(데미지와 체력)을 적용할 수도 있다. 대부분의 작업은 다른 장에서 다루겠지만 이곳에서 갈기나 꼬리도 스켈레탈 메시이며 어떻게 애니메이션되는지 확인할 수 있다. 답은 간단하지만 애셋을 살펴보는 것은 자신의 몫이다.

▌ 요약

14장에서는 이 책의 남은 부분을 위한 방향을 잡았다. 계속해서 생존형 협력 멀티플레이 게임을 만들 것이다. 구체적으로는 프로젝트로 캐릭터를 임포트하는 방법과 게임에서 적절하게 사용하기 위해 설정하는 방법을 살펴봤다. 그리고 파라미터에 기반하여 다양한 애니메이션을 혼합하는 방법으로 블렌드 스페이스를 분석했다(예제에서는 사냥개의 속력에 대해서만). 마지막으로 사냥개 애니메이션 블루프린트에 대해 많은 것을 살펴봤기 때문에 15장에서 사냥개의 로직에 집중할 수 있으며 사냥개는 자동으로 애니메이션될 것이다. 소화하기에는 많은 양이지만 시간을 가지고 천천히 진행해보자.

15장에서는 구조체, 데이터 테이블, 컨스트럭션 스크립트 등을 살펴본다. 이들이 무엇이며 언리얼에서 게임플레이를 재미있게 만들려면 어떻게 사용하는지를 살펴본다.

15

데이터 주도형 게임플레이

사냥개로부터 살아남아 15장에서 만나서 기쁘다.

15장에서는 구조체, 데이터 테이블, 컨스트럭션 스크립트를 살펴보고, 재미있는 게임플레이를 만들려면 어떻게 사용하는지 살펴본다. 이런 것은 블루프린트를 좀 더 체계적으로 만들 수 있게 하므로 이후의 단계에서 큰 도움이 될 것이다. 또한 개발 과정에서 게임 데이터를 쉽게 수정할 수 있게 한다. 15장에서 조금 더 자세히 다루는 내용은 다음과 같다.

- 구조체는 무엇이며 블루프린트와 함께 구조체를 사용하는 방법
- 우리의 적인 사냥개용 데이터 테이블을 블루프린트와 함께 사용하기
- 컨스트럭션 스크립트를 사용해 사냥개 만들기

구조체란 무엇인가

재미있게도 우리는 구조체 유형을 여러 번 사용했다. 구조체는 다양한 타입의 데이터를 모두 모아 하나의 변수로 결합한 것이다. 가장 쉽게 이해하는 방법은 프로젝트에서 앞서 사용했던 Vector 구조체다. Vector 구조체는 세 개의 정보를 담고 있으며 float 형의 X, Y, Z로 구성된다. 모두 서로 연관돼 있으며 게임 공간의 위치를 정의한다. 또한 구조체에는 하위 속성이 포함될 수도 있고 중첩될 수도 있다. 이에 대한 가장 간단한 설명은 Transform 구조체를 생각해보는 것이다. 해당 구조체는 액터의 모든 개별 요소의 Location (Vector 구조체), Rotation (Rotator 구조체), Scale (Vector 구조체)가 들어 있다. 따라서 구조체는 더 상위의 개념인 Transform 구조체를 만들기 위한 다양한(중첩) 구조체를 담고 있다.

구조체를 분해해 구조체를 구성하는 요소를 볼 수 있다. 15장에서 구조체를 분해하는 부분을 다룬다.

프로젝트에서 구조체 사용하기

그렇다면 게임에서 구조체를 언제 사용해야 할까? 답은 간단하다. 게임을 구조화해야 할 때이다. 게임의 디테일한 부분을 다룰 때 캐릭터만 봐도 많은 변수로 구성된다(이름, 체력, 직업, 라이프 등). 이럴 때 구조체는 다양한 변수를 좋은 구조로 체계화하는 방법이다. 또 다른 장점은 동일한 구조를 다양한 상황에서 재사용할 수 있다는 것이다.

개발자들은 구조체를 만들어 놓고 이후에 수정해야 한다는 것을 알게 되는 경우가 많이 발생한다. 따라서 구조체가 필요하거나 분할해서 변경해야 하는 경우 구조체를 사용하는 모든 블루프린트에 영향을 미친다는 것을 기억해야 한다. 구조체를 신중하게 계획해 만든다면 나중에 겪을 고생스러운 문제들을 피할 수 있다.

특히 이 프로젝트는 몇 가지 정보를 하나로 모아 저장하는 데 구조체를 사용하며, 궁극적으로는 데이터 주도형 게임플레이를 만드는 것이다. 실제로 사냥개의 주요 스탯을 저장하는 구조체를 만든다.

사냥개에 어떤 종류의 스탯을 적용해야 하는지(또는 어떤 종류의 스탯을 쉽게 수정할 수 있어야 하는지)를 생각해보면 멀티플레이 프로젝트에서 사용할 수 있는 4개의 스탯이 있다.

- Max Health: 적 캐릭터가 유지할 수 있는 최대 체력
- Speed: 적이 움직이는 속력
- Bite Distance: 적이 플레이어를 물 수 있는 거리
- Health Recovery Rate: 적이 체력을 회복하는 비율

이제 어떤 구조가 필요한지 정의했으니 하나 만들어보자.

 플레이어 캐릭터를 위한 유사한 구조체를 만들 수는 있지만 이것은 연습 문제로 남겨둔다.

구조체 생성하기

앞서 이야기했듯이 Transform이나 Vector 형태의 구조체를 몇 가지 사용하거나 만들어봤다. 하지만 조금 더 복잡한 예제를 살펴보자. 우리의 SF 게임은 거대하고 끔찍한 사냥개로 우글거리는 디스토피아적 월드로 설정했기 때문에 게임플레이 스타일은 다양한 몬스터와(또는 여러 종류의 사냥개와) 싸우게 될 것이다. 따라서 플레이어가 만나게 될 각 몬스터 타입의 스탯을(예: 종류, 체력, 라이프) 기록하는 구조체를 생성한다. 예제에서는 앞에서 언급한 스탯을 기록한다. 그러므로 프로젝트에 GameplayData라는 이름의 새로운 폴더를 만든다(원한다면 Structs 이름의 하위 폴더도 만든다). 폴더 내에서 마우스 오른쪽 버튼을 클릭해 다음 화면과 같이 **블루프린트 ❯ 구조체**를 선택한다.

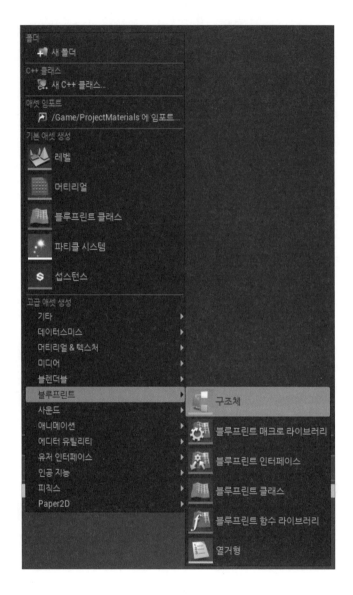

구조체 생성을 완료했다면 이름을 EnemyStatsStruct로 변경한다. 애셋을 더블클릭하면 구
조체 에디터를 열 수 있을 것이다(이때 구조체는 디폴트값만 들어 있다).

여기에서 자신만의 구조체를 만들 수 있으며 변수의 개수, 유형, 디폴트값을 결정할 수 있다. 현재 구조체에 유일하게 있는 변수인 MemberVar_0을 변경해보자. 변수의 이름을 MaxHealth로 변경하고 유형은 Float로 설정한다.

TIP 다른 팀원들에게 유용한 추가 정보를 채우기 위해 시간을 할애하는 것은 항상 유용하다. 구조체는 각 변수마다 툴팁을 설정할 수 있다. 프로젝트의 규모가 커지면 매우 유용한 방법이다. 새로운 변수를 생성할 때 툴팁(새 변수 추가 버튼 아래에 있는 작은 박스)을 정의하거나 각 변수의 이름 옆에 있는 화살표를 클릭해 툴팁을 수정할 수 있다(앞 화면처럼). 예를 들면 이 장의 앞에서 언급한 변수의 설명을 툴팁으로 사용할 수 있다. 게다가 하위 메뉴에서는 변수의 편집 가능 여부를 지정할 수 있다.

다음으로 **새 변수** 버튼을 클릭한다. 변수는 이미 Float 유형으로 선택돼 있다(그렇지 않다면 Float 타입으로 만든다. 실제로 구조체의 모든 변수는 Float 유형이다). 버튼을 여러 번 눌러서 더 많은 변수를 추가한다. 마지막으로 다음 화면과 같이 각각 MaxHealth, Speed, BiteDistance, HealthRecoveryRate라는 이름의 변수 4개가 있어야 한다.

다음 단계에서는 이런 변수들의 기본값을 결정한다. 현재 단계에서 어떤 값이 올바른 값인지 결정하기 어렵겠지만 0으로 설정하는 것보다는 최대한 근사치의 값으로 적절하게 설정한다(이후의 디버깅 시간을 줄이기 위해). 이 값은 필요할 경우 언제든지 변경할 수 있다. 예제에서는 기본값을 다음과 같이 설정한다.

- MaxHealth: 100
- Speed: 250
- BiteDistance: 320
- HealthRecoveryRate: 0 (적들이 기본값으로 회복하길 원하지 않는다)

기본값을 할당하면 EnemyStatsStruct는 다음과 같다.

마지막으로 구조체를 저장하고 에디터를 닫는다. 이제 EnemyStatsStruct는 사용할 준비가 됐다.

구조체 정보에 접근하기

구조체를 생성한 이후에는 블루프린트를 만드는 동안 다양한 이유로 구조체의 정보에 접근하고 싶을 것이다. **언리얼 컨텍스트**에서 구조체 정보에 접근하는 것은 구조체 분해 노드다(구조체 분해는 무섭게 들릴 수도 있지만, 곧 익숙해질 것이다). 반면에 새로운 구조체를 생성하는 것은 구조체 만들기 노드다. 새로운 블루프린트를 만들어서 연습해보자. 예제에서는 EnemyStatsStruct이며, 일단 프로젝트에 구조체가 생성되면 언리얼은 구조체 사용을 위해 3개의 노드를 자동으로 생성한다. 블루프린트에서 마우스 오른쪽 버튼을 클릭하면 다음과 같이 세 개의 노드를 볼 수 있다.

조금 더 자세히 살펴보자.

- EnemyStatsStruct **분해**는 EnemyStatsStruct 유형의 구조체 정보에 접근하는 노드다.

- EnemyStatsStruct **만들기**는 EnemyStatsStruct 유형의 구조체를 만들 수 있게 하는 노드다.

- EnemyStatsStruct의 멤버 설정은 구조체 분해 없이 구조체 내의 변수들을 변경하고 구조체를 재생성하는 설정 노드다.

EnemyStatsStruct **멤버 설정** 노드는 매우 유용하지만 잘 알려진 노드는 아니다. 노드를 배치한 후에는 노드를 선택해 다음 화면과 같이 **디테일** 패널에서 노드의 핀을 표시할 수 있게 한다(예시로 속력을 변경해보자).

그러면 노드가 변경돼 수정하고자 하는 핀이 표시된다.

게다가 [구조체이름] 분해 노드를 사용하지 않고 구조체 내의 특정 정보에 접근할 경우에는 실제로 핀을 분할하여 특정 변수를 꺼내고자 할 때 사용할 수 있다. 다음 화면과 같이 (입력 또는 출력과 관계없이 구조체를 포함하고 있는) 핀 위에서 마우스 오른쪽 버튼을 클릭해 **구조체 핀 분할**을 선택한다.

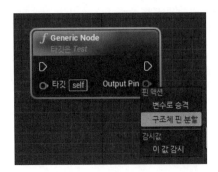

따라서 노드의 출력 핀이 EnemyStatsStruct **구조체**인 Generic Node를 사용할 경우 다음과 같은 모습을 볼 수 있다.[1]

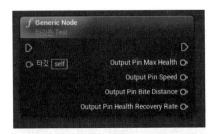

이것으로 구조체에 대한 내용을 마무리 짓는다. 이제 구조체가 필요할 경우 어떻게 사용해야 하는지 알 것이다.

프로젝트에서는 데이터 테이블 안에서 EnemyStatsStruct를 사용할 것이므로 다음 절로 이동해보자.

---

1 Generic Node는 설명을 위해 출력값을 EnemyStatsStruct 유형으로 설정하여 만든 테스트용 함수다. – 옮긴이

데이터 테이블 사용하기

먼저 **데이터 테이블**이 무엇인지부터 이야기하면서 시작해보자. 간단히 말하면 언리얼 엔진 4의 스프레드시트 같은 기본인 데이터 테이블이다. **데이터 테이블**은 언리얼 엔진 4에서 만들거나 엑셀 스프레드시트처럼 외부 리소스에서 가져올 수 있다. **데이터 테이블**을 임포트했을 때 유용한 부분은 원본 파일을 수정해 동일한 테이블을 리임포트하면 데이터 테이블을 참조하는 모든 블루프린트를 업데이트할 수 있다는 것이다(같은 위치에 보관해둔다면). 결과적으로 오브젝트, 적 등 스탯의 변수들을 하나의 스프레트시트에서 변경할 수 있다. 이것은 매우 강력한 기능이다.

그렇다면 데이터 테이블을 언제 사용할 수 있을까? 다양한 상황에서 **데이터 테이블**을 사용할 수 있다. 일반적으로 게임 전반에 걸쳐 속성이 유사한 데이터 집합이 있을 때, 게임을 더 좋은 밸런스로 테스트하려고 값을 변경할 때, 모든 블루프린트마다 찾아가며 수정할 필요 없이 데이터로 손쉽게 컨트롤하고 싶을 때 사용한다.

또한 데이터 테이블은 데이터베이스가 아니란 것을 이해하는 것도 중요하다. 실제로 값이 설정되면 런타임 중에 값을 변경할 수 없다.

 언리얼에는 데이터베이스처럼 동작하는 데이터 구조도 있다. 세션 동안 유지되지만 주로 C++에서 작업하기 때문에 여기에서는 다루지 않는다.

데이터 테이블 만들기

데이터 테이블은 언리얼 자체 애셋이다. 그러므로 다른 애셋들처럼 콘텐츠 브라우저에서 생성할 수 있다.

앞서 생성한 GameplayData 폴더로 이동한 후 마우스 오른쪽 버튼을 클릭해 메뉴를 연다. 다음 화면과 같이 **기타 > 데이터 테이블**을 선택한다.

언리얼은 다음 화면과 같이 행 구조체를 선택하라고 물어볼 것이다.

행 구조체 선택은 무슨 뜻일까? 데이터를 포함하는 스프레드시트는 각 행의 구조를 결정하는 일련의 열이 있다. 직장인 테이블을 상상해보자. 이름 열, 나이 열, 마지막으로 부서 열이 있을 것이다. 세 개의 변수(Name, Age, AssignedDepartment)는 하나의 직장인을 의미하는 각 행에 있어야 한다. 그러므로 **행 구조체** 선택은 언리얼에게 열의 구성이 무엇인지(그리고 각 행이 어떻게 구조화됐는지)를 의미한다.

이런 구조를 구체화하기 위해 언리얼은 구조체를 사용한다(그리고 이것이 우리가 앞에서 구조체에 집중했던 이유다). 특히 언리얼은 이미 생성된 구조체에 할당하려고 할 것이다. 다행히 앞에서 만든 EnemyStatsStruct라는 이름의 구조체가 있다. 따라서 다음 화면과 같이 드롭다운 메뉴에서 해당 구조체를 선택한다.

그리고 확인을 누르면 언리얼은 데이터 테이블 애셋을 생성한다. 생성된 테이블의 이름을 Enemies Table로 변경한다. 실제로 해당 테이블은 각 적의 능력치를 담고 있는 테이블이 된다.

엔진 내에서 값 변경하기

앞서 예상했듯이 엔진 내장형 에디터를 사용해 원한다면 엔진 내부의 값들을 변경할 수 있다. 엔진 내장형 에디터를 사용할지 여부는 테이블의 최종 용도에 따라 달라진다. 외부 테이블이 있다면 대신 외부 테이블을 수정해 리임포트하는 것이 더 좋다. 하지만 작은 테이블인 경우(예제처럼) 또는 프로토타이핑에서는 언리얼의 **테이블 에디터**를 사용할 수 있다.

내장형 에디터 사용의 또 다른 이점은 Texture2D처럼, 일반적인 string, float와 같이 다른 타입을 할당하는 것이 훨씬 쉽다는 것이다. 이후 테이블을 만들 때 이 부분을 기억하자.

하지만 예제에는 float 값만 있기 때문에 간단하게 에디터를 사용한다. **EnemiesTable**을 더블클릭해 다음 화면과 같이 에디터를 연다.

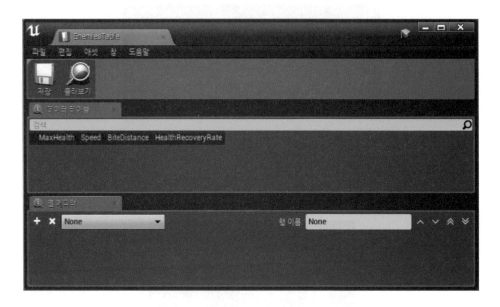

현재 테이블은 비어 있으며 구조체를 사용해 상단에서 여러 개의 열 타입이 생성된다는 것을 알 수 있다. 또한 시작 부분에는 여분의 열이 있다. 행마다 고유한 식별자가 있어야 하기 때문이며, 이 값을 행의 이름으로 생각할 수 있다. 이 키값으로 런타임에 특정 행을 가져올 수 있기 때문에 키는 매우 중요하다.

에디터 하단의 **열 에디터** 탭에서 + 버튼을 눌러 새로운 행을 만들어보자. 다음 화면은 버튼을 누르고 난 후의 모습이다.

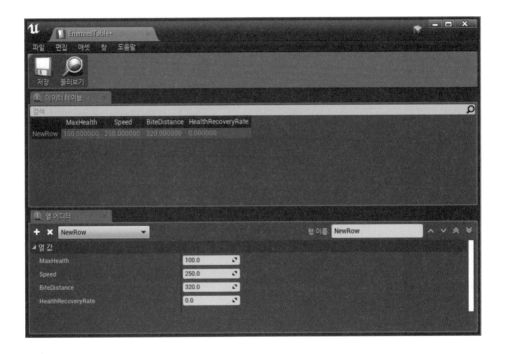

열의 모든 디폴트 값을 구조체에서 가져와 행에 배치한다. 행의 디폴트 이름 NewRow를
조금 더 유용한 이름으로 변경해보자. 다양한 적들이 나올 것이기 때문에 TypeA, TypeB,
TypeC처럼 각 행의 유형으로 이름을 변경한다. 행의 이름은 오른쪽의 **행 편집기**에서 변경
할 수 있다(왼쪽의 드롭다운 메뉴에서 편집할 행을 선택한다). 행을 TypeA로 이름을 변경했다면
다음 화면과 같이 보인다.

디폴트 값으로 TypeA 유형의 적을 만든다(필요하다면 값을 변경할 수 있다). 그리고 TypeB 적을 생성해 보스처럼 더 강력하게 만들어보자. 새로운 행을 추가하고 MaxHealth 값은 180, Speed 값은 265, BiteDistance 값은 350, HealthRecoveryRate 값은 0.25로 변경해 플레이어에게 꽤 힘든 보스로 만든다. 데이터 테이블은 다음과 같다.

블루프린트에서 데이터 테이블의 사용 방법을 알아보기 위해 EnemiesTable 데이터 테이블을 저장하고 에디터를 닫는다.

데이터 테이블 값 가져오기

언리얼에는 실시간으로 데이터 테이블을 처리하거나 읽을 수 있는 특별한 노드들이 있다. 블루프린트 그래프에서 마우스 오른쪽 버튼을 클릭하면 Data Table 카테고리가 있으며 그 아래에는 데이터 테이블을 처리하는 노드 4개가 있다.

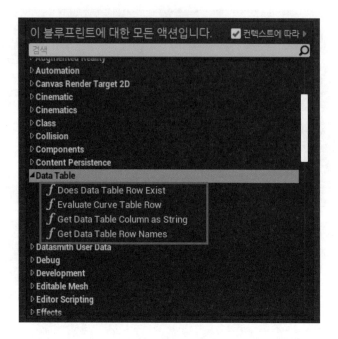

 다시 한 번 말하지만, 데이터 테이블은 런타임에 변경을 지원하지 않으며 개발 중에 쉽게 업데이트될 수 있는 데이터 모음이지만 일단 게임이 실행되면 고정되기 때문에 설정 노드 가 없다는 것에 유의한다.

하지만 가장 많이 사용되는 노드는 여기에 없다. Utilities 카테고리 아래에 숨겨져 있으며 다음 화면에서 보이는 것처럼 노드의 이름은 **데이터 테이블 행 구하기**이다.

- **데이터 테이블 행 구하기**: 이 노드는 특정 행과 연관된 데이터 구조를 검색하기 때문에 (그리고 행이 있는지에 대한 실행 핀도 있어서) 가장 유용하게 사용된다. 다음은 노드의 모습이다.

예제의 EnemiesTable처럼 특정 데이터 테이블을 선택하면 다음 화면과 같이 Row Name 핀 옆에 행 이름을 빠르게 선택할 수 있는 드롭다운 메뉴가 나타난다(행을 설정하려면 해당 핀을 사용하는 것이 좋다).

아웃 행 핀이 EnemyStatsStruct 유형의 구조체라는 점에 유의하자(EnemiesTable에서 할당한 것과 동일한 행 구조다).

대부분 **데이터 테이블 행 구하기** 노드를 사용할 것이다. 하지만 사용 빈도가 낮은 (Data Table 카테고리 아래에 나열된) 노드를 사용해야 하는 경우를 위해 세부 사항을 살펴보자.

- **Does Data Table Row Exist**: 이름에서 알 수 있듯이 데이터 테이블과 행의 이름을 매개변수로 해당 행이 존재하는지 검사한다. 출력값은 Boolean이다(이 값으로 분기 노드를 사용할 수 있다).

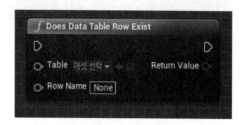

- **Evaluate Curve Table Row**: 이 노드는 종류가 다른 데이터 테이블(CurveDataTables) 의 노드이며 이 프로젝트의 범위를 벗어나기 때문에 여기서는 다루지 않는다. 해당 노드의 모습은 다음과 같다.

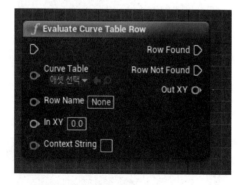

- Get Data Table Column as String : 전체 열을 String 배열로 내보낸다(각 행에 하나
  씩이며 열 이름은 제외된다).

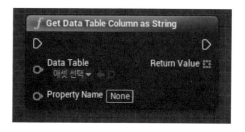

- Get Data Table Row Names : 모든 행 이름을 배열로 내보낸다.

이것으로 데이터 테이블 값(각 행에 대해)에 접근하는 방법을 마무리한다. 이제 게임에서 사
용할 데이터 테이블의 배포 준비가 끝났다.

▎ 컨스트럭션 스크립트 사용하기

언리얼의 블루프린트에는 이벤트 그래프와 컨트스럭션 스크립트라는 두 가지 그래프가 있
다. 이벤트 그래프는 런타임 중에만 동작하는 반면에 컨스트럭션 스크립트는 언리얼 에디
터에서도 동작하며 블루프린트가 처음으로 생성될 때(스폰될 때도) 블루프린트를 설정하는
데 사용된다. 게임을 개발하면서 컨스트럭션 스크립트와 이벤트 그래프를 함께 사용할 것
이며, 컨스트럭션 스크립트와 이벤트 그래프를 모두 사용하는 블루프린트도 근본적으로
잘못된 것이 아니라는 점도 알아두기 바란다.

컨스트럭션 스크립트에 대해 가장 먼저 알아야 하는 것은 블루프린트 클래스만 가질 수 있고 레벨 블루프린트는 가질 수 없다는 것이다. 컨스트럭션 스크립트는 블루프린트 오브젝트를 생성할 때, 그리고 어떤 방식으로든(스케일링, 회전, 이동 등) 해당 오브젝트가 (오직 에디터에서만) 업데이트될 때마다 실행되도록 설계돼 있다. 이는 게임플레이 전에 게임 내 컴파일해야 하는 오브젝트가 있을 경우 매우 유용하다. 게다가 컨스트럭션 스크립트는 차례대로 콘텐츠를 생성하거나 스플라인 경로 구축, 데이터 테이블에서 데이터를 로딩하는 등 동적인 구조를 생성할 수 있게 한다.

 이벤트 그래프와 컨스트럭션 스크립트의 비교는 매우 중요하다. 이벤트 그래프는 게임플레이 도중 실행되는 반면 컨스트럭션 스크립트는 클래스 블루프린트가 레벨 에디터에 생성될 때 실행된다. 그러므로 클래스 블루프린트가 레벨 에디터 뷰에서 이동되면 언리얼은 오브젝트를 재생성하기 때문에 컨트스럭션 스크립트가 실행된다. 또한 언리얼 내 C++에서도 (또는 결국에는 언리얼에서 사용하는 C++을 배우게 된다면) 생성자와 컨스트럭션 스크립트는 다르다는 것을 알아야 한다. C++ 내용과 관련 있기 때문에 세부 내용을 다루지는 않겠지만 C++을 다루게 되는 경우를 위해서 알아두어야 한다. C++의 컨스트럭션 스크립트는 특정 함수로 구현하는 반면 생성자는 오브젝트가 메모리상에서 생성되면 실행된다.

컨스트럭션 스크립트의 용도는 다양하므로 컨스트럭션 스크립트가 어디에 있는지 알아두고 수정하는 것이 좋다.

블루프린트를 열고 다음 화면과 같이 **내 블루프린트** 탭 아래의 **함수** 카테고리 아래에서 **컨스트럭션 스크립트**가 있다.

더블클릭하면 컨스트럭션 스크립트의 구현 내용을 볼 수 있다. Construction Script 이름의
노드 실행 핀에서 시작할 것이며 여기에서 필요한 로직을 구현할 수 있다.

▌ 사냥개 블루프린트 제작하기

이제 게임플레이를 위한 메인 구성 요소를 만들 차례다. 여기에서 사냥개 블루프린트 제작을 시작하지만, 마무리는 16장에서 하게 될 것이다.

14장에서 생성한 Hound 폴더 내에 새로운 블루프린트 클래스를 생성한다. 다음 화면과 같이 ThirdPersonCharacter를 상속받는다.

> 이렇게 하는 이유는 ThirdPersonCharacter에는 이미 구현된 기능이 많이 있기 때문이다(몇 가지 리플리케이션 기능을 포함하며 리플리케이션은 16장에서 다룬다). 사실 Character 클래스를 곧바로 상속받아도 되지만 이렇게 하면 카메라가 붙어있는 상태로 플레이 가능한 사냥개를 만들게 될 것이다. 사냥개로 맵을 돌아다니면서 놀고 싶다면 이 방법이 좋을 수도 있다. 하지만 실제 제작에서는 필요없는 컴포넌트를 가지는것은 피해야 한다. 플레이 가능한 사냥개를 만들고자 할 경우에는 Character를 상속받아 사냥개를 단순화하고 플레이 가능하게 만든다. 따라서 런타임에 플레이어가 빙의할 것인지 여부에 따라 올바른 캐릭터를 스폰한다.

새롭게 생성한 블루프린트의 이름을 BP_Hound로 정하고 더블클릭해 에디터를 연다.

삼인칭 캐릭터이기 때문에 처음에는 마네킹 캐릭터처럼 보일 것이다. 따라서 **컴포넌트** 탭의 메시를 선택하자.

다음 화면과 같이 디테일 패널에서 스켈레톤 메시를 SK_BARGHEST로 변경한다.

우리는 이 블루프린트에서 많은 것을 수정해야 한다(가령 애니메이션 블루프린트나 스케일, 콜리전, 캡슐의 크기까지). 이런 변경은 다음 장까지 보류하고 이 질에서는 컨스트럭션 스크립트로 한정한다.

float 유형의 세 가지 변수를 생성하고 (EnemyStatsStruct 내의 변수이며 Speed 값을 제외하고) 각각 MaxHealth, BiteDistance, HealthRecoveryRate를 곧바로 CharacterMovementComponent에 설정한다. 이 단계에서 어떤 변수를 퍼블릭으로 할지는 걱정하지 않아도 된다. 이 부분은 16장에서 다룬다.

컨스트럭션 스크립트 탭으로 이동한다. 다른 블루프린트에서 상속받은 블루프린트이기 때문에 오렌지 색상으로 보이는 부모의 컨스트럭션 스크립트를 호출해야 한다. ThirdPersonCharacter의 컨스트럭션 스크립트는 비어 있기 때문에 이 노드는 아무것도 하지 않아도 되지만 ThirdPersonCharacter 블루프린트를 변경할 경우를 위해 그대로 두자.

실행 핀에서 Enemies Table을 매개변수로 하는 **데이터 테이블 행 EnemiesTable 구하기** 함수
를 호출한다. 그리고 Out Row를 분해한다. 특정 이유로 Row를 찾을 수 없을 경우도 TODO
(연습 문제로 남겨둔다)를 남겨둔다. 현재 TypeA 유형으로 하드코딩했기 때문에 실패할 일은
거의 없지만 이후에 이 부분을 변경할 수도 있다.

EnemyStatsStruct를 분해해 각 변수를 같은 이름의 값으로 할당한다. Speed 변수는
Character Movement Component를 가져와서 Set Max Walk Speed 노드를 사용한다. 마지
막으로 그래프는 다음과 같아야 한다.

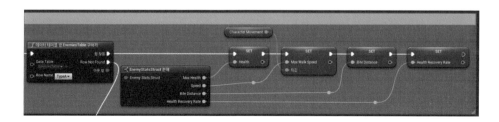

15장은 완료했기 때문에 **BP_Hound** 블루프린트를 저장한다.

컨스트럭션 스크립트 테스트를 위해 변수들을 퍼블릭으로 만들고 사냥개를 월드에 배치한다. 그리고 변수들의 값이 테이블의 값과 동일한지 확인한다.

16장에서 사냥개 블루프린트를 확장할 것이며 리플리케이션과 멀티플레이어에 대해 더 많은 것을 배워볼 것이다.

▌ 배운 내용 확장하기

15장에서 많은 것을 배웠는데 배운 내용을 확장하고 싶다면 다음 연습 문제를 통해 게임을 개선해보기 바란다.

- 게임에서 중요한 변수는 적이 플레이어에게 얼마나 많은 데미지를 줄 수 있는가이다(또는 더 나아가서 플레이어에게 줄 수 있는 데미지의 최소, 최댓값이 얼마인지도). 이런 변수를 포함하도록 EnemyStatsStruct를 수정하고 EnemiesTable에서 추가한 데이터에 적절한 값을 설정한다.

- 게임에서 구조체를 사용해 변수를 구성해 얻을 수 있는 이점으로 적 이외 요소는 무엇이 있을까? 예를 들어 이 프로젝트는 멀티플레이어 게임이기 때문에 캐릭터성을 달리해 다양한 플레이어 캐릭터를 만들 수 있다. 라이프는 많지만 발사 속도가 느린 캐릭터도 있고, 체력은 낮지만 발사 속도는 빠른 캐릭터도 만들 수 있다. 캐릭터의 커스터마이징 변수에는 무엇이 있을지 생각해보고 이런 변수의 적절한 구조체를 생성해 최종으로 모든 캐릭터가 있는 데이터 테이블을 생성한다.

- 데이터 테이블의 이점을 누릴 수 있는 게임 영역은 무엇일까? 게임을 만들지 않는다면 데이터 테이블을 사용할 수 있는 또 다른 용도를 생각해보고 생성해보자. 예를 들어 무언가를 렌더링하거나 (예를 들면 버튼의) 상호작용을 계획하고 있는가? 두 경우 모두 데이터 테이블을 사용해 라이트나 다른 오브젝트의 렌더링 품

질을 제어하고 상황에 따라 조종할 수 있다. 예를 들면 데이터 테이블에 퀄리티가 설정된 구조체가 있고, 각 행은 (가령 낮음/중간/높음 퀄리티 설정같이) 프리셋을 나타낼 수 있다.

- Character 클래스를 상속받아서 BP_Hound를 다시 만들어본다.
- BP_Hound의 컨스트럭션 스크립트에서 TODO 작업을 완성한다.

▌ 요약

15장에서는 구조체, 데이터 테이블, 컨스트럭션 스크립트가 무엇인지와 블루프린트에서 어떻게 사용하는지 살펴봤다. 그리고 이런 데이터를 사냥개의 주요 스탯을 설정하는 데 적용했다. 게임에서 다양한 유형의 데이터를 모을 수 있는 여러 가지 방법도 살펴봤다. 이는 플레이어가 더 특별한 경험을하게 만들고 싶을 때 매우 중요하다.

16장에서는 언리얼 네트워크를 간략하게 살펴본다. 더 많은 애셋으로 작업할 수 있도록 패키지를 프로젝트에 임포트하는 기본 방법을 살펴본다. 그다음 충격에 폭발하는 은 총알을 만든다. 또한 플레이어 블루프린트 제작을 살펴보면서 플레이어가 멀티플레이 환경에서 은 총알을 발사하게 한다. 멀티플레이 환경에서 데미지를 처리하는 방법과 사냥개의 죽음도 다룬다. 자, 사냥개들과 치열한 전투 상황을 준비하면서 페이지를 넘겨보자.

16

멀티플레이어 기초

이제 무기를 준비해서 사냥개들과 맞서 싸울 준비를 해야 한다. 따라서 16장을 두려워하기보다는 환영한다고 말하는 것이 나을 것 같다. 싱글 플레이 게임도 재미있지만 깃발 잡기, PVP 맵처럼 데스매치 게임에서 이기는 것이 더 재미있지 않은가? AI도 플레이어라는 느낌을 낼 수 있지만 친구들과 함께 플레이하는 것만큼 즐겁지는 않다(적어도 아직은 아니다). 그러므로 16장에서 여러분과 친구들이 게임 속에서 함께 상호작용하고 AI로 제어하는 사냥개, 아이템, 총알로 가득 찬 동일한 환경을 공유하며 진심으로 즐거운 경험을 할 수 있도록 로컬 멀티플레이어 게임을 설정하기 위해 해야 할 일들을 살펴본다.

16장에서는 프로젝트를 계속 진행하면서 언리얼 네트워크의 기초를 다룬다. 구체적으로 다음과 같은 내용을 살펴본다.

- 언리얼 네트워크의 간략한 개요
- 다른 패키지를 프로젝트에 임포트하기
- 충격에 폭발하는 총알 생성
- 플레이어 블루프린트 생성
- 로컬에서 캐릭터의 조종 여부에 따라 플레이어의 정확한 메시 표시하기 및 숨기기
- 멀티플레이어 설정에서 플레이어가 총알을 발사하도록 만들기
- 사냥개 블루프린트의 변수 설정 마무리 짓기
- 사냥개 컨트롤러 생성
- 멀티플레이어 설정에서 데미지와 사냥개의 죽음 처리

▌ 언리얼 네트워크의 개요

멀티플레이어 프로그래밍을 처음 접할 테니 대략적으로 설명을 하고 시작하는 것이 좋겠다. 하지만 이 책은 작업하면서 배우는 실습용 책이므로 설명은 매우 짧게 종합적으로 할 것이다. 이론이나 세부 사항에 관한 내용은 항상 공식 문서에서 확인할 수 있다.

16장은 매우 간략한 요약이기 때문에 모든 내용을 이해하지 못하더라도 걱정할하지 않아도 된다. 이후 게임을 제작하는 과정을 거친 다음에 더 많은 것을 이해하게 될 것이다.

그렇다면 지금 알아야 하는 것은 무엇일까?

멀티플레이어 게임에는 로컬 또는 원격 서버가 있다(이들의 차이점은 17장에서 살펴본다). 그리고 서버에 연결된 서로 다른 클라이언트들이 있다.

서버에는 게임의 실체가 있다. 즉 서버에서 구동 중인 것이 실제 게임이며 클라이언트는 단지 서버에서 있는 것을 리플리케이트할 뿐이다. 서버가 클라이언트에게 실제로 어떤 일이 일어나도록 만들려면 해당 이벤트가 리플리케이트되도록 표시돼야 한다. 그렇지 않다면 클라이언트에게 전달되지 않을 것이다.

 기본적으로 액터는 (디테일 패널의 체크박스로) 리플리케이트를 지원한다. 캐릭터에는 이동과 애니메이션을 리플리케이트하는 시스템이 내장돼 있으므로 멀티플레이를 걱정할 필요가 없다. 또한 액터의 단일 변수도 리플리케이트할 수 있다.

각 클라이언트에는 자신만의 액터가 있고 액터에는 서버에 상태를 전달하는 기능과 이벤트 함수를 호출할 수 있는 권한이 있다(예를 들면 캐릭터를 소유한 플레이어(클라이언트)가 서버에 발사체를 스폰할 수 있는 Fire 함수를 호출한다).

블루프린트에 이벤트가 있으면 (멀티플레이어 맥락에서) 다음을 할 수 있다.

- **클라이언트**: (서버에서 호출된 경우에만) 클라이언트에서 동작한다.
- **서버**: (액터/블루프린트를 소유하는 클라이언트에서 호출된 경우에만) 서버에서 동작한다.
- **다중**: (서버에서 호출된 경우에만) 모든 클라이언트에서 동작한다.

 이런 함수는 신뢰성 또는 비신뢰성일 수 있다. 신뢰할 수 있다는 것은 함수가 실행돼야 한다는 것을 의미하며 함수의 정보가 네트워크에서 유실된다면 게임은 정보가 목적지까지 도착할 수 있도록 재전송해야 한다. 이는 중요한 이벤트에 사용된다. 게임이 전송하는 정보가 비신뢰성일 경우 게임은 정보를 보내지만 정보가 도착하지 않아도 그 이후에는 아무것도 하지 않는다. 게임플레이에 영향을 주지 않는 이벤트, 예를 들면 파티클을 스폰한다든지 특정 애니메이션을 재생하는 이벤트에만 사용된다.

위 내용은 짧지만 중요한 요약이다. 프로젝트를 계속 진행하면서 자세히 알아보고 그 과정에서 이 절은 더 중요하게 느껴질 것이다.

▌ 멀티플레이어 환경 설정

이제부터 아주 많은 분량의 코드를 살펴보겠지만 결국에는 멀티플레이어 게임을 제작하는 방법을 더 잘 알게 될 것이다.

구체적으로 16장에서 다루는 내용은 무엇일까? 플레이어와 사냥개의 전투를 만들 것이다. 당연히 플레이어와 사냥개가 서로를 죽일 수 있도록 메커니즘을 구현해야 한다. 따라서 플레이어가 사냥개를 죽이는 방법을 구현해야 하며 사냥개가 플레이어를 물어뜯는 방법도 구현해야 한다. 이 장에서는 전자의 내용에 집중할 것이며 나머지는 다음 장으로 미룰 것이다. 코드를 작업하기 전에 게임을 위한 애셋부터 몇 가지 준비하자.

애셋 준비하기

14장에서 프로젝트를 제작할 때 일인칭 애셋을 프로젝트에 임포트할 것이라고 이야기했다. 우선 왜 그래야 하는지부터 알아보자.

기본 설계에서 우리의 게임은 일인칭으로 설정했는데, 이는 게임을 할 때마다 캐릭터를 마치 일인칭처럼 본다는 의미다. 하지만 마찬가지로 일인칭으로 플레이하는 친구를 만났을 때 전체 캐릭터 대신 팔만 둥둥 떠다니는 모습을 보고 싶지는 않을 것이다. 그러므로 우선은 삼인칭 템플릿 기반 프로젝트를 만든다. 하지만 플레이하고 있는 캐릭터는 일인칭 캐릭터가 돼야 하고 다른 플레이어는 삼인칭 캐릭터로 보여야 한다.

따라서 일인칭 캐릭터 애셋이 필요하다. 일인칭 템플릿으로 빈 프로젝트를 생성해 일인칭 애셋을 가져올 수 있다. 다음 화면과 같이 두 번째로 생성한 빈 프로젝트의 FirstPersonCharacter에서 마우스 오른쪽 버튼을 클릭해 **애셋 액션 > 이주**를 선택한다.

그 결과 언리얼은 해당 애셋을 참조하는 모든 애샛들을 모든다.

확인을 눌렀다면 언리얼은 해당 애셋과 참조하는 모든 애셋들을 어디로 이주할지 물어볼 것이다. MultiplayerGame 폴더의 Content 폴더를 선택한다. 그러면 이주에 성공했다는 팝업창이 나타난다.

다른 방법으로 FirstPerson 패키지를 임포트할 수 있다. 다음 화면과 같이 콘텐츠 브라우저에서 **신규 추가**를 클릭해 **피처 또는 콘텐츠 팩 추가...**를 선택한다.

그리고 일인칭 템플릿을 선택한다.

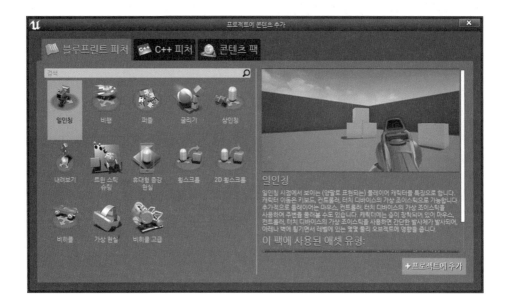

하지만 해당 템플릿은 빈 프로젝트에서 임포트했던 것과는 약간 다르다. 예를 들면 이런 방법의 일인칭 템플릿 애셋에는 발사체가 없고 발사 코드가 있는 First Person 캐릭터와는 조금 다르다. 따라서 빈 프로젝트를 생성해 애셋을 가져오는 이전 방식으로 진행할 것을 추천하며, 발사체를 다시 만들지 않고 16장을 쉽게 따라 할 수 있다.

이제 보이는 비주얼을 커스터마이징하고 싶다면 몇 가지 애셋이 필요하다. 예제에서는 Infinity Blade Effects 무료 패키지로부터 몇 가지 이펙트를 가져올 것이다(https://www. unrealengine.com/marketplace/infinity-blade-effects 링크에서 찾을 수 있다).

그러나 다른 패키지 안에서 내가 사용하거나 참조하려고 하는 애셋이 있는 경우 지금까지 임포트(Quadruped Creatures, 일인칭, 삼인칭 템플릿)했던 것처럼 항상 해당 애셋과 나만의 애셋을 구분 짓는다.

또 다른 재미있는 패키지는 캐릭터를 위해 무기를 변경하고 싶은 경우다. 이는 FPS Weapon Bundle 무료 애셋이며 사냥개를 사냥하는 멋진 무기가 여러 개 있다(https://www.unrealengine.com/marketplace/fps-weapon-bundle에서 찾을 수 있다).

은 총알

멀티플레이어 프로그래밍을 시작하기 전에 영역을 침범한 사냥개에 맞설 때 필요한 총알을 몇 가지 만들어야 한다.

프로젝트를 구조화하기 위해 콘텐츠 브라우저에서 PlayerCharacter라는 이름의 폴더를 만든다. 이 폴더에 은 총알뿐 아니라 플레이어 캐릭터와 연관된 모든 애셋을 배치한다.

일인칭 템플릿에는 FirstPersonProjectile (FirstPersonBP ❯ Blueprints ❯ FirstPersonProjectile 위치에 있는) 블루프린트가 있다. 해당 블루프린트를 마우스 오른쪽 버튼을 클릭해 복제한다. 그리고 복제된 블루프린트를 PlayerCharacter 폴더로 이동시킨다. 여기에서 블루프린트의 이름을 SilverBullet으로 변경한다.

블루프린트 애셋을 더블클릭해 에디터를 연다. 원한다면 노란색 공보다는 좀 더 '은색'처럼 보이도록 외형을 변경해도 된다. 그리고 지금쯤이라면 스스로 외형을 바꿀 수 있어야 한다. 자신만의 총알을 만들었다면 계속해서 진행해보자.

다음 단계는 코드를 변경하는 것이다. 현재 물리 시뮬레이션이 활성화된 총알에는 물리 힘이 적용되고 있다(그리고 반동 역시 적용되고 있다). 대신에 우리는 발사체가 첫 번째 오브젝트에 부딪히게 하고 파티클 효과를 만든 후 사라지게 만든다. 따라서 Hit 이벤트 이후의 모든 그래프를 지우고 이벤트만 남겨둔다. 이벤트에서 SpawnEmitter at Location 노드를 사용해 Infinity Blade Effects 패키지의 P_ImpactSpark를 설정한다(또는 좋아하는 파티클이나 자체 제작한 파티클을 사용해도 좋다). Hit 이벤트 노드의 Hit Location 값을 사용해 위치를 설정한다. 그 이후에는 총알을 파괴하고 코드 작업을 끝낸다.

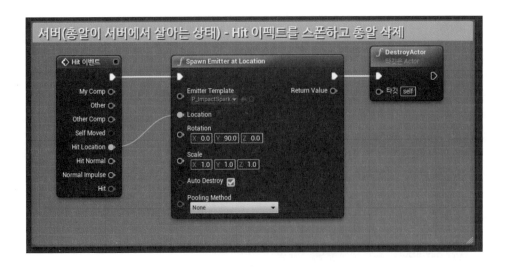

▌ 플레이어 블루프린트

이 절에서 플레이어 블루프린트를 생성하고 구축한다. 특히 플레이어가 사용하는 경우에는 일인칭 캐릭터처럼 보이도록 만들고 반면에 다른 플레이어가 사용하는 경우에는 삼인칭 캐릭터처럼 보이도록 만들어야 한다. 그리고 멀티플레이 환경에서 총을 발사할 수 있도록 기능을 만들어야 한다. 하지만 17장에서 블루프린트 구현을 마무리 지을 것이다. 우선 시작해보자.

플레이어 블루프린트 설정하기

플레이어 캐릭터를 생성하는 데 먼저 FirstPersonCharacter부터 복제해야 한다. 해당 블루프린트는 FirstPersonBP > Blueprints > FirstPersonCharacter에서 찾을 수 있다. 따라서 플레이어 블루프린트 위에서 마우스 오른쪽 버튼을 클릭해 **복제하기**를 선택한다. 그리고 복제된 블루프린트를 PlayerCharacter 폴더로 이동하고 이름은 Player로 변경한다.

또 다른 방법으로 다음 화면과 같이 블루프린트 부모를 FirstPlayerCharacter로 상속받아
서 제작할 수 있다.

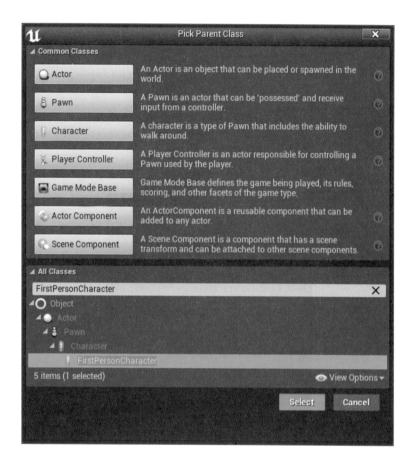

오히려 이 경우가 FirstPersonCharacter를 생성하지 않기 때문에 블루프린트를 복제하는
방법보다 더 좋을 수 있다. 우리는 FirstPersonCharacter의 모든 기능이 필요하지 않을 뿐
더러 몇 가지 부분은 삭제할 것이기 때문이다.

플레이어 블루프린트를 열었다면 몇 가지 그래프를 제거해야 한다. 특히 이 프로젝트
는 VR 게임이 아니기도 하고 VR은 이 책의 범위를 벗어나기 때문에 BeginPlay 이벤트,
ResetVR 이벤트와 관련된 모든 그래프를 제거한다. Fire 이벤트 부분도 가볍게 수정된 버

전으로 교체할 것이기 때문에 모두 제거한다. 또한 UsingMotionController 변수도 제거한다. 마지막으로 L_MotionController, R_MotionController 컴포넌트와 자손도 모두 삭제해야 **컴포넌트** 탭에서 VR과 관련된 모든 것이 제거된다.

그런 다음 추가로 블루프린트를 정돈하기 위해 **컴포넌트** 탭의 Mesh2P를 Mesh1P으로 이름을 변경한다. 이제 플레이어를 커스터마이징할 준비가 되었다.

플레이어는 앞에서 본 것처럼 일인칭 캐릭터지만 다른 플레이어는 블루프린트를 삼인칭 캐릭터처럼 볼 것이다. 따라서 삼인칭 캐릭터를 블루프린트에 포함시켜야 한다. 다음 화면과 같이 Mesh1P가 아닌 메시 컴포넌트를 선택한다.

디테일 패널에서 Skeletal Mesh 변수 옆의 드롭다운 메뉴를 클릭하고 다음 화면과 같이
SK_Mannequin를 선택한다.

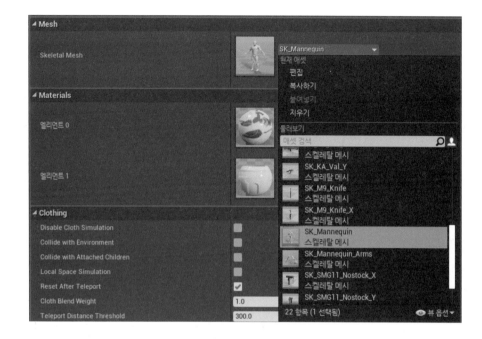

캐릭터가 추가됐지만 아직 움직이지는 않는다. 애니메이션 블루프린트를 할당하려면 다
음 화면과 같이 Anim Class 옆의 드롭다운 메뉴에서 ThirdPerson_AnimBP를 선택한다.

이제 뷰포트를 보면 현재 삼인칭 캐릭터인 것을 알 수 있지만 어딘가 조금 어색하다. 따라서 디테일 패널에서 location의 Z 축을 −80, rotation의 Z 축은 270으로 설정한다. 그러면 다음 화면과 같이 삼인칭 캐릭터의 위치를 올바르게 배치할 수 있다.

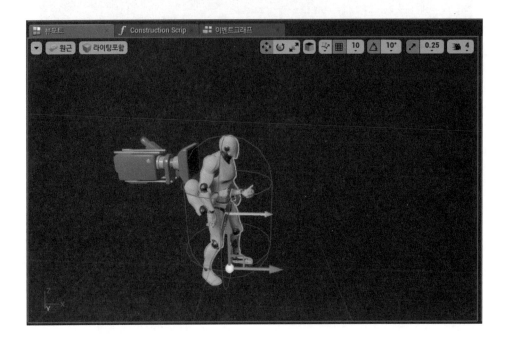

이제 코드 영역이다.

올바른 메시 숨기기

우선 필요 없는 메시부터 숨겨야 한다. isLocallyControlled라고 불리는 노드를 사용해 게임에서 플레이하는 플레이어에 의해 캐릭터가 조종되는지 여부를 반환한다. 그리고 앞에서 Begin Play 이벤트를 지웠기 때문에 Begin Play를 생성하고 다음 화면과 같이 isLocallyControlled 노드의 부울 값에 따라 Branch 노드를 사용한다.

다음으로 분기의 True 또는 False에 따라 Mesh 컴포넌트 혹은 Mesh1P를 숨긴다. 구체적으로는 SetVisibility 노드를 사용해 메시를 숨길 수 있다. 분기가 True인 경우 메시를 숨긴다(해당 캐릭터는 로컬에서 컨트롤되는 캐릭터를 의미하며 플레이어가 조종 중이기 때문에 삼인칭 캐릭터가 아닌 일인칭 캐릭터를 보여준다). 그렇지 않다면 Mesh1P를 숨긴다(로컬에서 컨트롤하는 캐릭터가 아니기 때문에 플레이어는 삼인칭 캐릭터로 보여야 한다). 코드는 다음과 같다.

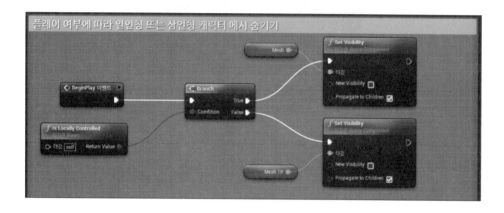

이제 멀티플레이어 환경에서 게임을 플레이할 때 올바른 메시가 선택된다. 다음 단계로 총을 발사하도록 만들어보자.

은 총알 발사하기

다음 할 일은 플레이어가 은 총알을 발사하도록 하는 것이다. 그러므로 Fire 이벤트를 생성하면서 시작해보자(Fire 이벤트는 프로젝트 설정에서 Input으로 설정돼 있어야 한다. 그렇지 않다면 첫 번째 프로젝트에서 했던 것처럼 Input 입력 이벤트를 생성한다).

Player 클래스를 다른 항목에서 상속받았다면 해당 이벤트가 부모 이벤트의 구현을 재정의하는지 확인하는 것이 좋다.

이제부터 client에서 실행되는 함수와 server에서 실행되는 함수에 대해 구체적으로 설명하려고 한다. 사용자의 모든 입력은 클라이언트에서 실행되므로 플레이어가 Fire 입력을 눌렀을 때 플레이어는 여전히 게임 인스턴스에 있다.

일인칭 템플릿에는 일인칭 캐릭터용 발사 애니메이션을 플레이하는 몽타주가 있다. 우리는 여전히 클라이언트에 있기 때문에 해당 애니메이션은 적합하며 다른 사람에게 보여줄 필요 없이 애니메이션을 플레이하면 된다(왜냐하면 다른 플레이어는 이 캐릭터를 삼인칭 캐릭터로 보기 때문에 Mesh1P 메시는 숨겨져 있다).

아래 보이는 코드처럼 Mesh1P로부터 Anim Instance를 가져와서 몽타주를 플레이한다.

이제 서버로 전달할 차례다. 사실 연출용이 아니면 월드에 영향을 미치는 것은 무엇이든 서버에서 실행돼야 한다. 그러므로 Server_SpawnProjectile라는 이름의 커스텀 이벤트를 만든다. 디테일 패널에서 리플리케이트가 서버에서 실행으로 설정돼 있는지 확인해 이 함수가 서버에서 실행되도록 한다(보안상의 이유가 아니라면 블루프린트를 소유하고 있거나 제어하는 클라이언트에서 이벤트가 호출돼야 한다. 예제에서는 실제로 이동하는 플레이어가 총을 발사하기 때문에 클라이언트에서 이벤트가 호출된다). 추가로 해당 함수는 매우 중요한 이벤트이며 유실되면 안 되기 때문에 신뢰성을 체크해야 한다(거대한 사냥개로부터 살아남기 위해 발사를 눌렀는데 예기치 않은 오류로 총알이 보이지 않는다면 상상만 해도 끔찍하다).

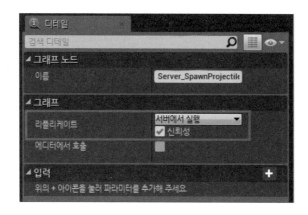

그리고 이전 함수의 끝 지점에서 다음 화면과 같이 새롭게 생성한 이벤트를 호출한다.

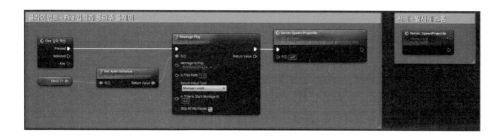

Server_Spawn Projectile에서 은 총알을 스폰한다. 따라서 클래스에서 **액터 스폰** 노드를 생성하고 Class 핀에서 Silver Bullet을 선택한다. 그리고 Transform에 우리가 삭제했던 함수와 매우 유사한 코드를 배치한다. 기본적으로 카메라로부터 회전 값을 가져오지만 위치 값은 무기의 끝에서 가져오고 카메라와 같은 방향으로 회전한 약간의 오프셋을 추가한다 (아래 코드를 살펴보면 어떻게 동작하는지 더 잘 알 수 있다). 그리고 Collision Handling Override 핀은 Try To Adjust Location, Don't Spawn if Still Colliding을 선택한다. 이것은 총알을 스폰하는 최적의 설정이지만 플레이어의 무기가 벽 안에 있으면 발사체 스폰을 막아야 할 것이다. 최종 스폰 코드는 다음과 같다.

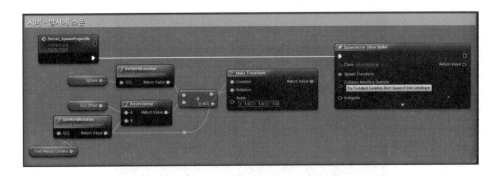

이제 (일인칭 캐릭터를 위한 연출은 이미 재생되고 있어서) 삼인칭 캐릭터가 오디오 효과나 총을 발사하는 애니메이션처럼 약간의 연출 코드를 실행해야 한다. 따라서 서버는 모든 클라이언트와 통신해야 하는데 멀티캐스트 기능으로 수행할 수 있다.

Multicast_PlaySound라는 이름의 새로운 커스텀 이벤트를 생성한다. **디테일** 패널에서 **리플리케이트** 값은 **멀티캐스트**를 선택한다. 사운드가 게임에서 전략상 중요한 것이 아니라면 멀티캐스트 값을 **비신뢰성**으로 만들 수 있다. 그 이유는 사운드를 놓치더라도 큰 문제가 되지 않으며 더 중요한 정보를 전달할 수 있게 네트워크에 여유를 둘 수 있기 때문이다.

그리고 이전에 했던 것처럼 앞선 이벤트 끝 지점의 SpawnActor 노드 이후에 Multicast_PlaySound 함수를 호출한다.

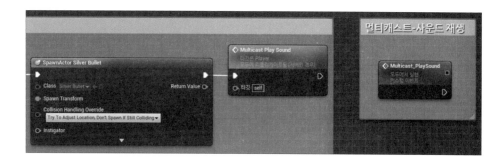

마지막으로 멀티캐스트 노드에서 발사하는 소리를 재생하고, 일인칭 템플릿에 포함된 FirstPersonTemplateWeaponFire02라는 이름의 애셋을 선택한다. Play Sound At Location 노드로 재생할 수 있고 액터의 위치를 사용한다.

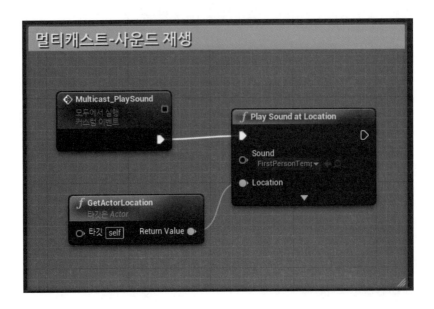

이제 잠깐이지만 플레이어 블루프린트 작업은 끝났기 때문에 블루프린트를 저장한다. 실제로 17장에서 플레이어 블루프린트를 계속 작업해서 플레이어의 체력 회복과 사냥개로부터 데미지를 입는 기능을 구현할 것이다.

이제 플레이어는 사냥개에 맞서서 거대한 폭발을 일으키는 은 총알을 발사할 수 있게 되었다. 그러므로 BP_Hound가 데미지를 입도록 수정하고 15장에서 남겨두었던 내용을 몇 가지 수정할 차례다.

▌ 사냥개 블루프린트

이 절에서는 사냥개용 애니메이션 블루프린트에서 미뤄두었던 내용을 완성한다(사냥개 애니메이션 블루프린트라도 실제로 끝내려면 17장까지 기다려야 하지만).

그리고 사냥개의 AI 컨트롤러를 생성해 사냥개의 죽음을 위한 기능을 만든다. 하지만 AI 컨트롤러의 실제 기능은 17장에서 더 명확해질 것이다.

마지막으로 플레이어가 발사한 은 총알에 사냥개가 데미지를 입는 방법을 구현하고, 사냥개의 체력이 0이 되면 결국 죽게 만든다.

애니메이션 블루프린트 변수 설정하기

14장에서 사냥개 애니메이션 블루프린트에서 몇 가지 변수를 남겨둔 채로 설정했던 것을 기억하는가. 이제 그 부분을 끝낼 시간이다.

BP_Hound를 열고 Health와 BiteDistance의 이름 옆의 눈 모양을 뜨게 만들어서 퍼블릭으로 만든다(17장에서 마지막으로 사용할 변수들이다).

bShouldAttack라는 이름의 부울 변수도 추가해 역시 퍼블릭으로 만든다.

사냥개 애니메이션 블루프린트로 이동해 Try get Pawn Owner 노드를 사용해서 BP_Hound
로 캐스팅 변환한다. 여기에서 Should Attack 변수를 가져올 수 있으며 다음 화면과 같이
사냥개 애니메이션에 있는 같은 이름의 변수에 설정한다.[1]

---

1   BP_Hound에 형변환 노드를 추가한 후 노드 위에서 마우스 오른쪽 버튼을 클릭해 순수 형변환으로 변환을 선택한다. – 옮긴이

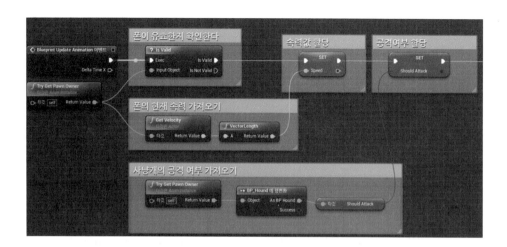

그리고 항상 BP_Hound을 찾을 수 있으므로 Health 값을 가져와서 0보다 작거나 같은지 검사한다. 그 결괏값은 애니메이션 블루프린트의 IsDead 부울 변수에 설정할 수 있는 부울 값이다. 다음은 그래프가 최종 모습이다.

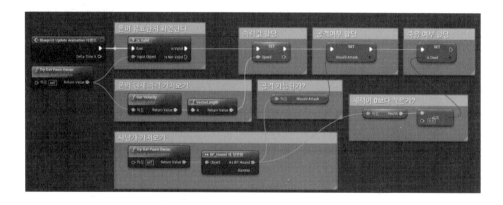

그래프를 저장하고 잠시 그대로 둔다. 애니메이션 블루프린트는 17장에서 최종으로 마무리할 것이다.

사냥개 AI 컨트롤러

사냥개의 죽음을 지원하기 위해 우리가 다음으로 만들어야 하는 것은 서버에서 죽음을 처리하는 데 필요한 기능을 가진 AI 컨트롤러다. AI 컨트롤러의 역할은 17장에서 알아본다.

그동안 새로운 AI 컨트롤러를 만들어보자(AI Controller를 상속받는 새로운 블루프린트를 생성한다).

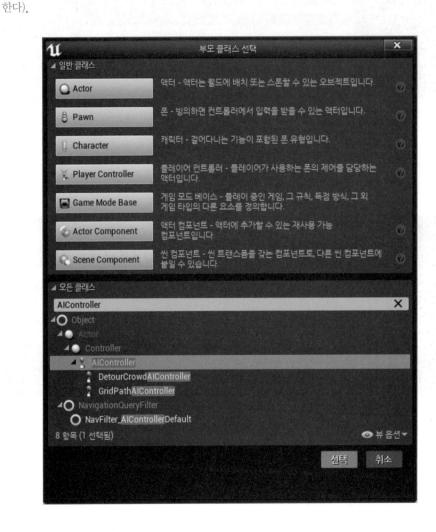

생성한 블루프린트의 이름을 BP_HoundController로 변경하고 더블클릭해 에디터를 연다.

Server_HoundDie라는 이름의 새로운 커스텀 이벤트를 생성한다. 물론 리플리케이트 값은 서버에서 실행으로 설정한다. 그리고 Brain Component를 가져와서(지금은 해당 컴포넌트가 무엇인지 알 필요 없다. 하지만 모든 AI 컨트롤러에는 이 컴포넌트가 있으므로 블루프린트 변수 중에서 해당 컴포넌트가 없어도 다른 변수와 마찬가지로 가져올 수 있다). 여기에서 Stop Logic으로 불리는 노드를 사용하며 Reason 값을 Dead로 설정한다. 그 이후에는 Destroy만 호출하면 된다. 그 결과 이 함수가 호출되면 AI 컨트롤러는 (17장에서 생성하는 비헤이비어 트리의) 로직을 멈출 것이며 그 이후 자신을 스스로 삭제할 것이다.

사냥개 충돌체

마지막으로 BP_Hound 블루프린트를 작업한다. 이 절에서는 사냥개가 은 총알에 데미지를 입게 구현해야 한다.

첫 번째로 BiteCollision이라는 이름의 구 콜리전을 Mesh의 자손으로 만든다(17장에서 필요하다). 그리고 이 콜리전을 사냥개의 머리 부분에 붙여야 한다. 그러므로 다음 화면과 같이 디테일 패널의 부모 소켓을 BARGHEST_-Head 본으로 변경한다.[2]

---

2 돋보기를 클릭해도 부모 소켓이 보이지 않는다면 콜리전이 Mesh의 자손인지 아닌지 확인한다. – 옮긴이

그런 다음 콜리전의 위치를 X 축으로 25, 스케일은 모든 축으로 1.5로 설정한다. 구 충돌체의 최종 모습은 다음 뷰포트처럼 보여야 한다.

이제 BodyCollision이라는 이름의 캡슐 콜리전을 생성한다(이 콜리전은 사냥개와 충돌한 물체를 감지하는 데 필요하며 캐릭터 캡슐은 사냥개의 모든 몸체를 감싸지 않기 때문에 이동할 때만 사용할 것이다). 다음 화면과 같이 Parent Socket을 설정해 Body Collision을 BARGHEST_−Spline2에 붙인다.

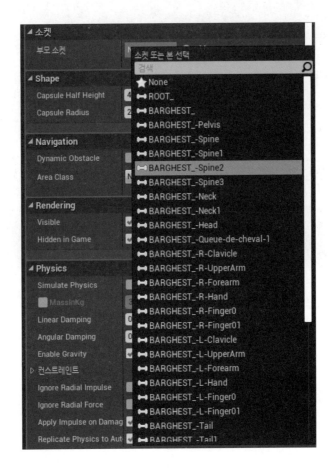

적절한 캡슐의 위치와 크기 설정은 다음과 같다.

결과적으로 사냥개의 모습은 다음과 같다.

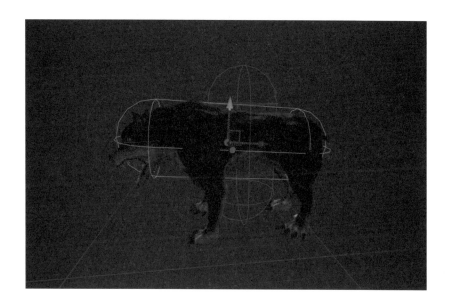

이것으로 콜리전을 마무리한다. 이제 다시 코드 영역이다.

피해를 받는 사냥개

이 절에서 은 총알로 사냥개를 다치게 만들어서 플레이어가 이길 수 있는 기회를 주자.

BodyCollision 컴포넌트에서 다음 화면처럼 보이는 Hit 이벤트를 생성한다.

Hit 이벤트는 서버에서 실행된다는 것을 기억하자.

그다음 Other Actor가 실제로 Silver Bullet인지를 확인하려면 Silver Bullet으로 캐스팅해야한다. 캐스팅에 성공했다면 체력을 감소시켜야 한다. 얼마나 감소시켜야 할까? 게임의 밸런스에 따라 다르다. 지금은 25 값으로 하드 코딩하지만 이 값을 15장에서 배운 데이터 구조체에 포함시켜 게임의 밸런스를 조절하고 구조체 사용에 적응할 수 있도록 연습 문제로 남겨둔다. 예를 들면 다양한 종류의 총알과 사냥개에게 피해를 얼마나 줄 것인지를 데이터 테이블로 생성할 수 있다.

하지만 지금의 Health 값은 서버에서 감소시키며 사냥개가 죽더라도 서버에서만 유효하다. 대신에 Health 변수가 리플리케이트되도록 설정할 수 있는데, 변숫값을 변경하면 변경내역이 네크워크의 나머지 모든 클라이언트들에게 전달된다는 것이다. Health 번수를 선택해 디테일 패널에서 리플리케이트되도록 변경할 수 있다(물론 이 값이 리플리케이트되는 시점을 결정하는 설정이 따로 있지만 지금은 디폴트 값으로 남겨둔다).

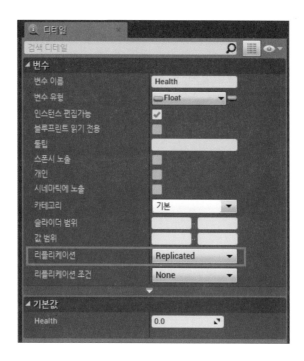

17장에서 작업하겠지만 원한다면 **bShouldAttack** 변수도 리플리케이트시킬 수 있다.

보다시피 그래프가 변경된다. 이유는 리플리케이트되는 변수의 모서리 부분에 해당 변수는 리플리케이트됐다는 기호가 있기 때문이다.

다음 단계에서는 **Health** 변수가 0보다 작거나 같은지 확인하고 분기 노드를 사용해 실행을 분리한다.

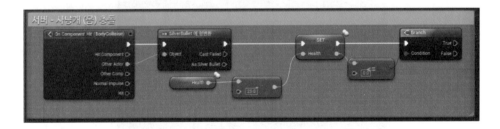

Health 변수가 0보다 작거나 같다면 사냥개를 죽여야 한다. 따라서 True 분기에서 Get Controller 노드로 AI 컨트롤러를 가져와서 BP_HoundController로 캐스팅한다. 캐스팅에 성공했다면 앞서 만든 Server_HoundDie 함수를 호출한다(로직을 멈추고 컨트롤러를 파괴하는 함수다).

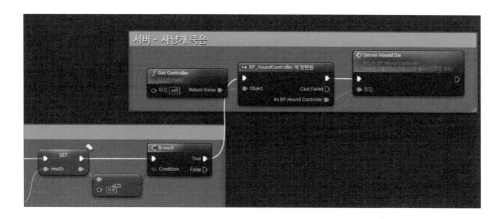

그 이후 (사냥개가 죽고 난 이후 Hit 이벤트가 다시 호출되지 않도록) BodyCollision 컴포넌트를 삭제하고 사냥개를 Destroy하기 전에 10초를 기다린다(애니메이션 블루프린트에서 Death 애니메이션을 재생할 시간이 필요하기 때문이다).

반면에 사냥개가 피격을 당한 이후에도 죽지 않았다면 사냥개를 맞혔다는 피드백을 플레이어에게 전해주는 이펙트를 스폰해야 한다. 따라서 Multicast_SpawnHitEffect라는 이름의 커스텀 이벤트를 생성한다. 신뢰성 옵션은 필요하지 않지만 멀티캐스트 유형이어야 한다. 또한, 파티클을 스폰할 Location 값이 필요하므로 다음 화면과 같이 (+ 버튼을 눌러서) 해당 이벤트의 입력값으로 Vector를 추가한다.

그런 다음 Multicast_SpawnHitEffect에서 Spawn Emitter at Location(Infinity Blade Effects 패키지의 P_TrollDeathImpact 애셋을 사용하는) 노드를 사용하고 해당 위치는 이벤트에서 전달된다.

앞선 함수의 False 분기에서 Multicast_SpawnHitEffect 함수를 호출하고 Hit Location을 위치 값으로 전달한다(Hit 변수에서 가져올 수 있으며 구조체를 분할하여 Hit Location을 가져온다). 그래프의 모습은 다음과 같다.

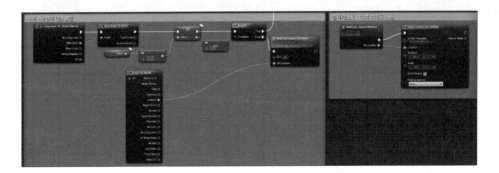

사냥개를 피격할 수 있는 기능을 구현한 것으로 16장을 마무리한다.

▌ 배운 내용 확장하기

게임 개발을 한창 하고 있기 때문에 특별한 연습 문제는 없다. 하지만 배운 내용을 어디에서부터 확장해야 할지 몇 가지 제안을 할 것이다.

- 총알의 다양한 유형을 위해 데이터 테이블을 사용하고 총알에 따라 사냥개에게 다양한 데미지를 입혀본다.
- Silver Bullet 오브젝트를 실제 은 총알처럼 보이게 만들어본다. 예를 들어 형태를 변경하거나 총알 재질로 변경한다.
- 플레이어의 총을 실제 총 모양으로 변경한다. 예를 들면 16장의 시작 부분에서 보여줬던 무료 패키지에서 하나 선택한다.
- 삼인칭 캐릭터를 위한 애니메이션을 몇 가지 찾아서 총을 들고 있고 발사도 할 수 있게 한다. 그러기 위해서는 몽타주를 생성하거나 애니메이션 블루프린트를 변경해야 할 것이다.

▌ 요약

16장에서는 멀티플레이어 환경에서 작업하는 방법에 대해 살펴봤으며 이를 학습하는 방법으로 실습 예제를 만드는 접근방식을 선택했다. 구체적으로는 무언가를 맞혔을 때 폭발하는 은 총알을 만들었고 플레이어가 총을 발사하고 서로를 상황에 맞게 볼 수 있는 기능을 추가했다. 사냥개 애니메이션 블루프린트에 변수를 할당해 만들어 두었던 사냥개 컨트롤러를 마무리 짓고 피격당하도록 하여 죽음도 구현했다.

17장에서 이 프로젝트를 계속 작업할 것이며 사냥개가 플레이어를 물어뜯도록 구현할 것이다. 현실을 이야기하자면 게임이 좀 더 극적일 필요가 있기 때문이다. 그러므로 플레이어가 사냥개에게 공격 당했을 때 플레이어의 회복 시스템을 구현하는 방법을 살펴본다. 물론 사냥개의 회복 시스템도 구현하며 애니메이션 노티파이와 애니메이션 블루프린트를 사용해 사냥개가 물어뜯는 순간을 트리거할 것이다.

17

멀티플레이어 설정 확장하기

17장에 온 것을 환영한다. 여기에서는 앞서 작업했던 것을 확장한다. 구체적으로 다음 내용을 다룬다.

- 플레이어의 회복 시스템 구현
- 플레이어가 사냥개에게 피해를 입도록 만들기
- 사냥개의 회복 시스템 구현
- 사냥개가 플레이어를 물 수 있도록 하기
- 애니메이션 노티파이와 애니메이션 블루프린트를 사용해 사냥개가 무는 순간을 트리거하기
- 사냥개의 추적하는 행동 만들기
- 사냥개 컨트롤러로부터 추적 행동 트리거하기

▌ 플레이어 블루프린트 완성하기

16장에서 두 가지 일을 플레이어 블루프린트에 남겨뒀다. 체력 회복 시스템을 설정해야 하고 사냥개가 플레이어에게 데미지를 입힐 수 있는 방법을 찾아야 한다.

체력 회복 시스템

체력 회복 시스템을 만들려면 우선 플레이어의 라이프를 저장하는 체력 변수가 있어야 한다. 물론 데미지를 입을 때와 사망 조건을 체크할 때도 체력 변수를 사용한다. float 유형의 Health 변수를 만들어보자.

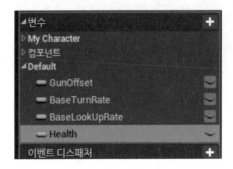

16장에서 살펴본 것처럼 Health 변수도 리플리케이트해야 한다. 또한 기본값을 설정해야하는데(플레이어의 데이터 테이블이 없으면 사냥개에서 했던 것처럼 컨스트럭션 스크립트에서 변숫값을 할당한다), 우선 기본값은 100이 좋을 것 같다. **디테일** 패널은 다음과 같은 모습이어야 한다.

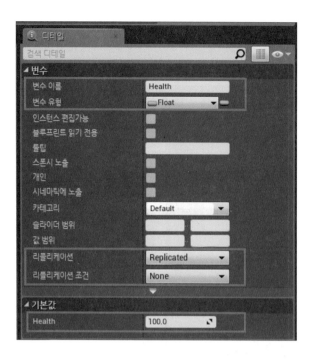

다음으로 HealthRecoveryRate 변수가 필요하다. 그렇지 않다면 체력을 얼마나 회복해야 할지 알 수 없을 것이다. float 유형의 변수를 하나 더 생성한다.

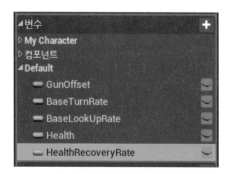

다음 화면의 **디테일** 패널에서 보이는 것처럼 이 변수도 리플리케이트해야 하며 기본값은 1이다.

이제 Begin Play **이벤트** 그래프의 끝 지점에서 (16장에서 어떤 메시를 숨겼는지에 따라 두 갈래로 나누는) 분기 노드를 생성한다. HealthRecoveryRate 값이 0보다 큰 값인지를 조건으로 사용한다. 값이 0보다 작다면 회복 과정을 진행할 필요가 없다. 이 경우 HealthRecoveryRate가 0인 하드코어 레벨을 만들려고 하더라도 오류 발생이나 성능 위험 없이 만들 수 있다. 다음은 지금까지의 그래프 모습이다.

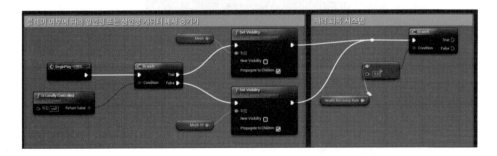

조건이 True일 경우 일정 시간 이후에 함수를 실행해주는 Set Timer By Event 노드를 사용한다. 시간 설정을 위해 1을 HealthRecoveryRate로 나눈다(HealthRecoveryRate 값은 양수가 돼야 하기 때문에 0보다 큰 값일 것이며 나눈 값은 0이 아니다). 이런 방법으로 체력을 회복하기 전에 시간을 구할 수 있다. 즉 HealthRecoveryRate 값이 1일 경우 1초마다 1HP(Health Point)를 회복하고 HealthRecoveryRate 값이 2일 경우 1초마다 2HP 회복을 의미한다(0.5초마다 1HP). 그리고 HealthRecoveryRate 값이 0.5인 경우 1초마다 0.5 HP 회복한다(2초마다 1HP).

노드는 다음과 같이 보일 것이다.

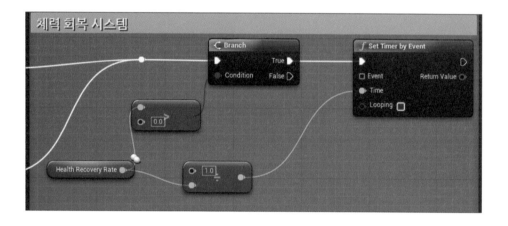

지금 컴파일을 시도하면 에러가 발생하는데 이는 시간이 만료됐을 때 호출해야 할 함수를 정의해야 하기 때문이다. 또한, 타이머가 0이 될 때마다 함수가 호출되기를 원한다.

따라서 가장 먼저 할 일은 Set Timer By Event 노드의 Looping 체크박스를 true로 설정하는 것이다.

그리고 RecoverHealth 이름의 커스텀 이벤트를 생성한다. 이벤트를 생성하여 다음 화면과 같이 커스텀 이벤트 오른쪽 위의 빨간 핀을 Set Timer By Event의 Event 핀에 연결한다.

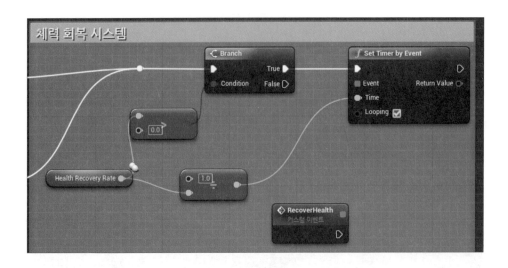

마지막으로 RecoverHealth 이벤트에서 Increment Float 노드로 Health 변숫값을 증가시킨다. 다음은 플레이어 체력 회복 시스템의 전체 코드다.

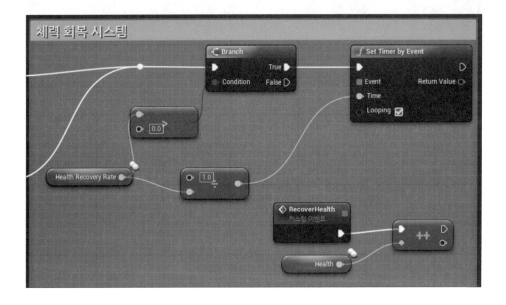

이제 체력과 회복할 방법이 생겼으니 체력을 감소시키는 방법을 살펴보자.

데미지 입기

플레이어가 데미지를 입기 위해서는 사냥개로부터 호출될 플레이어의 함수를 노출해야 한다. 따라서 TakeDamage라는 이름의 새로운 이벤트를 생성해보자. 이벤트는 Damage라는 이름의 float 파라미터를 입력값으로 가진다. 이로 인해 사냥개가 플레이어에게 입힐 수 있는 피해량을 지정할 수 있다. 다음 화면은 이벤트의 **디테일** 패널이다.

그런 다음 이벤트에서 Health 값을 Damage 파라미터만큼 빼고 다음 화면과 같이 Health 변수에 다시 설정한다.

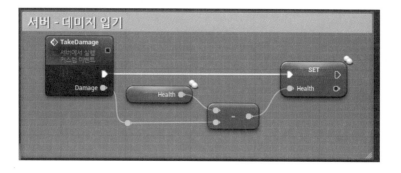

다음 단계로 Health 값이 0에 도달했는지 확인하여 Branch 노드로 분기를 수행한다.

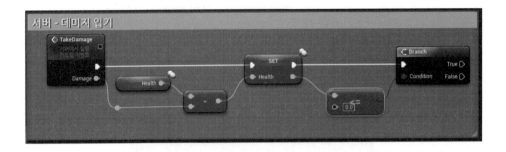

마지막으로 분기가 True일 경우 플레이어의 사망을 구현해야 하는데 지금쯤 스스로 구현할 수 있다면 더 좋을 것이다. 따라서 이는 연습 문제로 남겨둔다. 그러나 Print String 노드를 사용해 게임은 여전히 플레이 가능한 상태이고 플레이어는 게임에서 졌다는 것을 나타낼 것이다. False 분기는 사냥개에서 작업했던 것을 할 수 있고 멀티캐스트를 사용해 멋진 피격 효과를 구현할 수 있다. 이것도 연습문제로 남겨둔다. 하지만 연습 문제로 구현할 수 있는 블루프린트의 구조는 그대로 남겨두겠다.

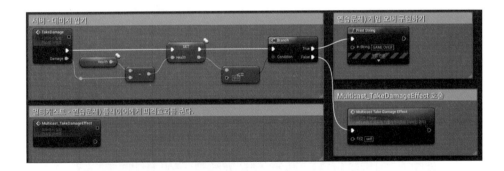

Take Damage 이벤트는 이것이 전부다. 이제 사냥개가 해당 함수를 어떻게 호출하는지 살펴보자.

▍ 사냥개의 공격

사냥개와 관련해서 두 가지 할 일이 남아있다. 플레이어를 물도록 만들어서 데미지를 입히는 것과 플레이어를 물 수 있도록 추적하는 것이다. 이제 물어뜯는 부분을 구현해보자. 하지만 그 전에 플레이어와 마찬가지로 사냥개의 체력 회복 시스템을 구현해야 한다.

사냥개의 체력 회복 시스템

사냥개의 체력 회복 시스템은 플레이어의 체력 회복과 매우 비슷하다. 또한 HealthRecoveryRate와 Health 변수가 있으니 변수를 생성하지 않아도 된다.

BeginPlay 이벤트에서 (지금까지 해당 이벤트를 사용한 적이 없기 때문에 이벤트가 없다면 생성한다) HealthRecoveryRate 값이 0보다 큰지 부터 확인한다.

남은 부분은 플레이어의 체력 회복 시스템과 똑 같다. 분기가 True라면 Set Timer By Event 노드를 사용해 시간을 HealthRecoveryRate의 역수로 계산하고 Health 변수를 증가시키는 반복 이벤트를 붙인다.

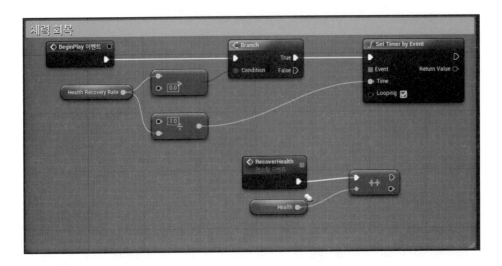

이것으로 사냥개의 체력 회복 시스템을 마무리 짓는다. 이제 물기 부분을 구현할 차례다.

블루프린트의 물기 이벤트

물기 행동은 지금까지 그래왔던 것처럼 마지막에서부터 시작해 되돌아가면서 진행한다. 실제로 플레이어에서 Take Damage 함수를 구현했으며 이제는 어떤 함수를 호출해야 하는지 살펴본다.

구체적으로는 사냥개가 물어야 하는 그 순간에 플레이어가 Bite Collision과 겹쳐 있는지 확인해 데미지를 입히는 기능을 구현할 것이다.

BP_Hound를 열어서 Server_Bite라는 이름의 새로운 이벤트를 생성한다. 물론 리플리케이트는 서버에서 실행으로 설정해야 한다.[1] 그리고 BiteCollision 콜리전을 가져와서 GetOverlappingActors 노드를 호출한다. Class Filter를 Player 블루프린트로 사용하면 Player를 찾을 수 있다. 코드는 다음과 같다.

GetOverlappingActors 노드에서 배열의 첫 번째 요소를 가져와서 다음 화면과 같이 해당 값이 유효한지 확인한다.

---

1 신뢰성 또한 체크해야 한다. – 옮긴이

필터를 Player로 했지만 반환값이 Actor이므로 Player를 캐스팅해야 한다. 그 후에 Take Damage 함수를 호출한다. 사냥개가 입혀야 하는 데미지는 사냥개 구조에 따라 달라진다. 예를 들어 데이터 테이블에서 데미지 값을 가져오고 컨트스럭션 스크립트에서 그 값을 로드한다. 더 깔끔한 방법이며 이 부분은 연습 문제로 남겨둔다. 다음 화면에서 보이는 것처럼 하드코딩으로 25의 값을 사용한다.

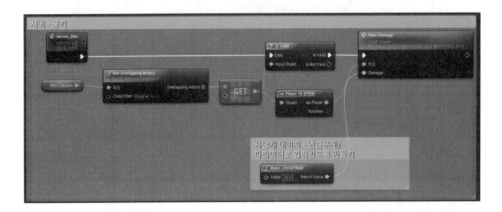

이제 해당 기능은 끝났다.

애니메이션 블루프린트에서 물기

사냥개가 플레이어를 물어서 데미지를 입히는 기능을 만들었다. 하지만 사냥개가 언제 물어야 하는지 어떻게 알 수 있을까? 사냥개가 물기 애니메이션을 하는 동안 언제 무는지 체크해 그 순간에 해당 함수를 트리거해야 한다. 사냥개 애니메이션 블루프린트를 마지막으로 한 번 더 사용한다.

하지만 그전에 애니메이션 노티파이를 만들어야 한다. 애니메이션 노티파이는 애니메이션의 특정 구간에 도달했음을 애니메이션 블루프린트에게 알려주는 기능이다. 구체적으로는 BARGHEST_JumpBiteAggressive 애니메이션을 열어야 한다. 다음은 화면은 에디터다.

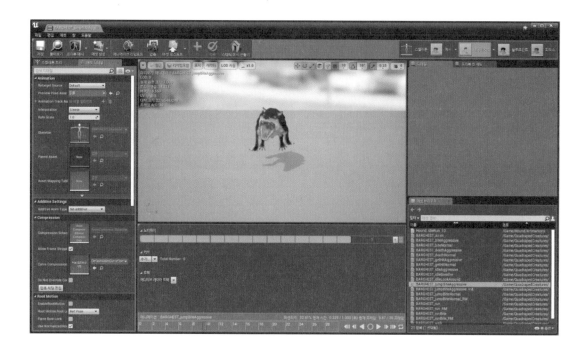

사냥개가 무는 애니메이션 프레임을 선택해야 할 뿐만 아니라 애니메이션 루프도 염두에 두어야 한다. 예를 들면 14프레임이 매우 적절해 보이므로 애니메이션을 일시 중지하고 해당 프레임을 선택하자.

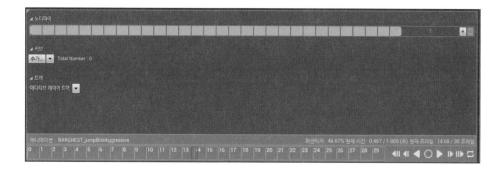

다음으로 (뷰포트 바로 아랫부분의) 노티파이 타임라인에서 마우스 오른쪽 버튼을 클릭한다. 그곳에서 다음 화면에서 보이는 것처럼 새로운 애니메이션 노티파이(노티파이 추가 > 새 노티 파이...)를 생성한다.

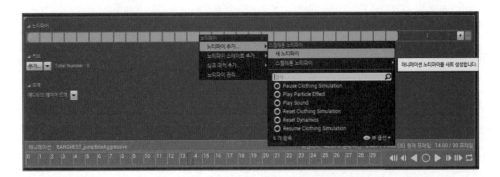

그러면 언리얼은 이름을 입력하라는 창을 띄운다. 애니메이션 노티파이의 이름을 BiteNotify 로 정한다.

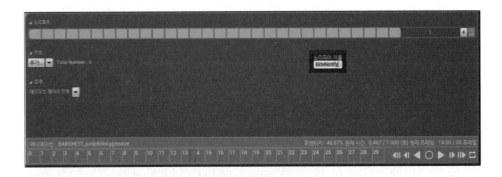

엔터를 입력했다면 다음 화면에서 볼 수 있는 것처럼 노티파이 타임라인에 애니메이션 노 티파이가 나타난다.

애니메이션 블루프린트로 다시 돌아간다. 구체적으로는 이벤트 그래프를 열어야 한다. 이제 그곳에서 다음 화면과 같이 BiteNotify의 이벤트를 생성할 수 있다.

그래프에 나타난 이벤트의 모습이다.

다음으로 Try Get Pawn Owner 노드를 한 번 더 사용해서 캐스팅하여 BP_Hound를 가져온다. 이곳에서 Server_Bite 함수를 호출하자.

구현이 끝난 것처럼 보이지만 플레이 버튼을 눌러보면 사냥개가 움직이지 않거나 플레이어를 추적하지 않을 것이다. 사냥개의 비헤이비어 트리를 만들어야 하며 그 안에서 애니메이션 블루프린트의 **bShouldAttack** 변수가 (BP_Hound의 bShouldAttack 변수와 BiteDistance에 기반하여) True 값이 될 방법을 제공해야 한다.

비헤이비어 트리로 플레이어 추적하기

사냥개와 관련하여 마지막으로 해야 할 일은 비헤이비어 트리를 만드는 것이다. 매우 간단한 비헤이비어 트리이므로 마지막으로 만든 비헤이비어 트리보다 쉬울 것이며 걱정할 필요가 없다.

시작하기에 앞서 사냥개 폴더 내에서 AI 이름의 새로운 폴더를 생성해 AI와 관련된 모든 애셋을 배치할 것이다.

먼저 비헤이비어 트리의 데이터를 저장할 블랙보드가 필요하다. 예제에서는 사냥개가 현재 추적하고 있는 플레이어를 참조해야 한다. 그러므로 **BB_Hound**라는 이름의 블랙보드 애셋을 생성한다. 그리고 블랙보드 내에서 (앞선 프로젝트에서 했던 것처럼 Player 클래스 유형의) **Object** 타입 변수를 추가하고 다음 화면과 같이 변수의 이름을 **Player**로 한다.

다음으로 BT_Hound 이름의 비헤이비어 트리를 만든다. 해당 트리를 열고 BB_Hound 블랙보드를 할당한다.

다음으로 새로운 Task를 생성한다. 사실 가장 근처에 있는 플레이어를 탐색하는 태스크가 필요하다. 멀티플레이어 환경임을 고려해보면 여러 명의 플레이어가 있을 것이다. 따라서 사냥개는 가장 가까이 있는 플레이어를 표적으로 삼아야 한다.

해당 태스크의 이름을 BTTask_FindClosestPlayer으로 한다. 몇 가지 변수를 추가해야 하는데 첫 번째 변수는 PlayerKey이다. Blackboard Key Selector 유형이며 Player 참조를 저장할 것이다. 두 번째는 PlayerClass라는 이름의 Actor 클래스다(Actor 유형의 변수를 선택하고 오브젝트 레퍼런스 대신에 클래스 레퍼런스를 선택한다). 이런 방법으로 좀 더 포괄적이면서도 참조하고 있는 플레이어의 클래스가 무엇인지 태스크에서 확인할 수 있다. 변수는 모두 퍼블릭돼야 한다.

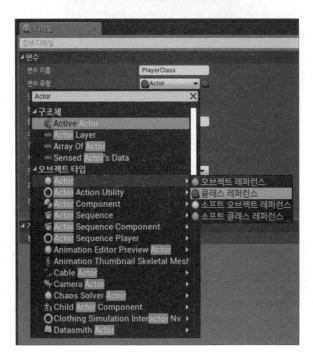

지금부터 코드에 많은 와이어와 핀들이 있을 것이다. 화면을 미리 살펴보면 블루프린트를 재정렬했고 가능한 한 명확하게 보이도록 만들려고 최선을 다했다. 내용이 확실하지 않다면 프로젝트 파일을 열어서 내용을 확인해볼 수 있다.

Receive Execute AI 이벤트를 오버라이드하면서 시작해보자. 다음 화면과 같이 Player Class 변수를 Get All Actors Of Class 노드의 Actor Class로 사용해 모든 액터 클래스를 검색할 수 있다.

그다음 (그래프를 명확하게 만들려면 시퀀스 노드를 사용하고) 배열의 첫 번째 요소를 Player Key 가 참조하는 Player 변수에 할당한다. 배열을 순회해 가장 가까운 플레이어를 찾는다.

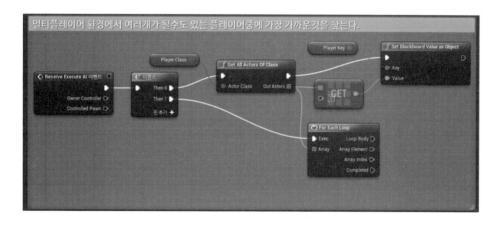

이론적으로는 배열의 첫 번째 요소를 건너뛸 수 있지만 플레이어와 사냥개가 많지 않고 성능 문제도 없기 때문에 첫 번째 변수를 포함해 배열을 반복해서 체크한다. 또한 현재 선택된 플레이어와의 거리를 다시 계산해 변수에 저장한다. 플레이어도 마찬가지로 임시 변수 대신에 블랙보드를 매번 사용한다. 블루프린트의 이런 개선 사항 모두 와이어를 복잡하게 만들며 성능 이슈가 있는 경우에는 (예제 프로젝트는 아니지만, 큰 프로젝트를 진행 중이라면) 이점을 유의해야 한다.

이제 사냥개와 블랙보드에 저장된 현재 가장 가까운 플레이어와의 거리를 구해야 하며 루프 안의 플레이어와의 거리도 구해야 한다.

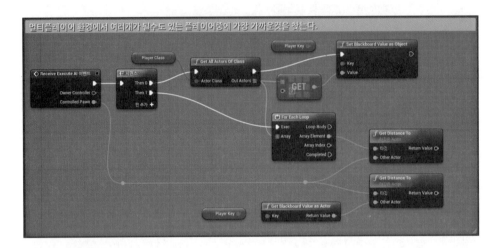

거리 값도 비교해야 한다. 새로운 값의 거리가 기존 거리보다 짧다면 새로운 플레이어를 가장 가까운 거리의 플레이어로 할당할 수 있다.

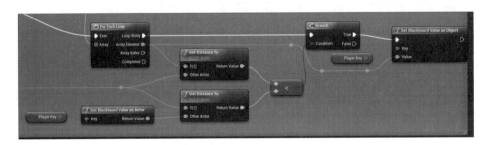

마지막으로 태스크를 (Finish Execute 노드의) Success로 마무리 짓는 것을 잊지 말아야 한다 (화면의 이해도를 높이려고 시퀀스를 사용했다).

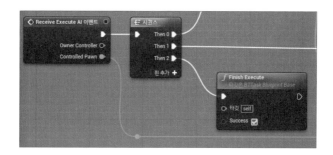

이제 태스크가 준비됐다. 하지만 사냥개의 공격 여부를 검사하는 서비스도 필요하다. 따라서 비헤이비어 트리를 위한 새로운 서비스를 생성하고 이름을 BBService_CheckIfShould Attack으로 정한다.

이곳에서는 하나의 변수만 필요하며 Blackboard Key Selector 유형의 변수를 PlayerKey라는 이름으로 생성하고 퍼블릭으로 만든다.

다음으로 Receive Tick AI 이벤트를 오버라이드해 Controlled Pawn을 BP_Hound로 캐스팅한다.

BP_Hound로부터 거리값과 현재 표적이 된 플레이어를 (블랙보드를 이용해) 가져온다.

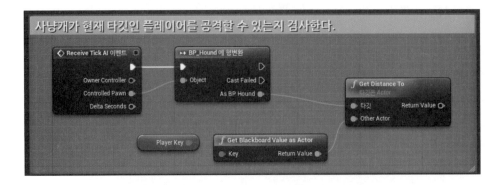

BP_Hound로부터 BiteDistance 값을 가져와서 사냥개와 표적이 된 플레이어와의 거리 값
보다 큰지 작은지 확인한다.

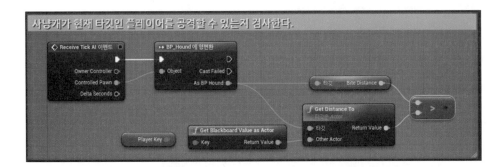

마지막으로 캐스팅에 성공했다면 결괏값(BP_Hound를 드래그해) Should Attack 변수에 설정
한다.

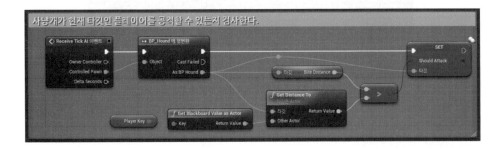

그 결과 사냥개와 플레이어 간의 거리가 Bite Distance보다 작다면 Should Attack 변수는 True가 될 것이고 그렇지 않다면 False가 될 것이다.

비헤이비어 트리를 구축할 차례다. 루트로부터의 시퀀스 노드를 드래그해 BTTask_FindClosestPlayer 태스크를 붙인다(물론 태스크의 디테일 패널에서 블랙보드의 Player Key를 Player 값으로 할당해야 한다. 그리고 Player Class는 우리가 만든 Player 블루프린트를 설정한다). 다음은 비헤이비어 트리의 모습이다.

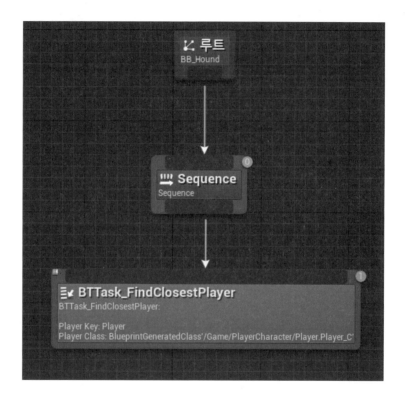

그다음 시퀀스의 다음 태스크로 MoveTo를 추가하고 Player를 BlackboardKey로 설정한다.

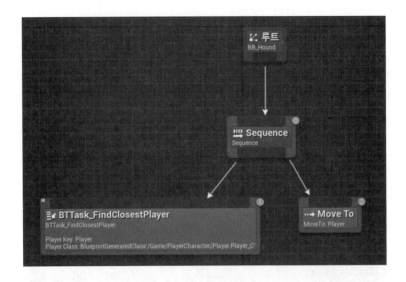

시퀀스에 Player Key를 Player Blackboard 값에 다시 할당해 서비스를 연결 한다. 이제 트리의 모습은 다음과 같다.[2]

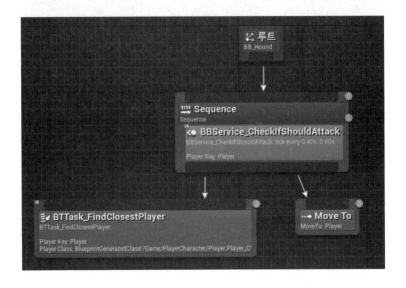

---

2   서비스 연결은 시퀀스에서 마우스 오른쪽 버튼을 클릭해 서비스 추가를 클릭한다. – 옮긴이

지금 당장은 트리가 동작하겠지만 일단 사냥개가 한번 (타깃으로) 플레이어를 정한다면 사냥개가 죽거나 플레이어가 죽을 때까지 쫓아가게 될 것이다. 하지만 추적이 일정 시간 이상 지속될 경우 이 행동을 약간 변경해 가장 가까이에 있는 플레이어를 다시 계산한다. 다행히도 내장형 데코레이터가 있지만 데코레이터는 루트 노드 아래에 있을 수 없기 때문에 추가 시퀀스 노드를 생성해야 한다. 다음은 최종 트리의 모습이다.

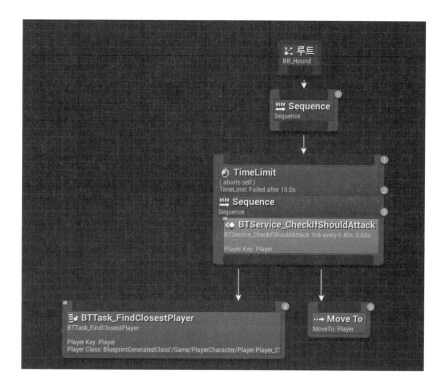

다음과 같이 트리가 조금 더 정렬된 것처럼 보이도록 노드를 다시 정렬할 수도 있다.

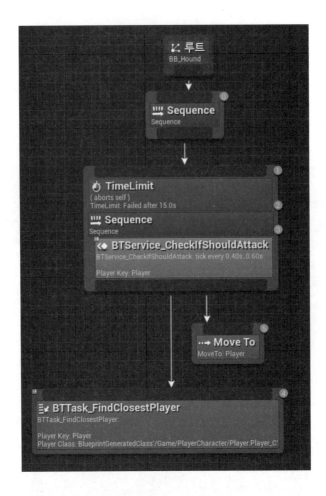

비헤이비어 트리를 저장하고 이제 한 가지만 더 하면 된다. 바로 비헤이비어 트리를 실행하는 것이다! 따라서 사냥개 컨트롤러를 열고 BeginPlay 이벤트에서 다음 화면과 같이 Run Behavior Tree를 만든다.

마지막으로 BP_Hound로 다시 돌아가서 해당 컨트롤러를 할당한다. 그리고 디테일 패널의 Pawn 카테고리 아래에서 AI Controller Class를 BP_HunodController로 선택한다. 또한 이후에 스포닝 시스템을 계획한다면 Auto Possess AI를 Place in World or Spawned으로 설정한다. 끝으로 (적어도 디폴트 값으로) 플레이어가 컨트롤하지 못하게 Auto Possess Player를 Disabled으로 설정한다(이미 디폴트로 설정돼 있다). 다음은 모든 것이 설정된 **디테일** 패널이다.

모든 것을 저장하면 끝이다. 그렇다. 게임의 모든 핵심 요소를 끝냈다! 멋지지 않은가?

아직 개선할 일과 실제로 플레이 가능하게 하려면 할 일이 남아 있지만 어려운 부분은 끝났다. 다음 장으로 넘어가기 전에 잠시 휴식을 취하자.

▌ 배운 내용 확장하기

17장은 코드 관점에서 보면 매우 치열하다. 기존처럼 몇 가지 연습 문제를 블루프린트 코멘트로 직접 남겨뒀다.

- 적절한 UI를 호출하고 서버/클라이언트에 올바르게 전파해 몇 가지 애니메이션을 보여줌으로써 플레이어의 사망을 구현한다.
- 플레이어가 사냥개에게 물렸을 때 멋진 피격 효과를 구현한다.

- 플레이어가 받는 데미지 값을 가지도록 EnemisDataTable을 재구성해 코드에서 올바르게 사용할 수 있게 한다.
- 정보 상자에서 제공된 정보로 BTTask_FindClosestPlayer를 최적화한다.

▌요약

17장에서는 매우 많은 일을 했다. 사냥개와 플레이어의 체력 회복 시스템을 구현했다. 또한 플레이어가 데미지를 입는 방법을 구현했다. 플레이어의 Take Damage 함수로 시작했으며 이 함수는 사냥개의 Bite 함수에서 호출했다. 애니메이션 노티파이와 애니메이션 블루프린트를 사용해 사냥개가 공격하는 순간을 트리거할 수 있었다. 마지막으로 커스텀 태스크와 플레이어를 추적하는 서비스와 함께 비헤이비어 트리를 생성하는 방법을 살펴봤다. 이것으로 멀티플레이어 게임의 핵심 내용을 마무리한다. 18장에서는 게임을 수정해 친구와 함께 플레이할 수 있도록 몇 가지 내용을 추가하는 방법을 살펴본다.

18장에서는 리슨과 데디케이트 서버의 차이점을 알아본다. 또한 게임의 몇 가지 버그들을 수정하는 방법도 살펴본다. 그리고 친구들과 연결해 함께 플레이하는 방법을 배워보면서 마지막으로 지금까지 했던 작업을 확장할 수 있는 아이디어도 살펴본다. 자, 휴식을 충분히 취하고 여행의 마지막 부분을 맞이하자.

18

추가 기능 더하기

끝에서 두 번째 장에 도착했다. 이제 세 번째 프로젝트를 마무리하고 여행을 마치려고 한다.

18장에서는 다음 주제들을 다루면서 세 번째 프로젝트를 완성할 것이다.

- 리슨 서버와 데디케이트 서버의 차이점 이해하기
- 게임의 몇 가지 버그 수정하기
- 친구들과 연결해 함께 플레이하는 방법 배우기
- 앞서 작업했던 내용을 확장하는 방법에 대한 아이디어 얻기

▎ 리슨 서버와 데디케이트 서버의 차이

이 절에서는 리슨 서버와 데디케이트 서버의 차이점을 설명한다.

- 데디케이트 서버는 클라이언트가 필요 없는 독립형 서버다. 즉 연결된 클라이언트가 없을 수도 있다. 게임 클라이언트와 별도로 실행되며 플레이어가 항상 들어오고 나갈 수 있는 서버를 실행하는 데 주로 사용된다.
- 리슨 서버는 곧 클라이언트이기 때문에 리슨 서버라고 부른다. 따라서 서버는 자체적으로 연결돼 있고 적어도 한 개의 클라이언트는 항상 있다. 클라이언트 연결이 끊어지면 서버는 종료된다. 또한 서버는 곧 클라이언트이기 때문에 렌더링 부분(UI 포함)이 필요하며 클라이언트를 제어하는 모든 클래스(예: 플레이어 컨트롤러)도 있다. 서버에 연결하는 IP 주소는 클라이언트와 동일하다.

예제에서는 리슨 서버를 사용해 게임을 간단하게 유지한다.

▎ 게임플레이 테스트

다음으로 넘어가기 전에 게임이 예상한 대로 동작하는지 또는 버그가 있는지 테스트해야 한다. 사실 잊어버린 것이 몇 가지 있지만 문제가 되지 않는다. 왜냐하면 이 절에서 플레이 테스트로 버그를 확인하고 수정하는 방법을 설명하기 때문이다.

맵 준비하기

우리는 게임에서 사용할 맵을 만든 적이 없다. 따라서 ThirdPersonExampleMap 맵을 복제해 MyFirstMultiplayerMap 이름으로 변경하고 이것을 방금 생성한 Maps 폴더로 이동시킨다.[1]

---

1 ThirdPersonExampleMap은 ThirdPersonBP/Maps 폴더에 있다. – 옮긴이

맵에서 Third Person Character를 제거하고 다음 화면에서 보이는 것처럼 NetworkPlayer Start를 복제한다.

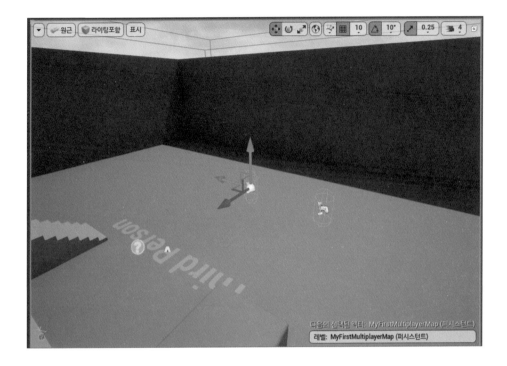

마지막으로 맵의 원하는 곳에 사냥개를 배치한다.

테스트 방법

멀티플레이어 게임을 어떻게 테스트해야 할까? 에디터에는 멀티플레이를 테스트하는 좋은 방법이 있다. 상단 바 메뉴에서 **재생** 옵션(재생 버튼 옆의 작은 화살표)의 플레이어 수 옆 슬라이드에 2를 입력한다.

이제 **재생** 버튼을 누를 준비가 됐으며 마주치는 모든 버그를 수정해보자.

수정 #1: 게임 모드를 추가해 올바른 플레이어 클래스를 스폰하기

재생 버튼을 누르면 두 명의 플레이어가 스폰된다. 하지만 게임에 우리가 만든 Player 블루프린트를 스폰해달라고 알려준 적이 없다.

새로운 게임 모드를 생성해 수정할 수 있다. 다음 화면과 같이 GameModeBase를 상속받는 새로운 블루프린트를 (적절한 폴더 내에) 생성한다.

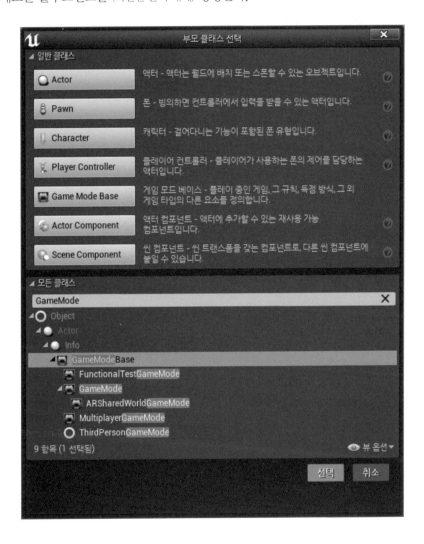

생성한 블루프린트의 이름을 MultiplayerGameMode로 변경한다. 그리고 블루프린트 에디
터를 열고 **디테일** 패널에서 Default Pawn Class를 Player 블루프린트로 선택한다.

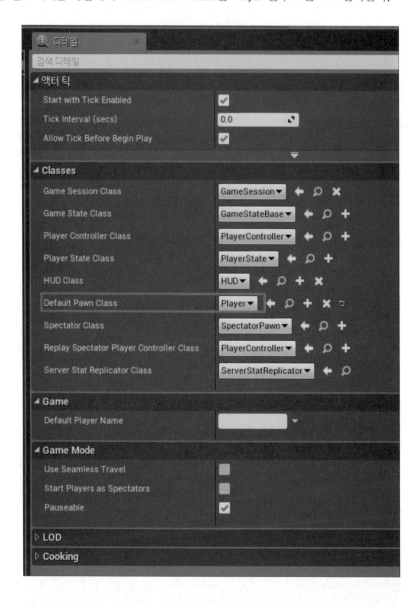

마지막으로 방금 생성한 MultiplayerGameMode를 사용하도록 맵의 월드 설정을 변경한다.

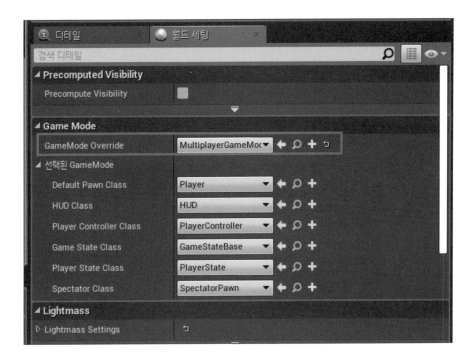

다시 **재생** 버튼을 누르면 이제는 Player로 된 올바른 클래스가 스폰된다.

수정 #2: 두 번째 플레이어가 발사체를 볼 수 없는 문제

두 번째 플레이어가 총을 발사한다면 (첫 번째 플레이어는 로컬 서버인 것을 기억한다), 첫 번째 플레이어는 가능하더라도 두 번째 플레이어가 발사한 은 총알은 볼 수 없다.

서버에서 은 총알을 생성하는 것은 훌륭하지만 문제는 클라이언트에 다시 리플리케이트 되지 않는다는 것이다. 따라서 Silver Bullet 블루프린트를 열고 디테일 패널에서 Replicates 체크박스를 선택해야 한다.

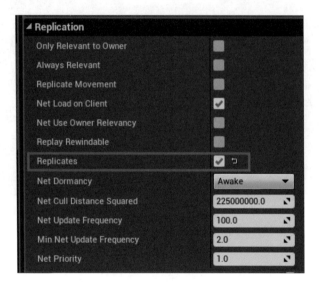

이제 **재생** 버튼을 누르면 두 번째 플레이어가 자신의 은 총알을 볼 수 있다.

수정 #3: 사냥개가 움직이지 않는 문제

비헤이비어 트리의 MoveTo 노드가 내비 메시에 의존하기 때문에 발생하는 문제다. 하지만 우리는 내비 메시를 만든 적이 없다.

따라서 내비 메시 바운드 볼륨을 맵으로 드래그해 볼륨이 맵을 가득 채우도록 스케일을 조정한다. P 버튼을 누르면 생성한 내비 메시를 볼 수 있으니 내비 메시가 맵을 덮고 있는 지 확인할 수 있다.

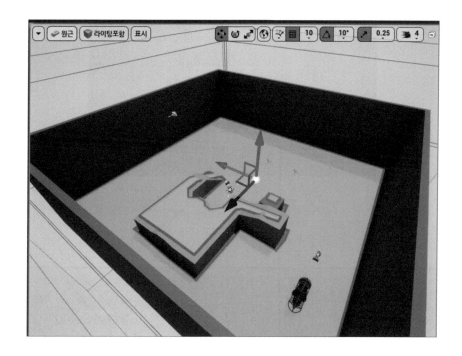

이제 **재생** 버튼을 누르면 사냥개가 정상적으로 움직인다.

수정 #4: 서버가 아닌 두 번째 플레이어가 총을 쏠 때 총알이 총의 위치와 관계 없이 일직선으로만 나간다.

이것은 제대로 된 총의 방향이 서버에 존재하지 않기 때문에 발생하는 문제이며, 서버에 서 은 총알을 스폰할 때 트랜스폼을 계산해야 한다. 트랜스폼을 서버로 리플리케이트해 문제를 해결할 수 있지만 이런 작은 프로젝트를 코드를 약간만 수정하면 손쉽게 해결할 수 있다.

Server_SpawnProjectile 이벤트에서 Transform 유형의 입력을 추가한다.[2]

그리고 클라이언트에서 트랜스폼을 계산하는 부분으로 이동해 이 값을 서버로 전달한다. 다음은 최종 그래프의 모습이다.

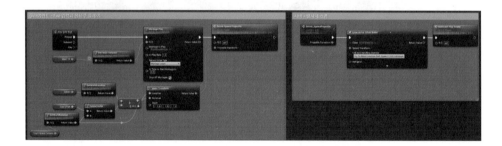

이제 문제가 수정됐을 것이다.

다른 문제점은 찾지 못했으므로 다음 단계로 넘어간다. 문제점을 발견한다면 문제를 해결하기 전에 먼저 원인을 파악하도록 노력한다. 온라인에 질문하거나 이 책의 다른 독자들과 비교해볼 수도 있다.

---

2 해당 이벤트는 Player 블루프린트에서 추가했다. – 옮긴이

▌ 친구와 함께 플레이하기

이제야 게임이 제대로 동작한다. 두 번째 프로젝트에서 만든 맵보다 더 나은 맵을 만들려고 노력했다. 친구들과 플레이해보고 싶을 것이다.

리슨 서버에 연결하기

이 절은 올바른 방향으로 인도하여 친구와 함께 플레이할 수 있도록 한다. 하지만 다음 코드를 트리거하는 UI 제작은 연습 문제로 남겨둔다.

 TIP 이 절은 리슨 서버와 관련된 내용임을 기억하라.

서버는 리슨 서버로 맵을 열기 위해 이 명령어를 사용할 수 있다(하지만 이 커맨드 이동을 위해 사용할 수는 없으며 안타깝게도 이 책에서 다루지 않는 내용이다). 노드는 기본적인 Open Level 노드이며 옵션으로 listen을 전달한다.

물론 LevelName은 실제 레벨의 이름으로 대체한다.

클라이언트를 서버에 연결하려면 Execute Console Command가 필요하다.

당연하게도 'IP 주소'는 서버의 IP 주소로 대체해야 한다. LAN이 아닌 인터넷에서 플레이
하는 경우 라우터에서 포트-포워딩을 해야 하는데 해당 내용은 이 책에서 다루지 않는다.

우리가 무엇을 놓쳤을까

더 많은 것을 알고 싶어 한다는 것은 알지만 아쉽게도 이제는 이 책의 마지막에 다다랐기
에 멀티플레이어 게임에 관해 더 구체적인 내용을 전달할 필요가 있다. 다음 리스트를 살
펴보면 멀티플레이어 게임을 배울 때 다루지 않은 내용으로 끝이 없다.[3]

- Server Travel
- 게임 스테이트Game state
- 플레이어 스테이트Player state
- 세션Sessions
- 온라인 서브시스템Online subsystems
- 데디케이트 서버
- 네트워크 보안
- 액터 연관성 및 우선권

---

3   더 자세한 것을 배우고 싶다면 아래 공식 링크를 찾아본다.
    https://docs.unrealengine.com/ko/Gameplay/Networking/Travelling/index.html
    https://docs.unrealengine.com/ko/Gameplay/Networking/Actors/Relevancy/index.html – 옮긴이

- 액터 롤
- 기타

목록을 전달했으니 더 많은 것을 배우고 싶다면 목록을 검색해보자.

추가 기능을 위한 아이디어

18장의 남은 부분에서는 게임을 어떻게 확장하고 추가 기능을 더할 것인지에 대한 방향성을 제시한다. 하지만 대부분은 연습 문제로 남겨두는 것을 기억하자.

일시 정지!

게임의 99.9%는 일시 정지 메뉴나 적어도 비슷한 종류의 메뉴가 있다는 것에 동의할 것이다. 일시 정지 메뉴는 다양한 목적으로 사용된다. 예를 들면 게임플레이를 일시 정지할 수 있을 뿐만 아니라 플레이어가 On/Off 할 수 있는 다양한 옵션을 제공할 수 있다. 대부분은 플레이어에게 저장/불러오기, 재시작 옵션을 제공하고 플레이어가 게임을 충분히 즐겼을 경우 게임을 그만둘 수 있는 옵션도 제공한다. 이 절에서는 이 장의 나머지 부분을 통해 추가 기능을 더하는 간단한 일시 정지 메뉴의 생성 방법을 배운다.

 일시 정지 메뉴(또는 실제로 게임을 멈추는 일시 정지 메뉴)는 멀티플레이어 게임에서 매우 드물다는 것을 염두에 두어야 한다. 그러므로 설계에 주의를 기울이자. 일부 게임에서는 게임의 호스트만 게임을 일시 정지할 수 있다. 비록 과도하게 사용하는 문제가 있을지라도 말이다. 협동 게임 예제에서는 문제가 덜 할 수 있지만 여전히 존재한다. '워크래프트3' 같은 게임은 어뷰징을 방지하려고 게임플레이하는 동안 제한된 횟수만큼 일시 정지할 수 있다.

위젯 생성하기

4장, '일시 정지 메뉴 생성하기'에서 UI 생성을 살펴봤듯이 일시 정지 메뉴를 만들 때도 거의 같은 과정을 거쳐야 한다. 일시 정지 메뉴를 만들려면 다음 그림과 같이 팔레트 메뉴에 있는 기능을 몇 가지 추가해야 한다.

1. Image로 배경을 생성한다. 이미지를 설정하거나 Tint 색상을 변경할 수 있다. 예제에서는 단순히 Tint 색상만 변경했다.
2. Text를 사용해 메뉴 타이틀을 만든다. 예제에서는 **일시 정지**를 입력했다.
3. 게임을 계속하게 하는 Button을 추가한다. 곧 기능을 추가할 것이므로 **계속하기** 버튼 밑에 **저장, 불러오기, 재시작, 종료** 버튼을 추가한다.
4. 버튼마다 버튼의 용도를 나타내는 텍스트를 추가한다.
5. 예쁜 버튼의 위치를 스크린 화면에 맞게 조절한다. 버튼을 모두 추가하면 다음과 같을 것이다.

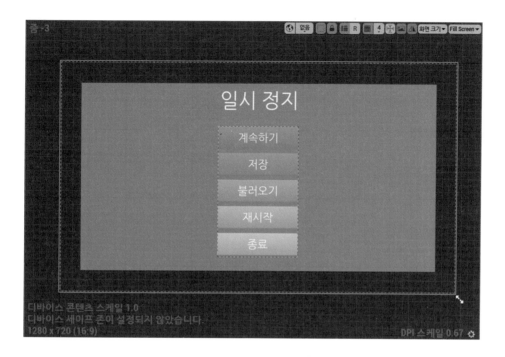

현재로는 일시 정지 메뉴에 필요한 것은 이것이 전부다.

일시 정지 메뉴의 블루프린트 생성

일시 정지 메뉴 위젯을 생성했으니 위젯이 동작하도록 만들어야 한다. 매우 간단한 작업이며 게임에서 어떻게 보이길 원하느냐에 따라 진행 과정은 달라질 것이다(개발하고 있는 게임의 종류에 따라 3D 물리 공간에서 나타날 수도 있다). P 키를 눌렀을 때 나타나는 간단하면서 일반적인 일시 정지 메뉴를 만들 것이며 2D 평면에 부착된 것처럼 화면에 나타난다.

다음 단계를 수행한다.

1. BP_PauseMenu라는 이름의 Actor 유형 블루프린트를 생성한다.
2. BP_PauseMenu의 이벤트 그래프에서 P 키(Input > Keyboard Events > P)를 입력하고 선택한다.

3. P 노드의 디테일 패널에서 Execute when Paused를 활성화한다.

4. Flip/Flop을 검색해 추가한다.

5. Flip/Flop의 A 실행 핀에서 드래그해 위젯 생성을 입력하고 선택한다.

6. 다음 그림과 같이 Widget Class를 선택한다.

7. Add to Viewport를 선택한다.

8. Set Game Paused의 Paused 체크박스를 체크하여 활성화한다.

9. Pause Menu 위젯 생성의 Return Value 핀을 드래그해 Remove from Parent를 입력하고 선택한다.

10. Remove from Parent의 실행 핀을 연결하고 Set Game Paused를 입력하여 선택하지만 활성화하지는 않는다.

11. Flip/Flop 노드의 B 실행 핀을 Remove from Parent의 입력 핀에 연결한다.

작업을 완료하면 블루프린트는 다음 화면처럼 보일 것이다.

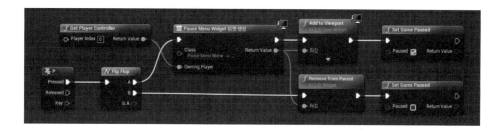

생성한 블루프린트가 키 입력을 처리할 수 있도록 Begin Play 이벤트를 추가하고 다음과 같이 수정한다.[4]

이제는 스스로 계속 진행할 수 있다.

---

4 입력 비활성화는 Disable Input 노드를 사용한다. – 옮긴이

저장, 불러오기 시스템(세이브 포인트)

또 다른 아이디어가 있다. 우리가 메뉴에서 했던 것과는 달리 게임 환경 내에서 저장/불러오기를 제공한다면 어떨까. 즉 게임 월드 내에 플레이어가 찾을 수 있는 애셋이 있고 여기에서 저장/불러오기 위한 메뉴에 접근할 수 있다는 것이다. 게임플레이 도중에 플레이어가 저장/불러오기를 할 수 있는 시기를 제어하고 싶다면 이런 옵션은 항상 접근할 수 있는 메뉴에서 저장/불러오기를 할 수 있는 가능성을 제거하는 데 유용하다.

멀티플레이어 게임에서 이런 옵션은 협력 캠페인이나 '웨이 아웃' 같은 게임에 적합할 것이다.[5]

로딩 화면

그 누구도 기다리는 것을 좋아하지 않는다. 기다림이 길어질수록 지루하고 짜증나며 불만스러울 것이다. 요즘 대다수 게임이 로딩 화면도 경험으로 만들려고 노력한다. 예를 들면 어쌔신 크리드는 게임플레이의 정보나 플레이 중인 게임의 역사적 사실을 비롯해 여러 가지 팁을 돌아가면서 보여주는 대신 끝없는 환경에서 캐릭터를 컨트롤할 수 있게 한다.

멀티플레이어 환경에서 로딩 화면을 만드는 것은 까다롭지만 매우 중요하다. 일부 게임은 다른 플레이어를 기다리거나 새로운 레벨이 로드될 때까지 플레이어가 몇 가지 옵션을 선택할 수 있도록 하는 일종의 로비 레벨을 만들기도 한다.

---

5   '웨이 아웃'은 영화 〈깝스〉로 대히트를 치고 'Brothers ~ Sons'를 만들어 게임 디렉터로 데뷔한 스웨덴 영화 감독 요제프파레즈가 설립한 헤이즈라이트 스튜디오가 개발하고 일렉트로닉 아츠에서 배급하는 삼인칭 Co-op 액션 어드벤처 게임이다. – 옮긴이

체크포인트 생성

플레이어에게 체크포인트 저장을 가능하게 하고 게임 내의 지정된 지점에서 재시작하도록 만들 수 있다. 체크포인트는 플레이어가 접근해 활성화할 수 있고 자동 또는 플레이어가 수동으로 트리거할 수 있는 유용한 기능이다. 체크포인트가 반드시 세이브 지점이 되는 것은 아니지만 플레이어가 죽었을 경우 해당 레벨을 다시 완료하는 것이 아니라 비교적 가까운 위치로 돌아가게 하는 마커로 사용할 수 있다.

우리가 만든 협력 멀티플레이어 게임에서 체크포인트는 모든 플레이어가 사냥개에게 죽임을 당했을 때 유용할 수 있다.

자동 체크포인트

자동 체크포인트는 플레이어가 빠르게 또는 아슬아슬하게 게임 환경을 이동하는 것과 같이 빠른 템포의 게임을 플레이할 때 진행을 더 편하게 만들어준다. 큰 바위틈을 가로지르며 똑바르지 않은 점프만으로 언덕 아래로 내려간다고 (문자 그대로) 상상해보자. 자동 체크포인트를 구현함으로써 플레이어가 해야 할 일은 체크포인트 지역으로 들어가는 것뿐이므로 체크포인트가 트리거될 것이다. 플레이어가 트리거하는 수동 체크포인트와는 달리 플레이어는 체크포인트 활성화를 위해 아무것도 할 필요가 없다.

이것은 MMO^Massive Multiplayer Online 세계에서도 동작하며 플레이어가 죽으면 체크포인트 옆에서 스폰할 수 있다.

(플레이어가 트리거하는) 수동 체크포인트

수동 체크포인트는 플레이어가 체크포인트를 실행해야 한다는 점을 제외하면 자동 체크포인트와 거의 같다. 바닥의 압력판 위로 걸어가거나 활성화를 위해 상호작용하는 키를 누르는 것만큼 간단한 것일 수 있다. 어떤 것이 더 적절한지는 게임 스타일에 따라서 달라진다.

수동 체크포인트는 세 개의 장소 중 (어떤 것이 활성화돼 있는지에 따라) 하나의 장소에서 플레이어를 스폰한다. 다음 화면속에서 번호가 매겨진 세 개의 지점을 볼 수 있다.

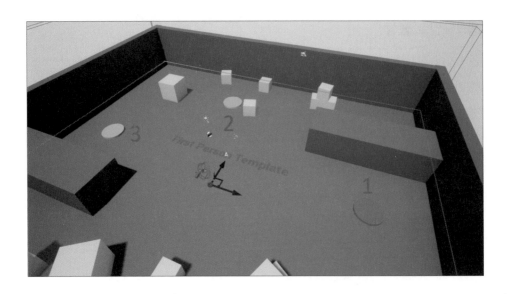

체크포인트를 활성화하려면 플레이어가 체크포인트를 걸어가야 한다.

체크포인트는 데스매치 멀티플레이어 게임에 유용하며 플레이어는 원하는 리스폰 위치를 빠르게 결정할 수 있다. 일부 게임의 플레이어는 리스폰의 체크포인트를 선택할 수 있다.

재시작(과 종료)을 위한 옵션 생성

가끔 세이브 포인트 직후 보스와 싸울 때 체력이 충분하지 않아 짜증이 날 수도 있다. 체력과 보급품을 더 많이 비축하려면 한 번씩 레벨을 다시 시작해야 한다.

플레이어를 다시 시작할 수 있게 하기 전에 **재시작/종료** 버튼부터 메뉴에 추가해야 한다. **저장/불러오기** 버튼을 만든 것처럼 **일시 정지** 메뉴 위젯에 버튼을 추가해 플레이어를 다시 시작할 수 있도록 한다.

재시작/종료 버튼은 플레이어의 파티가 던전에 들어와서 레벨을 재시작하고 싶을 때 유용하게 사용된다. 물론 여기에는 많은 선택지가 있다. 누가 게임을 재시작하기로 결정할까? 호스트? 투표에 따라서?

종료 옵션도 마찬가지다. 플레이어가 종료한다면 어떻게 될까? 그리고 그것이 호스트라면?

또한 플레이어가 종료 버튼을 눌렀을 경우 실제로 종료되기를 원하는지 확인하도록 예, 아니오로 물어보는 확인 창을 보여주고 싶을 수도 있다.

▌ 배운 내용 확장하기

대부분의 옵션은 토글되는 On/Off, 체크박스 또는 슬라이더에서 선택하기 때문에 기능면에서 일시 정지 메뉴로 할 수 있는 작업은 많지 않다. 하지만 해당 메뉴를 다른 메뉴와 차별화시키는 것은 심미적인 것이다. 따라서 18장에서 배운 내용을 확장하려면 여기에서 영감을 얻은 미학을 어떻게 변화하고 개선할 수 있는지 생각해보기를 권장한다.

- 다양한 배경을 추가해 일시 정지 메뉴를 커스터마이징하거나 자신만의 스타일로 디자인한 버튼을 생성한다.
- 종료 확인 창과 비슷한 로직을 사용해 플레이어가 세이브 파일을 덮어쓸 것인지 확인하는 창을 생성한다.
- 플레이어가 체크포인트를 활성화할 수 있게 만드는 방법을 생각해본다.

또한 게임에 또 다른 버그들이 있다면 수정한다.

그 외에도 게임에 새로운 종류의 메인 메뉴를 제공해 새 게임/서버를 만들거나 특정 UI에 IP 주소를 입력해 해당 서버에 참여시키는 방법이 있다.

▌ 요약

18장에서는 게임의 버그을 몇 가지 수정했으며 드디어 게임이 준비됐다! 그리고 데디케이트 서버와 리슨서버의 차이점을 배웠다. 특정 블루프린트 노드를 사용해 친구들과 함께 플레이하는 방법을 살펴보았으며 테스트해볼 것을 권장한다(우선 LAN 환경에서 테스트하므로 포트 포워딩을 다룰 필요가 없다). 남은 부분은 스스로 도전하고 배운 것을 다른 방법으로 적용하도록 동기를 부여하기 위해 영감을 주는 자료일 뿐이다. 재시작/종료하는 옵션과 함께 저장, 불러오기 시스템인 일시 정지 메뉴를 만들었다. 로딩 화면을 만들었고 게임 내의 체크포인트도 구현했다.

게임 내에서 핵심 기능을 구현하는 데 필요한 내용을 꽤 많이 다뤘다. 19장에서는 게임 디자인 과정을 완성하고, 마지막으로 지금까지 쌓은 지식을 계속해서 확장할 수 있는 재밌는 내용을 몇 가지 다룬다. 로딩 시간과 게임을 최적화하는 간단한 팁도 살펴본다. 다양한 패키지 설정을 다루면서 게임을 배포하는 방법도 살펴본다. 이제 최종 장소로 이동하자.

19

빌드와 퍼블리싱

마침내 마지막 장에 도착했다. 이제는 언리얼로 만드는 다양한 유형의 게임과 경험에 필요한 내용을 잘 알 것이다. 빌드, 퍼블리싱과 사람들이 게임에 접근하는 방법을 알려주며 모든 것을 마무리하겠다.

19장에서 다루는 내용은 다음과 같다.

- 게임의 최석화는 방법에 대한 간단한 팁
- 로딩 시간의 최적화
- 게임 배포 준비
- 패키지 설정
- 지금까지 배운 내용 확장하기

▌ 게임 최적화하기

게임 최적화를 시작해보자. 필요에 따라 게임을 최적화하는 방법이 몇 가지 있다. 일반적으로 게임 디자인의 마지막 단계에서는 최적화를 생각하지 말아야 하지만 사실 최적화는 모든 프로세스, 특히 타깃 기기의 사양과 관련해서 고려해야 한다. 그러나 게임 제작 막바지라면 게임의 성능을 향상시키는 몇 가지 수정 사항이 있다. 당연하게도 개발 막바지보다 개발 시작과 중간에 하는 것이 더 중요하다고 강조하고 싶지는 않다. 물론 최적화는 광범위한 주제이며 최적화만 설명해도 책 한 권이 될 것이다. 하지만 게임 속 다양한 영역의 전체 성능을 향상시킬 수 있는 몇 가지 팁과 트릭을 살펴보겠다.

로딩 시간 개선하기

플레이어가 기다려야 하는 시간은 게임을 즐기는 것과 지루하게 만드는 것 사이의 차이점이 될 수 있기 때문에 어떤 게임이든 관계없이 로딩 시간은 짧아야 한다. 언리얼 엔진 4는 패키징하는 동안 프로젝트의 로딩 시간을 최적화할 수 있는 몇 가지 방법을 제공한다. 먼저 **프로젝트 세팅**의 왼쪽 엔진 카테고리 아래에 있는 하위 카테고리 중에서 **스트리밍**을 찾을 수 있다. **스트리밍**을 선택하면 스트리밍 속성을 수정할 수 있다. 특히 다음 화면에 하이라이트된 두 가지 옵션을 수정할 수 있다.

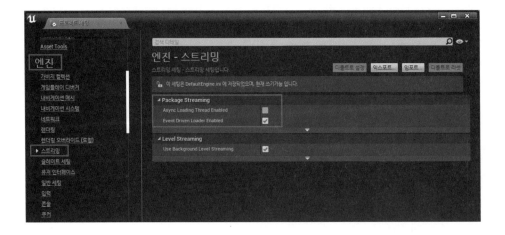

두 가지 옵션은 게임의 로딩 시간을 줄이는 데 도움이 된다. 무엇인지 알아보자.

- **Event-Driven Loader (EDL)**: 화면에서 볼 수 있듯이 기본적으로 활성화돼 있다. 일반적으로 EDL은 로딩 시간을 절반으로 줄여주며 엔진의 안정적인 기능이다. 드문 경우지만 특정 코드와의 호환성을 위해 이 옵션을 끌 수 있다.

> ⓘ EDL을 Edit Decision Lists (EDL)과 혼동하지 말자. Edit Decision Lists (EDL)은 시네마틱 컷의 정보를 다루는 파일이다(언리얼의 시퀀서로 사용되며 시네마틱 장면을 다른 비디오 편집 프로그램으로 임포트하기 위해 엔진에서 익스포트할 수 있다.

- **Asynchronous Loading Thread (ALT)**: 화면에서 볼 수 있듯이 기본적으로 비활성화돼 있다. 하지만 활성화할 수 있다. 데이터를 연속적으로 스트리밍하는 게임뿐만 아니라 미리 로딩하는 게임도 모두 ALT를 사용함하면 이점이 있다. 실제로 ALT 옵션은 병렬로 '포스트 로딩 코드'와 '시리얼라이즈'를 (두 개의 별도 스레드를 사용하는 방식으로) 로딩하기 때문에 로딩 속도가 (심지어 두배까지) 더 빠르다.

> ⓘ 두 개의 분리된 스레드에서 로딩하는 것은 스레드에 안전한 코드(UObject 클래스 생성자, Post Init Properties 함수, Serialization 함수)가 필요하기 때문에 기본적으로 비활성화돼 있다. 이런 것을 알지 못해도 걱정하지 말자. 사실 거의 C++과 관련 있다. 따라서 블루프린트만 사용하는 프로젝트에서는 큰 문제 발생 없이 이 옵션을 활성화할 수 있으며 로딩 시간은 훨씬 빨라질 것이다.

게임 최적화하기

애셋 최적화와 관련해서는 다른 책을 썼다. 게다가 게임을 완성하기 전에 시작해야 할 일이기도 하다. 다음은 어느 경우든 최적화에 대해 생각해 볼 수 있는 몇 가지 팁이다(게임의 마지막 단계일지라도).

- **리소스 사용량 확인**: 게임 기능에 영향을 끼치기 쉬운 문제가 프로젝트에 있는지 확인하는 것이 좋다. 12장, '게임 분석, 디버깅, 그리고 펑셔널 테스트'에서 프로파일러를 살펴봤는데 프로파일러는 리소스 사용량을 확인하는 데 좋다.

- **폴리곤 줄이기**: 애셋에 있는 폴리곤의 개수를 줄여서 애셋을 최적화할 수 있다. 스켈레탈 메시는 다른 프로그램(예: 마야, 3DS Max, 블렌더)에서 폴리곤의 개수를 줄여야 하므로 스태틱 메시에만 가능하다.

- **인스턴싱**: 같은 유형의 메시가 많이 있다면 메시의 병합을 고려하거나 인스턴싱을 사용한다.

- **텍스처 크기 줄이기**: 텍스처가 너무 크다면 크기를 줄이고 품질과 성능의 밸런스를 맞춘다.

- **LOD 확인하기**: 스태틱 메시에서 레벨 오브 디테일(LODs)을 사용하고 있는지 확인한다.

- **사용하지 않는 플러그인 비활성화**: 프로젝트에 플러그인이 활성화돼 있지만 사용하고 있지 않은 경우 이들을 제거한다면 패키지 버전의 게임에 포함되지 않을 것이다.

최적화와 관련된 목록을 살펴왔으니 이후에 확장할 생각이 있다면 최적화와 관련된 내용을 어디에서 찾아야 하는지에 대한 좋은 출발점이 될 것이다.

▌ 패키징과 퍼블리싱

이제 게임이 최적화됐으니 실행 가능하게 만들 차례다. 간단히 말해 실행 파일은 게임만 포함된 패키지된 버전의 게임이다. 모든 준비가 완료되면 적절하게 게임을 패키지해야 하며 콘텐츠뿐만 아니라 우리가 생성한 모든 코드가 최신 상태이며 대상 플랫폼에 적합한 형식이어야 한다. 패키지된 파일은 언리얼 엔진 파일이 아니므로 수정할 수 없으며 오히려 이것은 게임이라고 볼 수 있다. USB, 하드디스크 드라이브에 복사하거나 구글 플레이 스토어에 업로드 또는 디스크에 구울 수 있다. 이제 전송 가능한 게임 버전이 생길 것이다.

시작하기에 앞서 언리얼의 패키징 과정에서 수행해야 하는 단계가 몇 가지 있다. 먼저 프로젝트의 소스 코드를 컴파일해야 한다. 즉 프로젝트에 포함된 코드만 먼저 컴파일된다는 것이다(게임에 포함되지 않은 언리얼 엔진 4 프로젝트 파일에 있는 코드는 제외된다). 다음으로 코드가 컴파일됐다면 필요한 콘텐츠(애셋, 오디오 파일 등)가 모두 컨버팅되거나 대상 플랫폼에 적합하게 쿠킹된다. 이 단계를 떠올릴 수 있는 또 다른 방법은 콘텐츠가 안드로이드, iOS, 윈도우 등으로 변환된다는 것이다. 모든 것이 컴파일되고 쿠킹됐다면 인스톨러나 실행 파일 같은 '배포 가능한' 파일 세트로 묶인다. 누군가의 컴퓨터(폰 또는 태블릿)에서 게임을 실행할 준비가 됐다는 뜻이다.

이제 게임을 패키징해보자(언리얼 엔진 4를 대상 플랫폼으로 변환하려면 어느 것이든 같은 과정을 적용한다).

게임 준비

패키징 과정으로 들어가기 전에 플레이어가 최적의 결과를 낼 수 있게 하는 일이 몇 가지 있다.

첫 번째로 라이팅 설정을 프로덕션으로 변경해야 한다. 라이팅 빌드가 더 오래 걸리게 되겠지만(이것이 앞서서 이 옵션으로 사용하지 않고 게임의 마지막 단계, 퍼블리싱 직전에 하는 이유이기도 하다) 최적의 결과를 보장한다. 뷰포트 상단의 빌드 아이콘(빌드 ➤ 라이팅 퀄리티 ➤ 프로덕션)에서 설정을 변경할 수 있다.

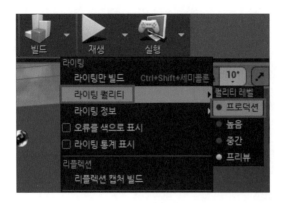

빌드 설정을 한 후에는 모든 맵을 열고 (라이팅 뿐만 아니라) 전체를 리빌드해야 하므로 빌드 버튼을 눌러서 조명에서 지오메트리까지 모든 것을 빌드한다.

그리고 최종적으로 게임 플레이를 테스트해야 하며 모든 게임플레이가 예상한 대로 동작 하는지 확인하고 필요한 경우 수정한다(레벨을 변경했다면 레벨을 다시 빌드해야 한다는 것을 기 억하자). 이제 준비가 됐다.

패키징 설정

게임을 패키징하기 전에 먼저 패키징 프로세스와 관련된 설정을 몇 가지 수정해야 한다.

첫 번째로 Game Default Map 설정은 중요하다. 패키징된 게임이 시작할 때 로드할 맵이 다. 그러나 Game Default Map을 설정하지 않고 빈 프로젝트를 사용한다면 패키징된 게임 이 실행될 때 검은 화면만 보게 될 것이다. Game Default Map을 설정하려면 **프로젝트** 탭 아 래의 **편집 ➤ 프로젝트 세팅 ➤ 맵 & 모드**로 가야 한다.

프로젝트 탭 아래의 **편집 ➤ 프로젝트 세팅 ➤ 패키징**으로 이동해 실제 패키징 설정으로 간다.

다양한 설정 및 주요 설정들이 있다. 실제로 패키징 과정은 많은 단계로 이루어져 있지만 학습을 위해 해당 메뉴의 설정만 배워도 현재로서는 충분할 것이다. 세부 항목으로 나눠서 패키징 과정에 영향을 끼치는 주요한 것만 살펴보자.

위 이미지의 설정은 전체 프로젝트에 관한 일반적인 것이며, 구체적으로는 전체 패키징 프로세스가 수행되는 방식을 변경한다.

- Build: 실행 가능한 게임을 생성하는 시기를 지정한다.
- Build Configuration: 빌드할 구성을 선택한다. 예를 들면 게임, 디버그 툴 등을 익스포팅하는 동안에 콘솔을 활성화된 상태로 유지하고 싶을 수 있다. 알맞은 구성을 선택해 이런 것을 패키징 과정에서 유지할 수 있다. 대부분 블루프린트만 있는 프로젝트는 큰 문제가 되지 않으며 Development 구성을 사용해 콘솔을 계속 사용할 수 있다. 게임을 배포하기 전에는 이 구성을 Shipping으로 변경해야 한다.
- Staging Directory: 기본적으로 게임이 패키지되는 곳이다.
- Full Rebuild: 이 옵션을 체크한 경우 언리얼은 전체 리빌드를 수행하는데, 패키징 과정을 매번 처음부터 수행한다는 의미다. 언리얼은 이전의 패키징된 프로젝트와 다른 부분만 패키징하므로 개발 과정 동안은 이 기능을 비활성화 하는 것이 좋다. 전체를 리빌드하기 직전에 활성화하는 것을 강력히 추천한다.
- For Distribuition: 이 옵션이 체크돼 있다면 Shipping 구성으로 배포용 빌드를 만든다. 앱 스토어에 배포할 때 필요한 옵션이다.

- Include Debug Files: 이름에서 알 수 있듯이 이 옵션을 체크하면 디버깅 파일도 패키징된 게임 버전에 쿠킹될 것이다. 이 옵션을 사용하면 쿠킹된 게임에서 디버깅 작업을 할 수 있지만 게임을 출시하기 전에는 제거해야 한다.

대신 위 화면의 설정들은 프로젝트를 준비할 때 패키징 전에 고려해야 하는 더 구체적인 옵션들을 나타낸다. 현재 우리는 주요 내용만 살펴보고 있다.

- Use Pak File: 이 옵션이 체크된 경우(기본적으로 체크돼 있다) 모든 게임 콘텐츠는 .pak 파일에 포함된다.
- Generate Chunks: 이 옵션이 체크된 경우 다양한 청크 파일을 생성한다. 일부 플랫폼에서는 다른 시간에 다른 청크를 스트리밍할 수 있다. 일단 선택되면 어떤 애셋이 어떤 청크로 들어갈지 결정할 수 있다.
- Generate No Chunks: 이 옵션이 체크된 경우 플랫폼별 설정과 관계없이 청크파일을 사용하지 않도록 강제한다.

- **Share Material Shader Code**: 이 옵션이 true인 경우 다른 머티리얼 사이에서 코드를 공유할 수 있게 하여 더 작은 파일 크기의 패키지 게임을 만들지만 로딩 시간은 길어질 수 있다.

- **Shared Material Native Libraries**: 대상 플랫폼에 특정 머티리얼 라이브러리가 있는데 이 옵션이 체크되면 언리얼은 네이티브 라이브러리를 사용해 머티리언 간에 코드를 공유하려고 시도한다. 게임 패키지를 더 작게 만들지만 로딩 시간은 길어진다.

- **Blueprint Nativization**: 이 옵션이 활성화되면 C++로 코딩하는 방법을 몰라도 모든 블루프린트(또는 하위 집합, 선택 중인 설정에 따라서)가 패키징 전에 C++ 코드로 변환된다. 게임의 성능을 훨씬 빠르게 만들어 기능이 제한된 플랫폼에 매우 유용하다. 하지만 단점은 네이티브화를 지원하려고 저장하는 추가 데이터로 인해 패키징된 게임의 크기가 증가한다는 것이다(따라서 네이티브화 할 블루프린트를 선택할 수 있고 일반적으로 가장 느린 것을 선택한다).

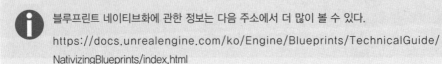

블루프린트 네이티브화에 관한 정보는 다음 주소에서 더 많이 볼 수 있다.
https://docs.unrealengine.com/ko/Engine/Blueprints/TechnicalGuide/NativizingBlueprints/index.html

- **Include prerequisites installer**: 이 옵션이 활성화된 경우 (기본적으로 활성화돼 있다) 패키지된 게임은 전제 조건으로 인스톨러를 가진다. 실제로 게임을 실행하려면 실행에 필요한 라이브러리가 컴퓨터에 설치돼야 한다. 해당 옵션을 활성화하면 실행 라이브러리의 설치 프로그램이 포함돼 모든 컴퓨터에서 성공적으로 설치/실행할 수 있다.

패키징 과정에서 알아야 하는 주요 설정을 살펴봤다.

그외 설정 내용은 마우스를 가져다 대면 간단한 설명이 표시된다. 또한 아래쪽에 있는 두 개의 작은 화살표 버튼을 확장하면 더 많은 설정이 있다.

패키징

다음 단계에서는 게임의 패키지 버전을 만든다. 물론 패키지를 만들 플랫폼에 따라 다르지만 한 가지 단계는 항상 같다.

1. 에디터로 이동해 메인 메뉴 **파일 > 프로젝트 패키지 > 플랫폼 이름**을 선택한다.

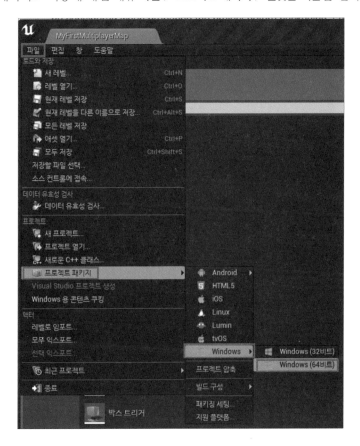

2. 타겟 디렉토리를 설정하는 다이얼로그 창이 나타난다. 패키징이 성공적으로 끝난 다면 이 디렉토리에 패키지된 프로젝트가 있을 것이다.

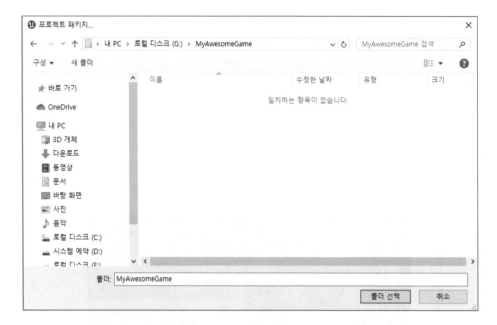

3. 여기에서 대상 디렉터리의 위치를 확인해야 한다. 패키징은 매우 오랜 시간이 소 모되기 때문에 어디에 패키지가 저장되는지 해당 위치를 기억해 두어야 하며 패 키징 작업은 백그라운드에서 실행된다. 백그라운드에서 실행되기 때문에 패키징 이 완료되기까지 기다리는 중에도 에디터를 사용할 수 있다. 이 시점에 변경한 내 용은 프로젝트 패키지에 포함되지 않는다는 것에 유의한다. 이때 변경한 내용을 함께 패키징하려면 패키징 프로세스를 다시 실행해야 한다. 프로젝트가 패키징 되는 동안 다음 화면과 같이 진행 상황을 나타내는 상태 표시창이 에디터의 오른 쪽 아래에 나타난다.

상태 표시창의 Cancel 버튼은 언제든지 패키징 프로세스를 멈추는 데 사용할 수 있다. Cancel 버튼을 클릭하면 다음과 같은 알림이 나타난다.

또한, Show Output Log 링크는 패키징 프로세스의 오류나 경고 같은 세부 사항 정보를 보여주는 데 사용된다. 로그에 표시되는 정보는 프로젝트 패키징에 실패했을 경우 무엇이 잘못됐는지 확인하거나 제품의 잠재적인 버그가 될 수 있는 경고를 잡아내는 데 매우 유용하다. 패키징 프로세스가 완료되면 게임이 실행 가능해지고 (친구들이 언리얼을 설치하지 않더라도) 테스트를 위해 친구들과 공유할 수 있다. 패키징 파일은 전 세계 및 온라인 스토어에 배포하는 데 사용된다.[1]

온라인 스토어에 배포하기

모바일 스토어로 처리하는 경우에는 몇 가지 추가 요구 사항이 있다. 예를 들면 앱스토어 (iOS 게임) 또는 구글 스토어(안드로이드 게임)는 게임을 배포 모드로 패키징해야 하는데, 이는 앞에서 살펴본 **패키징 세팅**에서 설정할 수 있다.

iOS로 개발 중이면 애플 개발자 웹사이트에서 직접 배포 Certificate와 MobileProvision을 만들어야 하며 배포 Provision 이름에 Distro_ 접두사를 붙여야 한다.

안드로이드는 패키징 과정에서 생성한 .apk 파일에 서명하는 데 사용할 키를 생성해야 한다. 서명 설정을 변경하려면 **편집 › 프로젝트 세팅 › Android**로 이동한다. 안드로이드 게임을 구성하는 다양한 옵션이 있다. Distribution Signing 카테고리 아래에서 수정해야 하는 모든 옵션을 찾아서 게임 서명용 키를 생성할 수 있다.

---

1 이 창이 보이지 않으면, 창 › 개발자 툴 › 출력 로그/메시지 로그 옵션으로 열 수 있다. – 옮긴이

스토어는 다루기 어렵지만 게임을 성공시키려면 반드시 특정 스토어에 게임을 올려야 하므로 무엇이 필요한지 반드시 알아야 한다.

배포할 패키징을 준비하는 동안 일부 고급 설정에 접근해야 한다면 **파일 ❯ 프로젝트 패키지 ❯ 패키지 세팅...**을 클릭해 접근한다. **편집 ❯ 프로젝트 세팅 ❯ 패키징**의 주메뉴에도 고급 구성과 프로젝트를 위한 패키징 옵션이 있다.

▎ 배운 내용 확장하기

보통 이 절에서는 각 장의 지식과 기술의 경계를 넓히도록 장려하는 도전 목록 리스트들를 줬다. 하지만 이제는 마지막이므로 게임 개발자로서 나아가고 싶은 방향에 관해 확인하고 지식을 다듬어야 할 시간이다. 따라서 현재 알고 있는 것과 흥미 있는 것을 바탕으로 새로운 도전 및 좀 더 구체적인 개발 영역으로 나아가서 여기에서 배운 것을 확장해 나갈 것을 권장한다. 모든 것을 다 할 수 있는 것이 좋겠지만 전부를 배우기에는 시간이 충분하지 않다! 지금 중요한 것은 여기에서 멈추지 않는 것이며 기세도 잃지 않는 것이다. 이제부터는 배운 것을 확장해보고 더 복잡한 머티리얼과 진보된 게임플레이를 만들도록 노력해야 한다. 어디에서부터 시작할지 몇 가지 제안을 하겠다.

책 읽기와 튜토리얼 보기

인터넷은 언제 어디서든 배울 수 있는 가능성을 제공한다. 인터넷을 이용하지 않을 이유가 있겠는가? 보고 읽을 수 있는 수천 개의 온라인 튜토리얼이 있다. 무료도 있고 유료도 있지만 모두 기술을 향상시키는 방법이다. 특히 다양한 버전의 엔진을 사용 가능할 때 이미 알고 있는 내용도 튜토리얼을 보면서 꽤 많은 걸 배울 수 있다. 모든 것을 알고 있다고 가정하지 않아야 한다. 그 이유는 현재 시점에서 그것이 사실일지라도 기술, 플러그인, 세팅은 끊임없이 발전하고 있기 때문이며 발전해야 한다.

팩트 출판에는 언리얼 개발 관련 다양한 주제를 다루는 흥미 있는 주제가 많이 있으니 공식 사이트 https://www.packtpub.com/에서 확인하자.

예를 들어 언리얼의 인공 지능에 대해 더 많은 것을 배우고 싶다면『Hands-On Artificial Intelligence with Unreal Engine』(Packt, 2019)을 추천한다.

『Sam's Teach Yourself Unreal Engine 4 Game Development in 24 hours』(Sams, 2016)도 좋은 책이다. 구성과 내용 둘 다 좋고 언리얼로 기술을 개발하는 데 필수적인 분야들도 다룬다.

언리얼 전문가가 되는 데 도움이 되는 다양한 튜토리얼과 교육 과정들은 다음 사이트를 참조하자.

- Coursera: https://www.coursera.org
- Pluralsight: https://www.pluralsight.com
- Udemy: https://www.udemy.com/

마지막으로 다음은 언리얼을 시작하기 좋은 온라인 교육 과정 중 하나다.

- Unreal Engine 4: How to Develop Your First Two Games by Chris Murphy
  (https://www.udemy.com/unreale4/)

트위치 라이브 스트리밍

많은 사람이 언리얼로 무언가를 만들 때 이들이 하는 일을 보여주고 싶어 하며 많은 사람이 그렇게 하려고 트위치 플랫폼을 이용한다. 일반적으로 트위치는 사용자가 라이브 콘텐츠를 스트리밍할 수 있게 하며 스트리밍하는 동안에 시청자들 사이의 상호작용을 북돋아서 실시간으로 개발 중인 것에 대해 생생하고 진실한 견해를 제공한다.

언리얼 엔진 4 게임 잼

에픽 게임즈가 주최하는(큰 이벤트 외에도) 가장 멋있는 것은 게임 잼이다. 말 그대로 전 세계 어디에서나 참여할 수 있다(팀원도!).

각 게임 잼에는 자체 요구 사항이 있으니 시작하기 전에 이런 것을 확인해야 하지만 더 큰 무언가의 일부가 될 기회와 함께 배운 것을 실제로 실천할 수 있는 좋은 방법이다(또한 우승도 함께!).

2018 Epic MegaJam에 참가해 보세요

`#Ue4jam`   뉴스   이벤트   커뮤니티

저자: Amanda Bott

일 년 중 최대 규모의 #ue4jam인 2018 에픽 메가잼(2018 Epic MegaJam)이 어느덧 개최를 코앞에 두고 있습니다! 즐거움을 만끽하면서 여러분의 언리얼 엔진 개발 실력도 연마하고, 후원사에서 제공하는 어마어마한 상품에도 도전해볼 수 있는 이번 기회를 놓치지 마세요.

유저 그룹

게임 잼과 마찬가지로 언리얼에는 전 세계에 있는 다양한 모임이 있다. 이런 모임의 목적은 (자신의 경험 수준과 관계없이) 언리얼 개발에 관심이 있는 사람들을 모으고 지식 공유 커뮤니티 및 작업 중인 아이디어와 프로젝트를 공유할 수 있는 플랫폼을 만드는 것이다. 그러므로 언리얼 모임을 찾아보고 가장 가까운 곳에 참여해보자.[2]

---

2   이곳에서 모임을 확인할 수 있다. https://www.unrealengine.com/ko/user-groups – 옮긴이

포럼과 온라인 네트워크

말 안 해도 알겠지만 디지털 세계의 커뮤니티와 온라인 포럼 및 네트워크는 도움을 구하거나 다른 사람을 도와주는 방법을 찾을 기회로 가득하다. 질문이 바보 같다고 생각되더라도 답을 원하지만 너무 두려워서 질문하지 못하는 또 다른 20명의 사람이 있을 수 있다.

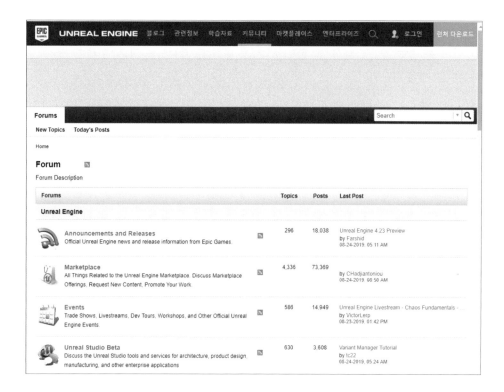

가장 중요한 것은 계속해서 게임을 만드는 것!

스스로 도전하며 다양한 장르의 게임을 만들고 메커니즘이 동작하는 방식을 변경해본다. 밀리터리 스타일의 슈팅 게임을 만드는 대신 꽃을 쏴서 평화롭게 만들어보자. 내가 알고 있는 약간 진부한 표현이지만 게임 디자인의 하나 또는 여러 가지 요소를 변경해 자신에게 도전하라. 완전히 새로운 게임을 만드는 자신을 발견할 수 있다.

마지막으로 드는 생각과 함께 이 책을 마무리할 것이다. 진심으로 게임 개발에 대해 생각해본다면 게임 디자이너가 되는 것과 아닌 것의 차이점은 단순히 게임을 만드느냐 아니냐의 차이다.

▌ 요약

이 책이 모두 끝났다. 이 책은 끝이 났지만 배운 것은 끝나지 않았다. 처음부터 이 책을 따라 했다면 지금까지 게임 디자이너로서 기술력을 발전시켰을 것이며 그 과정에서 몇 가지 요령을 알았을 것이다. 또한 블루프린트가 동작하는 방식과 이들이 게임 개발자, 특히 프로그래밍 배경 지식이 없는 사람에게 게임 개발 툴킷으로 얼마나 필수적인지도 익숙해졌을 것이다. 블루프린트는 마음속에 있는 추상적인 개념과 흥미로운 모험을 만들 수 있게 해준다. 자, 여기에서 얻은 기술들을 사용해 자신만의 모험을 만들어보자! 즐거운 게임 개발!

찾아보기

언리얼 엔진 블루프린트 비주얼 스크립팅

세 가지의 매력적인 3D 게임을 만들며 언리얼의 블루프린트 비주얼 스크립팅 배우기

발 행 | 2020년 1월 2일

지은이 | 로렌 페로
옮긴이 | 김 제 룡 · 배 상 하

펴낸이 | 권 성 준
편집장 | 황 영 주
편 집 | 이 지 은
디자인 | 박 주 란

에이콘출판주식회사
서울특별시 양천구 국회대로 287 (목동)
전화 02-2653-7600, 팩스 02-2653-0433
www.acornpub.co.kr / editor@acornpub.co.kr

한국어판 ⓒ 에이콘출판주식회사, 2020, Printed in Korea.
ISBN 979-11-6175-381-2
http://www.acornpub.co.kr/book/ue4-blueprints-vs

이 도서의 국립중앙도서관 출판시도서목록(CIP)은 서지정보유통지원시스템 홈페이지(http://seoji.nl.go.kr)와
국가자료공동목록시스템(http://www.nl.go.kr/kolisnet)에서 이용하실 수 있습니다.(CIP제어번호: CIP2019052350)

책값은 뒤표지에 있습니다.